U0817574

蹴球运动训练及其发展研究

李素文 著

西北工業大學出版社
西 安

【内容简介】 本书从运动训练的原理与管理、运动体能训练介绍入手，针对运动训练的原理、方法、监控、管理以及力量、速度、耐力、柔韧、灵敏素质训练与蹴球体能训练进行了分析研究；阐述了蹴球运动的特点、作用、意义、发展路径和高校开展蹴球运动的相关研究；论述了蹴球运动技战术与心理训练；介绍了蹴球运动常见的损伤以及蹴球运动竞赛规则与裁判法。本书旨在摸索出一条适合现代蹴球运动训练及其发展的科学方法，帮助蹴球运动者少走弯路，运用科学方法提高运动训练效率，对蹴球运动训练及其发展研究有一定的借鉴意义。

图书在版编目（CIP）数据

蹴球运动训练及其发展研究 / 李素文著. --西安 ：西北工业大学出版社，2023.6
ISBN 978 - 7 - 5612 - 8686 - 9

Ⅰ. ①蹴… Ⅱ. ①李… Ⅲ. ①蹴鞠-传统体育项目-中国 Ⅳ. ①G843

中国国家版本馆 CIP 数据核字（2023）第 056223 号

CUQIU YUNDONG XUNLIAN JIQI FAZHAN YANJIU
蹴 球 运 动 训 练 及 其 发 展 研 究
李素文 著

责任编辑：付高明 **策划编辑：**张 晖
责任校对：陈松涛 **装帧设计：**董晓伟
出版发行：西北工业大学出版社
通信地址：西安市友谊西路 127 号 邮编：710072
电 话：（029）88491757，88493844
网 址：www. nwpup. com
印 刷 者：西安五星印刷有限公司
开 本：710 mm×1 000 mm 1/16
印 张：12.75
字 数：240 千字
版 次：2024 年 1 月第 1 版 2024 年 1 月第 1 次印刷
书 号：ISBN 978-7-5612-8686-9
定 价：58.00 元

如有印装问题请与出版社联系调换

前　言

中华文化源远流长、博大精深。多姿多彩的少数民族传统体育文化是中华文化的有机组成部分。在中华民族传统文化的百花园中，少数民族传统体育之花绚丽多姿，引人注目。挖掘、整理、研究、发展、提高具有悠久历史和民族特色的少数民族传统体育文化，是广大民族工作者和体育工作者义不容辞的责任。

蹴球是我国民族传统体育中一项有特色的运动项目，它是根据明、清时期流行于北京地区民间的踢石球游戏挖掘、整理而成的。1999 年被列为全国少数民族传统体育运动会正式比赛项目。蹴球运动以其融运动性、竞赛性、智力性、娱乐性为一体的特点，深受群众的喜爱，是有利于全面健身的好项目。

本书从运动训练的原理与管理、运动体能训练介绍入手，针对运动训练的原理、方法、监控、管理以及力量、速度、耐力、柔韧、灵敏素质训练与蹴球体能训练进行了分析研究；阐述了蹴球运动的特点、作用、意义、发展路径和高校开展蹴球运动的相关研究；论述了蹴球运动技战术与心理训练；介绍了蹴球运动常见的损伤以及蹴球运动竞赛规则与裁判法。本书旨在摸索出一条适合现代蹴球运动训练及其发展的科学方法，帮助蹴球运动者少走弯路，运用科学方法提高运动训练效率，对蹴球运动训练及其发展研究有一定的借鉴意义。

在编写本书过程中，笔者参考和借鉴了一些专家、学者的观点和研究资料，在此一并表示衷心的感谢。

由于笔者能力有限，书中难免存在疏漏和不妥之处，恳请广大读者批评、指正。

著　者

2022 年 11 月

目　录

第一章　运动训练的原理与管理

第一节　运动训练的原理与方法

运动训练原理是科学、合理地进行运动训练的基础；运动训练方法是在运动训练中提高竞技水平、完成训练任务的途径和办法。

一、运动训练的理念及发展创新

（一）运动训练理念

1. 教育性训练理念

（1）教育性训练理念的内涵

在运动训练过程中，教练员要重视对运动员的文化教育和素质培养，并注意强调这一方面的重要性，从而使训练和教育紧密地融合在一起，达到训练与教育相结合、相协调、相促进的效果，这对于促进运动训练效果的提高具有积极的作用。

（2）教育性训练理念的理论基础

教育性训练理念的理论基础是多方面的，为了对这一理念有一个更加深入、全面的了解，我们从以下两个方面来介绍其理论基础。

第一，运动员的健康成长与自身文化教育水平有密切的关系。运动训练是一种社会活动，这一社会活动能否顺利进行，主要取决于教练员、运动员、管理人员和科技人员等相关人员是否能够积极参与运动训练活动，并在活动过程中密切配合。由此可以看出，教练员与运动员这两个运动训练中的主体的知识水平是影响竞技运动发展的重要因素。现阶段，在运动训练过程中，运动员主体性难以得到充分的发挥，而且运动员文化素质的培养也没有得到应有的重视，所以导致以往运动训练中出现了一系列的不科学的现象，具体表现为：训练方法与手段单一，过分强调身体素质、技战术修养、心理素质等的训练，轻视对运动员文化和人文素质的培养，使得大部分运动员在激烈竞争的训练和比赛中显得力不从心。这就在很大程度上制约了运动的发展，并且导致运动出现滞缓现象。

第二，运动员运动水平的提高与其自身的文化素质水平相关联。现代运动的较量主要表现在体能、技能、心智能力等几个方面。在某些条件下，心智能力要比体能、技能更重要，尤其是随着运动员年龄的增长，心智因素的影响就显得更为明显了。一般情况下，具有较高运动智能的运动员，其之所以能够大幅度提高自身的竞技能力，是因为他们除了能够较为深刻地把握运动的特点和规律，并且能够更准确地认识运动训练理论和方法外，还能够对教练员的训练意图有更正确的理解，在与教练员完美配合中高质量地完成训练计划。与此同时，更准确地把握运动战术的精髓和实质、在比赛中灵活机动地运用战术、动员和控制自己的心理活动等也是高智能运动员竞技能力水平较高的重要因素。

2. 人文操作性训练理念

(1)人文操作性理念的内涵

运动训练中，人文操作性理念的内涵主要体现在四个方面：重视运动员的尊严与独立；关注运动员思想与道德；关注运动员的权利；关注运动员生存状况与前途命运。

(2)人文操作性理念的理论基础

人文操作性训练理念的理论基础同样是多方面的，下面主要从三个方面来介绍人文操作性训练理念的理论基础。

第一，人的行为的实施在一定程度上受到其自身感知或信念体系的指导。从人文主义、感知经验主义的角度上来说，人之所以能够有行为，主要是因为有人的感知或信念体系的指导。而从人本主义的角度上来说，所谓的人文操纵的方法，就是教练员或领导者必须按照他们的信念体系和他们要领导的运动员或人员的信念体系来认识领导工作。

第二，运动水平的提高，基础性的要求是与自然规律和价值规律相符合。运动是自然规律和价值规律的双重存在。现代运动训练要求讲求科学性，并且符合该项目运动的客观规律。因此，为了取得理想的训练效果，在进行运动训练时，不仅要符合科学规律，而且还要在追求目标与实现目标的过程中符合人类正常的价值规律。除此之外，不仅要体现人文特征，而且还要将科学性与人文特征相结合、相统一，从而达到真与善的统一。

第三，人的主体性是人文的重点，人与技术的关系因此而更加明确。人文不仅凸显了技术的灵动，而且也摆脱了“技术”对“人”的控制，这就明确了人的主体性以及人与技术的关系。运动训练的过程就是教育的过程，教育重视的是发展内在动力，行动力是由内在动力引导而来的。在运动训练中强调人文操作，不仅能够摆脱“技术”对“人”的控制，而且还能够摆脱金钱对运动的束缚，从而达到公平竞争、弘扬体育道德、培养人性、挖掘人的潜能的目的。除此之外，情感、责任感、态度、信念等，都在很大程度上决定着运动员的体能、技能、成绩等物化的成分，具有非常重要的现实意义。

3. 技术实践性训练理念

(1)技术实践性理念的内涵

在运动训练过程中，运动员的训练不仅要符合运动训练的一般规律，而且还要符合竞技项目的本质特征及规律。运动员本身具有双重性，他们不仅是技术的主体，同时也是技术的客体。技术的物质手段作为客体，与作为主体的主观精神因素是统一的。

(2)技术实践性理念的理论基础

下面主要从两个方面来介绍技术实践性理念的理论基础，同时这两个方面也是运动员在运动训练中要注意的两个要点。

第一，技术实践性理念要与事物的客观规律相符。技术实践性的基本要求就是求真。具体来说，就是运动的技术实践性的训练要符合事物的客观规律，也就是说运动要与运动项目的本质特征及规律相符。所谓的求真，就是在运动训练过程中，要以运动的本质特点和规律为主要依据，科学指导运动训练过程，力争做到结合实际，并且与事物的客观规律相符合。

第二，技术实践性理念要遵循从实际出发的原则。在现代运动训练中，一切都要以符合实战为主，从实际出发和结合实战是对技战术进行训练最有效的方法，运动员只有通过不断的练习，才能够在比赛中有轻松、熟练和优秀的表现，要想取得理想的比赛成绩，一定要做到积极训练，并且训练要与比赛的情况尽可能一致，最大限度地包括比赛过程中出现的所有因素，这样才能取得良好的训练效果。

(二)运动训练理念的发展创新

1.理念的融合和创新是竞技体育发展的重要推动力

从宏观上看，控制论、系统论和信息论被引入竞技运动训练，以及运动训练领域的一些重大研究成果，例如马特维耶夫的周期训练理论、雅克夫列夫的超量恢复学说等都引起了训练理念的重大变化。田麦久教授设计的“竞技能力结构特征模型”(即“双子模型”)融合了木桶原理与积木模型；刘大庆教授提出竞技能力的“非衡结构与时空构架”是融合了时空观而产生的创新性成果；理念的融合与创新，需要思维的批判性、广阔性与合理性。这些理论或研究成果不仅本身成为训练理念的一个组成部分，而且促进了理念的发展，使人们在训练的计划性、系统性和控制等多方面形成了新的认识。澳大利亚游泳教练员卡来尔夫妇将德国中长跑教练员盖什勒和队医阿因德尔根据优秀运动员扎托贝克等训练实验创立的间歇训练法成功移植到游泳训练之中，使之大放异彩。之后间歇训练法又被善于联想的教练员们移植到速度滑冰、自行车、划船等耐力性项目训练之中，同样取得了好成绩；举重与跳跃、投掷力量训练方法的互相借鉴，以及跳水与体操陆上训练方法的互相借鉴，均充分说明竞技能力本质相近的项目之间训练方法的移植与融合能显示出其突出的优越性。这些都很值得竞技体育界广大教练员仔细钻研进行联想。莱文(Levine)提出的“高住低训”高原训练理论，也是源于运动训练理念的融合与移植，这一训练理念被广泛地应用于耐力主导性项目中。模拟实验实际上就是融合与移植，据此，研究者常把自然界难以再生的现象或把需要创造的大型工程人为地模拟缩小到实验室内进行研究，把实验室的研究成果再移植到有待研究的事物环境之中。这些理念的融合与创新对训练实践的影响、运动成绩的提高、国际竞技运动的迅猛发展起到了巨大的推动作用。

2. 运动训练的理念需要创新思维

回顾运动训练理念的发展，人们不难发现，运动训练理念一直是在科学理论与实践经验的不断冲突和碰撞过程中得到丰富和发展的。科学理论与实践经验的不断冲突和碰撞激发了竞技体育活动过程中的创新思维。在竞技体育活动中，研究者通常把研究对象的顺序、原理、属性、结构、大小等因素，通过改变常规思考和处理方向，从而引发创新的理念。例如，力量训练方法中"正金字塔"与"倒金字塔"训练方法的应用、速度与耐力训练过程中组数与次数的逆变性组合都会对运动训练产生一定的影响；田径比赛规则在运动员轮次方面的变化也深刻地体现了逆变的色彩与效用。徐福生改变足球传统技术训练的教材顺序，从相对较难的运球技术入手，以过人突破技术为核心的侧变思维使得足球技术的掌握明显加快；球类项目中诸多类似"扬长避短""攻其不备""黑马奇兵"等的战术变化，都是通过部分改变对象的顺序、原理、属性、结构、大小等因素，或者是融合了其他思想而引发的创新思维，对竞技体育发展起到了推动作用。

3. 运动训练理念的变化发展

运动训练活动是一种开放的物质活动，总是在不断地拓展和深化，并不是原有物质活动的简单重复，因而必然会产生新情况，涌现新问题。作为训练活动的指导思想也不是一成不变的，当原有的运动训练理念不能有效地阐释新情况和解决新问题时，就要求对运动训练理念进行创新，对运动训练的本质、规律和发展变化的趋势做出新的理论概括。在不同的时期和阶段，随着项目发展的形势和变化的需要，运动队和运动员的具体情况和特点各不相同，训练理念也在不断变化。这种变化反映了人们在使自己的思想符合客观实际，以形成正确的指导思想，促进训练的发展。不过，理念的主观形式与客观实际的统一也不是绝对的，而是相对的，因为人们的认识只能相对地逼近客观实际，而不可能穷尽客观实际。因为掌握的发展变化是相对的，不以人的主观意志为转移。随着运动训练实践的进一步发展，原来与客观实际相统一的理念又变得不那么一致了，并且差距越来越大，于是又需要创新。在当代科学技术快速发展并向竞技运动训练大规模介入和渗透的背景下，运动训练发生了深刻和巨大的变化，教练员的训练理念也在不断进行着补充与更新。实践已经证明，一个运动员成绩的快速提高，乃至一个运动项目水平的快速发展，往往都与教练员训练理念的补充和更新密切相关。科技的进步、经济的发展、社会的繁荣，为运动训练理念的发展提供了必要的条件，同时也会催生出更新的运动训练理念，而原有的运动训练理念不会像人们所预言的那样进入衰退期甚至是衰亡期，而是经过一段时间的调整后，立足自身的优势，借鉴其他学科的长处，对自身进行有效的改造，从而获得新的发展。

二、运动训练的基本原理及原则

（一）运动训练的基本原理

1.运动训练的运动学基础

运动学基础主要指的是运动技能的基础。所谓的运动技能是指人体在运动中掌握和有效地完成专门动作的能力，也就是在准确的时间和空间里大脑精确支配肌肉收缩的能力。运动技能的提高依靠的是人们对人体机能客观规律的深刻认识和自觉运用。人在参加运动的过程中，其动力是由骨骼肌不断地运动来提供的，骨骼肌在神经系统支配下，收缩牵动骨骼，维持人体处于某种姿势，或产生人体局部运动，最终促进机体完成运动所需的各种动作。而人体内脏器官的活动也离不开相应的平滑肌和心肌的作用。

（1）运动过程中人体机能的变化

比赛前后身体机能变化的基本过程，在运动训练的过程中，多重刺激源作用于运动员机体，引起各器官系统的机能发生一系列变化，依据机能表现形式，大致可分为赛前状态、进入工作状态、稳定状态、运动性疲劳和恢复过程五个阶段。

赛前状态：运动员在训练前，某些器官、系统产生的一系列条件反射性变化称为赛前状态，赛前状态可出现在比赛前数天、数小时或数分钟。

进入工作状态：在训练活动开始后，虽然经过了一定的准备活动适应，但是人体并不能立刻达到最高的水平，而是一个逐步提高和适应的过程，这一过程被称为进入工作状态，其实质就是人体机能的动员。

稳定状态：当机体逐渐适应比赛时，则进入稳定状态，这时，人体的机能活动在一段时间内保持在一个较高的变动范围。

运动性疲劳：机体在运动过程中会产生一定的运动能力暂时下降的现象，一般称之为运动性疲劳。该现象是由运动训练负荷引起的一种正常的生理现象，适度的疲劳可以刺激机能水平不断提高，但发展到一定程度时就会出现过度疲劳，可能会造成机体损伤以致损害健康。

恢复过程：恢复是指人体在运动之后，人体的各项生理功能恢复、能源物质补充、代谢物排出等一系列变化。运动时体内代谢过程加强，不间断地代谢以满足运动时能源的补充需要，在运动中及运动停止后能源物质都在不断进行补充和恢复，只不过运动中的能量消耗大于补充，运动后的体内能量消耗慢而小于补充。

人在运动的过程中，运动训练负荷作为一种刺激，必然会引起各器官系统机能发生一系列应激性反应。在运动训练前后，这些反应可表现为耐受、疲劳、恢复和消退四个阶段。

耐受阶段：在运动训练开始阶段，人体的各项机能会在一定的水平上维持一段时间，并不会马上表现出衰减或降低，这一阶段称为“耐受阶段”。在这段时间内，由于机体已经从上次训练课中得到不同程度的恢复，会表现出比较稳定的工作能力，能高质量地完成各项训练任务。训练的主要任务正是在这个阶段完成的。

疲劳阶段：经过一定时间的运动训练负荷的刺激，人体会产生一定的疲劳状况，机能和效率都会逐渐下降。达到何种程度的疲劳深度，正是训练安排所要达到的目的，只有机体达到一定程度的疲劳，在恢复阶段才能发生结构与机能的重建，运动能力才能不断得到提高。

恢复阶段：训练结束后，即进入了恢复阶段，机体开始补充所消耗的能源物质，修复和重建所受到的损伤并恢复紊乱的内环境。机体在恢复阶段恢复的速率，主要受两方面影响：一方面，身体的耐受阶段持续时间的长短，耐受阶段持续时间越长，则疲劳程度越深，恢复需要的时间就越长；另一方面，运动结束后能量的补充是否及时，能量补充越及时到位，则恢复的速度越快。

消退阶段：超量恢复不会一直持续，它会随着时间的进行而逐渐消失，而如果不及时在超量恢复的基础上施加新的刺激，已经形成的训练效果则可能会逐渐消退。

运动效果保持的时间和消退速率主要取决于超量恢复的程度，所出现的超量恢复现象越明显，保持的时间相对越长。因此，在安排运动训练的内容时，不仅应重视训练负荷安排的合理性，而且必须重视运动训练后的恢复，并在出现超量恢复后及时安排下一次训练。

(2)运动训练对人体运动系统的影响

经常参加运动训练对人体运动系统有着重要的影响，其影响主要表现在以下几个方面：

其一，运动训练对肌肉的影响。参加运动训练能够充分地发展骨骼肌，使肌纤维增粗，肌肉的体积增大，肌肉力量增加。经过锻炼能够使肌纤维中线粒体数目增多；肌肉中脂肪减少，从而减少肌肉收缩时的摩擦；肌肉内结缔组织增多（即肌内膜、肌束膜、肌腱和韧带中的细胞增殖、增厚、坚实、粗壮）；肌肉内化学成分发生变化，如肌糖原、肌球蛋白、肌动蛋白和水分等含量都有增加，从而使 ATP 加速分解，与氧的结合能力增强，有利于肌肉收缩，表现出更大的力量；可使肌肉中毛细血管增多，改善骨骼肌的供血功能。因此，经常参加运动训练的人的肌肉会显得发达、结实、健壮、匀称有力，收缩力强，运动持续时间更长。

其二,运动训练对骨骼的影响。青少年新陈代谢旺盛,在这一时期进行合理的运动训练,对骨的生长和发育有着良好的作用。经常参加运动训练,可使骨表面的隆起更为显著,骨密质增厚,管状骨增粗。这一系列骨形态结构的改变,使骨的抗压、抗弯、抗折断和抗扭转等机械性能得到提高。骨的这种良好变化与肌肉的牵拉作用有密切关系。肌肉力量的增加与骨量的增加有着显著的相关性,且骨量增加部位与肌肉训练部位有关。当肌肉力量增大,肌肉收缩对骨骼产生的应力刺激可有效提高成骨细胞的活性,可有效延缓中老年骨量的流失。

其三,运动训练对关节的影响。定期适量的运动训练可以使骨关节面的密度增加,骨密质增厚,从而越发能够承受更大的运动训练负荷。运动训练项目不同,对关节柔韧性所起到的作用也就不同。如乒乓球、羽毛球、篮球等项目,对于参与者的急转、急停能力的要求极高,这就需要参与者拥有良好的关节柔韧性。同时,关节的稳固性和灵活性又是一对矛盾,因为肌肉力量大,韧带、肌腱、关节囊就会增厚,这对关节稳固性和防止关节损伤有很大好处,但这样又势必会影响关节的灵活性。所以,在进行运动训练时,运动者要处理好关节的这对矛盾。

2.运动训练的生理学基础

(1)物质代谢

食物中包含多种营养素,人体从食物中摄取各种营养物质,经血液循环输送到各人体器官,通过相应的代谢为人体提供能量。糖、脂肪和蛋白质等营养物质经被人体吸收后,人体的组织、细胞一方面通过合成、代谢构建和更新自身储存的能源物质,另一方面通过分解代谢(氧化分解)以产生能量。

(2)能量代谢

在进行不同项目的训练时,运动者应根据自身的年龄、身体条件以及个人需要来选择适合的能量系统起主导作用的运动项目。运动者除了选择有氧氧化系统的项目外,还可以适当选择乳酸能系统供能的项目,发展身体的无氧耐力。

在人体运动过程中,人体运动的形式不同,则其不同的能量代谢系统提供能量的能力和速率也会不同。总的来说,人体在运动过程中,各供能系统之间的关系与运动训练负荷的强度和持续时间密切相关。在 1～180 秒最大运动时,各供能代谢系统的基本活动主要表现为以下特点:在 1～3 秒的全力运动中,基本上是由 ATP 提供能量的;在完成 10 秒以内的全力运动时,磷酸原系统起主要供能作用;30～90 秒最大运动时以糖分解供能为主;约为 2～3 分钟的运动,糖有氧氧化提供能量的比例增大;而超过 3 分钟以上的运动,则基本上是有氧氧化供能。

随着人体运动时间的延长，供能物质由以糖有氧氧化为主逐渐过渡到以脂肪分化为主。总之，人体在运动中，并不是由一个供能系统完成供能的，而是在有一个主要的供能系统的基础上，其他的供能系统也会参与其中，共同完成人体运动所需要的能量供应。每个供能系统都有其独特的特点和供能能力，供能系统不同，所需要的能源物质也不同，运动中的输出功率和供能时间也会有明显的差异。

(3)运动与呼吸

运动员在运动训练的过程中，机体与外界环境之间的气体交换称为呼吸。呼吸系统包括呼吸道和肺，而呼吸道是一系列呼吸器官的总称，这些器官包括鼻、咽喉、气管、支气管。人体的呼吸过程由外呼吸、内呼吸和气体运输三个环节构成。

呼吸系统是氧运输系统的重要组成部分，其主要机能是实现机体与外界环境的气体交换，以使血液中的氧分压、二氧化碳分压和酸碱度维持在正常生命活动所允许的范围之内。人体通过肺实现与外界气体的交换，通过血液实现气体的输送和排出。人体在运动时，机体代谢旺盛，所需氧量及二氧化碳排出量明显增加，呼吸过程加强，所以运动训练(特别是耐力训练)必将使呼吸系统的形态、机能产生适应性变化。

呼吸肌主要是膈肌和肋间外肌。当膈肌收缩时腹部随之起伏，肋间外肌收缩时胸壁随之起伏。因此，以膈肌运动为主的呼吸形式称腹式呼吸，以肋间外肌运动为主的呼吸运动称胸式呼吸。成人的呼吸一般都是混合式的。呼吸形式与年龄、生理状态、运动专项等因素有关。在进行运动训练时，要根据动作的特点灵活转变呼吸方式。

(4)运动与心率

心率是运动生理学中最常用而又简单易测的一项生理指标。在运动实践中常用心率来反映运动强度和运动训练对人体的影响，并用于运动员的自我监督或医务监督。成年人静息时心率在 60～100 次/分，平均为 75 次/分，但随着年龄、性别、体能水平、训练水平和生理状况的不同而有所不同。

一般来说，人的心率会随着年龄的增长而有所减慢，至青春期时接近成年人的频率，在成年人中，女性心率比男性稍快。有良好训练经历或体能较好者心率较慢，尤其是优秀耐力运动员静息时心率常在 50 次/分以下。在运动的过程中，人的心率会逐渐加快，随着运动强度的增加，心率也会相应地增快，因此，心率也是判断运动训练负荷的一项简易的指标，能够在一定程度上反映运动员的体能水平以及运动训练的水平。

(二)运动训练的原则

运动训练的原则是运动员参加运动训练需要遵循的基本准则。这些原则是在长期的运动训练实践中积累起来的具有普遍意义的概念总结和有关科学研究的成果，反映了运动训练的客观规律。运动员在运动训练中如果不遵循这些基本原则，盲目地进行训练，不仅不能促进身心全面发展，获得良好的训练效果，反而会引起运动损伤或者运动性疾病，损害健康。

1.竞技需要原则

竞技需要原则指的是根据提高运动员竞技能力及运动成绩的需要，从实战出发，科学安排训练的阶段划分及训练的内容、方法、手段和负荷等因素的训练原则。贯彻这一原则可使训练更好地结合专项的特点和专项竞技比赛的需要，提高运动训练的专项针对性、实战性和实效性，争取获得满意的竞技比赛成绩。

贯彻竞技需要原则，需要注意以下几个方面：

第一，要围绕运动训练的基本目标，全面安排好训练和比赛。

第二，正确分析专项竞技能力的结构特点。每个运动项目由于其专项的特异性，决定了其竞技能力构成因素的差异性。对不同专项竞技特点和运动员竞技能力结构特点的分析，正是教练员确定不同项目训练负荷内容的重要基础。

第三，依据竞技需要原则的要求，负荷内容和手段的选择是由不同专项竞技能力的主要因素与运动员自身的具体情况决定的。

第四，注意负荷内容的合理结构。在训练过程中，在熟练掌握合理动作的基础上，应将主要精力放在如何更有效地提高体能水平上，以获得更大的力量、更快的速度和更强的耐力来实现竞技水平的不断提高。同时，对同一项目的不同运动员，还要求根据运动员自身竞技能力的特点和对手的特点，安排好心理训练的内容和手段。

2.动机激励原则

所谓动机激励原则，指的是通过多种方法和途径，激发运动员主动从事艰苦训练的动机和行为的训练原则。遵循动机激励原则就是要不断激励运动员运动训练的积极性和主动性，培养其自我调控能力、独立思考能力以及创造能力。其有以下几个方面的具体要求：

第一，要满足运动员的基本生活需求。实践证明，人们只有在基本的物质得到一定的保障之后，才会进行更高层面的追求。所以，在运动训练中，运动员的物质生活需求要得到一定的保障，同时还要注意其人身安全等。只有这样，才能更好地引导其形成实现自我价值的更高层次的目标和追求，从而产生良好的运动训练动机。

第二，要对运动训练的目的性和运动员正确的价值观进行培养，使其逐步形成自觉从事运动训练的态度和动机，引导其从不同的角度和层次认识参与运动训练的意义和价值，培养其正确的价值观。

第三，在运动训练中，要以运动员为主体。这就要求教练员在对运动员进行运动训练时，必须注意以下几个方面：一是明确运动员的主体地位；二是要注意有意识地培养运动员独立思考的能力；三是要引导运动员提高和加强自我反馈的能力，培养运动员进行自我分析和评价的能力。

第四，在运动训练中，要选择科学的训练方式。对于过去那种简单、粗暴的“从严”训练方式，教练员要在正确认识和理解“从严”含义的同时，结合现代科学合理的方式对其进行调整和改变。

3. 适宜负荷原则

在训练过程中，要根据训练任务、对象水平与要求，科学合理地在各个训练环节中提高运动训练负荷量，直至达到最大负荷要求，这就是所谓的适宜负荷原则。因此，首先要以训练任务和对象水平及每个练习的目的、要求、负荷为主要依据来对运动训练负荷进行科学合理的安排。在训练过程中，运动训练负荷要经过加大—适应—再加大—再适应这样一个逐步提高的过程。

在球类运动的训练中，加大运动训练负荷，直至最大限度，首先要从训练任务和运动员身体状况、机能能力和训练水平出发，考虑运动训练负荷安排的合理性。训练过程的不同时期、周期、阶段及每一节训练课的任务都有所不同，运动员承受运动训练负荷的能力也不同，这主要反映在运动员承受负荷能力的大小和恢复的快慢上，以及对负荷强度和负荷量的承受能力上。因此，只有根据训练的具体任务和运动员的训练水平安排运动训练负荷才是合理的。同时，在运动训练过程中，运动训练负荷的加大必须循序渐进。在加大运动训练负荷过程中要处理好负荷量和负荷强度的关系，掌握好负荷与恢复的关系。除此之外，需要注意的是，运动训练负荷的增加必须达到极限。因为只有极限负荷的刺激，才能将运动员机体的机能潜力充分挖掘出来，并且经过不断地训练形成超量恢复，如此才能够提高运动员的身体素质和运动水平，达到参加激烈比赛、创造优异运动成绩的要求。

4. 周期安排原则

周期安排原则是指周期性地组织运动训练过程的训练原则。依据运动员机体的生物节奏变化规律、竞技状态形成与发展的周期性规律以及运动竞赛安排的周期性特点，按一定的动态节奏，循环往复、逐步提高地安排训练内容和负荷量度。

贯彻周期安排原则要掌握以下几点：

第一，掌握各种周期的序列结构。了解各种周期的时间构成及其应用范畴，对于教练员在训练实践中贯彻周期安排训练原则是一个必不可少的重要条件。

第二，选择适宜的周期类型。贯彻周期安排时，要考虑到选择适宜的周期类型。例如，确定年度训练的安排时是采用单周期、双周期还是多周期；第一周期的训练应该是加量还是加强度。

第三，处理好决定训练周期时间的固定因素与变异因素的关系。周期安排原则的依据是人体竞技能力变化和适宜比赛条件出现的周期性特征，其中，后者是决定训练周期时间的固定因素，而前者则是变异因素。因为重要比赛日程的安排通常与某个项目最适宜的比赛条件的出现是一致的，而且通常在上一年度就已确定。尽管人体本身受着生物节律的影响，但它并非绝对不变，人们完全可以通过训练安排使其在特定的时间里表现出最佳的竞技状态。竞技状态的发展过程是可以由人来控制的，教练员应努力做到有把握地调节这一变异因素，使之与特定的比赛日程安排相吻合。

第四，注意周期之间的衔接。把一个完整的训练过程划分成若干个较小的周期之后，人们往往会忽视各周期之间的衔接，主要表现在注重训练过程的阶段性而忽略了连续性。整个训练过程中不同时间跨度的周期组成了一个连续发展的过程，因此在具体的训练过程中应特别注意周期之间的衔接。

5. 区别对待原则

区别对待原则是指对于不同专项、不同的运动员或不同的训练状态、训练任务和训练条件，都应有区别地组织安排训练过程，选择相应的训练内容，给予相应的训练负荷的训练原则运动员在身体条件、心理品质和个性特征等方面都表现出明显的差异，因此在训练中要始终遵循和贯彻区别对待的原则。贯彻区别对待原则，有利于发掘运动员的潜力，防止出现训练中个别人脱离整体的现象，只有进行正确的区别对待，有的放矢地进行训练，才能取得良好的训练效果。

遵循和贯彻区别对待原则，需要注意以下几个方面：

第一，要根据运动员的不同特点，合理安排训练。

第二，在整个运动训练中，要针对个人和全队的要求，对项目分工不同的运动员，应制订专门的训练计划，以满足实际需要。

第三，区别对待原则要贯彻始终，包括每次训练课和每次早操，除有共同要求外，都要针对运动员自身的不同情况提出要求，并采取相应的措施，处理好每个环节。

6. 直观训练原则

直观训练原则是一种非常重要的运动训练原则，它是依据直观性与动作技能形成的教学论原理所确立的大学生运动员必须遵循的准则。其主要目的是为了使这些大学生运动员能更有效地完成技术、战术和智力训练的任务。在教学过程中，直观性教学有很多种手段和方法，而且现代运动训练更加强调直观性原则的运用。

运动训练中，尤其是训练初期，遵循和突出教学训练的直观性十分重要，具体来说，应注意以下几点。

第一，合理地选用直观手段。用各种直观手段时要注意选择那些目的性最强、最有成效的手段，同时必须明确所选的各直观训练手段所能解决的主要功能，并根据不同对象、不同运动项目和训练内容的特点，选择和应用有针对性的直观手段。

第二，根据运动员的个体特征选择直观手段。选择和运用符合运动员个体特点及训练水平的直观手段，且对不同训练水平运动员应采用不同的直观方法和手段，同时，还要注意采用不同的训练强度。

第三，使运动员掌握到一定的水平后，再通过录像、图解、直接观摩优秀运动员的表演和比赛等手段，同时结合清晰、准确、形象的讲解，以及教练员对运动员技术动作的观察分析，经过研究讨论，来启发训练者进行积极思维活动，并逐步找出体育运动的规律性。

第四，注意掌握运用直观手段的时机和方法。要根据不同年龄阶段运动员的感觉器官发育的敏感发展期的不同，合理地选择和运用直观手段。教师可用语言信号、固定的身体姿势或慢速动作，来加深运动员对空中的方位、肌肉用力情况等的体会。

7. 系统训练原则

在现代运动训练中，只有坚持进行多年不间断地系统训练，对所要掌握的运动技能进行不断的重复和巩固，才能完成运动技能系统化积累。另外，这种多年的系统性训练也是在现代竞技运动中获得优异运动成绩不可或缺的一环。多年的系统训练和周期性训练是贯彻系统性原则的重要手段。

在现代运动训练中，贯彻系统训练原则要做到以下几点：

第一，要做好训练的周期性安排，要使身体训练与技能训练相互结合。

第二，在比赛期，要制订良好的调整运动量的措施，以使运动员在比赛前进入最佳竞技状态。

第三，制订训练计划时要重视训练的持续性、连贯性和系统性，同时还应完善训练大纲。

第四，教练员必须做好各训练阶段之间的连续性工作及相互间的有机联系和交叉衔接。

第五，安排运动训练时，教练员要按“易—难、简—繁、浅—深”的原则安排训练工作，同时，还要合理地安排和选择训练内容、方法与手段。

8. 适时恢复原则

适时恢复原则是指及时消除运动员在训练中所产生的疲劳，并通过生物适应过程产生超量恢复，提高机体能力的训练原则。在运动员疲劳达到一定程度时，应依照训练的统一计划，适时安排必要的恢复性训练，采取有效的恢复措施，使运动员的机体迅速得到充分的恢复和提高。

贯彻适时恢复原则要注意以下两点。

第一，准确判别疲劳程度。准确判别疲劳程度，是适时恢复的重要前提。运动员疲劳程度的判别，通常是根据自我感觉和外部观察来进行的，也常常采用一些比较客观的生理和心理测试方法。

第二，积极采取加速机体恢复的适宜措施。例如，训练学恢复手段，医学、生物学恢复手段，营养学恢复手段，心理学恢复手段。

三、运动训练的方法及创新性探索

（一）运动训练的方法

运动训练采用的方法有很多，具体要根据实际情况和需要进行有针对性的选用，以达到最佳的训练效果，下面介绍几种常见的训练方法。

1. 分解训练法

分解训练法指的是将完整的技术动作或战术配合过程合理地分成若干个环节或部分，然后按环节或部分分别进行训练的方法。在需要集中精力完成专门训练任务，对主要技术动作和战术配合环节进行加强训练时，适合采用分解训练法，这样可使训练取得更高的效益。分解训练法有着自己的适用范围，主要适用于技术动作或战术配合过程较为复杂、可予分解，且运用完整训练法又不易使运动员直接掌握的情况，或者技术动作、战术配合的某些环节需要较为细致的专门训练。

单纯分解训练法、递进分解训练法、顺进分解训练法、逆进分解训练方法是较为常见的分解训练方法。

2. 完整训练法

完整训练法指的是从技术动作或战术配合的开始到结束，不分部分和环节，完整地进行练习的训练方法。完整训练法的运用可以帮助运动员对技术动作或战术配合进行完整的掌握，同时还可以良好地保持技术动作或战术配合的完整结构和各个部分之间的内在联系。

完整训练法具有广泛的适用范围，既包括单一动作的训练，也包括多元动作的训练；既有个人成套动作的训练，也有集体配合动作的训练。但是在不同的范围内运用时，要注意有所侧重。

3. 持续训练法

持续训练法是指负荷强度较低、负荷时间较长、无间断地连续进行练习的训练方法。练习时，平均心率应在每分钟 130～170 次。持续训练主要用于发展一般耐力素质，并有助于完善负荷强度不高但过程细腻的技术动作，可使机体运动机能在较长时间的负荷刺激下产生稳定的适应,内脏器官产生适应性的变化;可提高有氧代谢系统供能能力以及该供能状态下有氧运动的强度;可为进一步提高无氧代谢能力及无氧工作强度奠定坚实的基础。

根据训练时持续时间的长短,可以将持续训练法分为短时间持续训练方法、中时间持续训练方法、长时间持续训练方法三种类型。

4. 间歇训练法

间歇训练法是指对多次练习时的间歇时间做出严格规定,使机体处于不完全恢复状态下,反复进行练习的训练方法。运动员在严格的间歇训练过程中,心脏功能能够得到明显的增强;通过运动训练负荷强度的调节,机体各机能与有关运动项目相匹配的适应性变化也会产生;通过不同类型的间歇训练,可以有效地发展和提高糖酵解代谢供能能力(或磷酸盐与糖酵解混合代谢的供能能力、糖酵解与有氧代谢混合供能能力、有氧代谢供能能力);通过对间歇时间的严格控制,可以使运动员在激烈对抗和复杂困难的比赛环境中发挥出更加稳定的技术动作;在较高负荷心率的刺激下,有利于促进机体抗乳酸能力的提高,从而能够保证运动员在较高强度的情况下仍具有持续运动的能力。

高强性间歇训练方法、强化性间歇训练方法以及发展性间歇训练方法是间歇训练法的三种基本类型。

5. 变换训练法

变换训练法是在综合考虑实际比赛过程的复杂性、对抗程度的激烈性、运动技术的变异性、运动战术的变化性、运动能力的多样性以及中枢神经系统的灵活性等因素的情况下提出的。所谓的变换训练法就是指对运动训练负荷、练习内容、练习形式以及条件进行变换,从而使运动员的积极性、趣味性、适应性及应变能力得到提高的训练方法。通过运动训练负荷的变换,能够产生机体与有关运动项目相匹配的适应性变化,从而使承受专项比赛时不同运动训练负荷的能力得到提高。通过变换练习内容,能够使运动员的训练更加系统,并使运动员的不同运动素质、运动技术和运动战术得到协调的发展,从而使之具有更接近实际比赛所需要的多种运动能力和实际应用的应变能力。

依据变换内容的不同,可以将变换训练法分为形式变换训练方法、内容变换训练方法和负荷变换训练方法三种类型。

6. 重复训练法

重复训练法指的是多次重复同一练习,并在两次(组)练习之间安排相对充分的休息时间的训练方法。在训练过程中通过多次重复同一动作或同组动作,经过不断强化运动条件反射的过程,有利于运动员对技术动作的掌握和巩固。通过相对稳定的负荷强度的多次刺激,可使机体较高的适应性机制尽快产生,有利于运动员身体素质的发展和提高。

单次(组)练习的负荷量、负荷强度及每两次(组)练习之间的休息时间是构成重复训练法的主要因素。休息的方式通常采用静止肌肉按摩或散步。

依据单次练习时间的长短,可以将重复训练法分为短时间重复训练方法、中时间重复训练方法和长时间重复训练方法三种类型。

7. 循环训练法

循环训练法指的是根据训练的具体任务,将练习手段设置为若干个练习站,运动员按照既定顺序和路线,依次完成每站练习任务的训练方法。运用循环训练法可使运动员的训练情绪得到有效的激发,并且使负荷"痕迹"得以累积、不同体位得到交替刺激,每站的练习内容、每站的运动训练负荷、练习站的安排顺序、练习站之间的间歇、每遍循环之间的间歇、练习的站数与循环练习的组数是循环训练法的结构因素。运用循环训练法,可以使不同层次和水平的运动员的训练情绪和积极性得到有效提高;可以使运动训练过程的练习密度得到增加;可以随时根据具体情况因人制宜地加以调整,做到区别对待;可以防止局部负担过重,延缓疲劳的产生,对全面身体训练非常有利。在实践中,循环训练法中有"站"和"段"的说法,其中的"站"指的是练习点,如果一个循环内的站数中,有若干个练习点是以一种无间歇方式衔接,那么这几个练习点的集合可称之为练习"段"。"站"和"段"是安排循环练习的顺序时应该考虑的。

以各组练习之间间歇的负荷特征为依据,可以将循环训练法分为循环重复训练方法、循环间歇训练方法和循环持续训练方法三种基本类型。

8. 比赛训练法

比赛训练法指的是在近似、模拟或真实、严格的比赛条件下,按比赛的规则和方式进行训练的方法。比赛训练法的提出有着一定的依据,包括人类先天的竞争和表现意识、竞技能力形成过程的基本规律和适应原理、现代竞技运动的比赛规则等因素。运动员全面并综合地提高专项比赛所需要的体、技、战、心、智各种竞技能力可以通过比赛训练法的运用而实现。

教学性比赛方法、模拟性比赛方法、检查性比赛方法和适应性比赛方法是较为常见的四种比赛训练法的类型。

9. 综合训练法

综合训练法是指把重复训练、循环训练、变换训练等各种训练法结合起来运用,或者在一组训练中安排各种技术训练、灵敏训练、力量训练等多种内容的训练方法。

在训练实践中,以上各种训练方法并不是单一存在和使用的,因此,需要通过综合训练来灵活地调节运动员的训练负荷与休息,使其更圆满地达到训练要求,从而促进运动员运动素质和运动水平的全面提高。

综合训练法变化很多，组合多样，具体可以根据不同性别、年龄、身体状况、锻炼水平的运动员的需求进行适当地变化、调整，以期取得理想的训练效果。

随着现代科学技术的进步，运动训练方法从理论到实践不断推陈出新。目前，社会各界有识之士非常重视改变传统经验的训练法，借助新的科学理论（如系统论、控制论、信息论等），运用新的模式的训练方法正在不断被尝试和创新。

当前，随着竞技体育运动的发展、科学技术的进步以及人们认知的不断提升，运动训练的方法正在向多样化的方向发展。训练方法日益多样化主要得益于运动员和教练员在运动训练方面积累了丰富的经验，总结了多种多样的训练方法来指导训练实践。现代运动训练更加注重实效性和技术完善。传统训练方法在运动训练中得到了保存，同时由于高科技手段的引进，新的训练方法在运动训练中不断得到应用，新的训练方法与传统的训练方法相结合，使得运动训练更加科学、有效，正因如此，才使得运动员不断突破极限，在比赛中不断刷新纪录。

（二）运动训练方法的创新性探索

随着时代的发展和科技水平的不断提升，运动员的竞技水平、训练的层次和维度也在相应地提高，这就对训练方法提出了新的要求。

1. 破旧立新

所谓破旧立新，就是要打破原来固定的训练方法，从训练手段、训练思路等方面入手，创新训练方法。例如，教练员平时要经常对自己的训练方法加以审视，看看自己的训练方法是否已经成为一种思维定式，是否已经过时，是否对运动员训练到一定程度就难以再有提高了，是否训练水平落后于形势的发展，等等。许多陈旧的方面必须通过创新来改变其面貌、改变其效益，从而提高训练效果。“立新”就是要以创造性思维去思考、解决各种问题，去寻找新的突破口，开辟新途径，去发现新的思路、观点、方法、手段等，如此才能获取新的成效。

2. 逆向思维

训练目标、训练计划、训练方法等内容往往容易习惯依据传统观念、经验和权威人士的意见来思考，容易将自己框定在一定的模式中去思考、解决问题，逐步形成了思维定式，慢慢抹杀了创新思维及创新方法的思路。我们要充分认识到，要适应现代形势发展，就要善于转换思维方式方法，善于用逆向思维法去突破传统的观念、经验或权威人士的束缚，突破陈旧的思维定式，去开创、形成新的思维定式，激励自己树立新思想、新观念，总结新经验，开创新的训练思路，进行新的训练决策等。

3. 克弱转强

运动员在训练过程中，要善于主动地挑剔自己的弱点、缺点或不足，并将其作为探索研究的基准点，努力攻克它，使弱转化为强，从中获得创新的成功。假如在训练中，采用方式某一训练方法而得不到预期的效果，这并非教练员训练方法的问题，而是在于自己的训练方式上，这时应该对训练方法加以深入剖析，找出其不足或落后的方面，并加以弥补、修正，或创造出新的训练方法。通过克弱转强法，从中不断经过创造过程，使训练得出成效。

4. 移花接木

现代知识的综合运用程度越来越高，新成果大量地涌现，知识的渗透力越来越强，综合聚变效应也越来越强，我们要善于将其他学科中的原理、规律、方法等移接到本领域的运动训练理论体系中去，进行巧妙的衔接，创造出新的高效的训练原理、规律、方法等，从而有效地促进自身学科的不断发展与壮大，提高训练效果。如“系统论、信息论、控制论”移接到体育的各个领域中，已发挥出巨大的作用，展现出显著的效果，有力地促进了体育科学的发展。

四、运动训练负荷的科学安排

（一）运动训练负荷的基本知识

1. 运动训练负荷原理

运动训练的最终训练目的是促进运动员身体素质水平、运动水平的提高，要想实现这一最终目的，就要在运动训练过程中使运动员不断承受和适应训练负荷，促进其机体运动能力和对外界（运动训练负荷）适应能力的不断提高，这就是运动训练负荷原理。

运动训练过程中，运动员会承受一定的外部刺激，运动员机体在生理与心理方面承受的总刺激便是运动训练负荷，机体承受刺激时表现出来的内部应答反应程度可以反映运动训练负荷。

运动训练负荷有着自身的特点，它具有目的性和选择性，即一定的功能特点；运动训练负荷还具有渐进性、极限性和应激性，随着运动训练负荷水平的提高，训练适应水平也会相应地得到提高。运动训练负荷与运动成绩之间密切相关，这主要从对应性和延缓传导性上体现出来。

运动训练负荷种类繁多，每种负荷都有自己独特的含义，因此必须准确掌握各种运动训练负荷的概念和特性，对运动训练负荷进行科学调控，调控时需注意运动训练负荷的综合性、实战性和动态性，并结合具体个体进行，注重运动训练负荷的定量与等级。

2. 运动训练负荷的系统构成

运动训练负荷具有系统性，它由众多局部结构构成。按性质可将运动训练负荷分为训练负荷、比赛负荷、教学负荷与健身负荷；按产生机制可将运动训练负荷分为内部负荷、外部负荷和百分负荷；按负荷刺激机体的特征可将运动训练负荷分为负荷强度、负荷量和总负荷。

3.运动训练负荷刺激及机体机能的变化

运动训练负荷刺激主要是指运动训练负荷对机体的刺激，人体活动时所表现出来的力量、耐力、速度、柔韧和灵敏素质等不是根本原因(本质)，而是运动的结果(表象)。在运动训练中，机体对训练负荷刺激所做出的反应表现在两个方面，即生理反应和心理反应，通常所说的运动训练负荷指的是生理负荷，就是指机体在生理方面所承受的运动训练刺激。

运动训练的过程也可以看作是一个不断对人体施加运动训练负荷刺激的过程，在这一过程中，人体各器官系统将发生一系列反应。这些反应特征主要表现为耐受、疲劳、恢复、超量恢复和消退等机能变化。

(二)运动训练负荷的基本知识

1.运动训练负荷的定性与定量

(1)运动训练负荷的定性

①训练负荷的专项性

训练负荷的专项性指训练负荷要与运动员的训练水平和比赛要求相符。运动训练过程中，训练负荷的练习分为运动专项练习与运动非专项练习。其中，运动专项练习是提高运动员专项运动技战术水平的直接因素，只有加强运动专项训练，才能为运动员运动实战水平的提高奠定良好的基础。

②训练动作的复杂程度

训练动作的复杂程度是专项运动训练中客观存在的内容，是运动训练中运动训练负荷定性的一个重要方面。运动训练实践中，动作复杂程度决定着训练负荷的大小。区分训练动作的复杂程度是控制运动训练负荷的依据和需要。

需要提出的是，由于运动训练中，运动员的许多技能动作并不能预定，必须根据场上对手的表现临时做出选择性反应，因此，目前对此要做出量化评定具有较大的难度。

③训练负荷的生理改善

确定运动员运动训练时机体工作的供能系统是为训练负荷定性的内容之一。研究表明，系统的运动训练中，ATP－CP 和糖酵解供能约占 80％，糖酵解和有氧代谢约占 20％，因此，运动员应结合运动专项的训练要求和特点，选择采用无氧代谢、有氧代谢或者二者的协调配合来进行训练，也就是以实际情况为依据合理安排训练。

(2)运动训练负荷的定量

①内部负荷指标

内部负荷指标指由于运动员在训练过程中进行各种身体、技战术训练，训练的负荷使运动员有机体内发生一系列生理和生化变化，内部负荷的指标能比较科学、准确地反映有机体在负荷时产生的各种变化，有利于教练员根据这种变化去掌握和控制训练过程、安排训练负荷。

运动训练中，使用内部负荷的指标来测量负荷的方法比较广泛。血压、心率、血乳酸、尿蛋白、氧债、血红蛋白、最大吸氧量等是常用的指标。

②外部负荷指标

外部负荷指标又称“负荷的外部指标”或“外部负荷”，包括负荷量和负荷强度两个指标。在运动训练中，负荷量的各个指标测定的方法比较简单。例如，统计一次训练课、一个小周期、一个阶段或一年的训练负荷量，只要记录每次训练的时间、次(组)数、移动的总距离和总重量，而后通过累计计算运动员单位时间内负荷量的大小即可。机体对负荷强度刺激所引起的反应比较强烈，能较快地提高机体各器官系统的机能水平，所产生的适应性影响较深刻，消退较快。在运动训练中，测量负荷强度的各个指标比较复杂，所以难度也比较大。

目前，对运动员外部负荷指标进行测量，一般通过记录技战术训练的时间、训练次数、训练难度、训练的激烈对抗程度等方法。

2. 不同负荷的判别

运动训练期间，当运动员的运动训练内容、训练手段的特点相对稳定时，有机体机能能力表现出来的动态变化就能够被明显地观察到，因此，可根据训练实践中运动员有机体机能活动性的动态变化来对训练负荷的大小进行判别。

一般地，运动训练负荷的大、中、小可以客观地按照机体恢复的时间进行判别。研究表明，训练负荷的大、中、小与有机体内环境的稳定性的变化紧密相关，并且能具体反映到恢复过程的时间上。小负荷与中等负荷后，机体恢复的时间通常是几十分钟或几个小时；大负荷后，一般需要较长的时间才能实现机体的恢复(可长达数天)。

在运动训练中，应结合实际情况来对运动员的训练负荷大小进行判定，具体可以根据生理学和生物学的指标来判别，也可以采用其他相对间接且客观的指标进行判别，不管使用哪种方法，都要保证准确地判定训练负荷。

3.运动训练负荷的特点与注意事项

(1)科学安排运动训练负荷的特点

科学安排与调控运动训练负荷就是以更科学、更合理的方法安排运动训练负荷，从而实现运动训练水平和运动成绩不断提高的目的。对训练负荷的科学安排需要遵循负荷、应激与恢复原理，竞技状态的形成与科学调控原理，周期性与节奏性原理，以及竞技能力的训练适应原理等。简单来说，科学调控运动训练负荷就是在训练过程中，教练员根据训练的任务及运动员的个体情况，按照人体机能的训练适应规律，以大负荷为核心，坚持长期、系统和有节奏地安排运动训练负荷。

从概念内容来看，科学安排与调控运动训练负荷具有以下特点：

第一，持续增加运动训练负荷，即在运动员的运动寿命范围内，运动训练负荷应该不断地增加。

第二，运动训练负荷应该力求在运动员机体可接受的范围内达到最大负荷水平。

第三，全年负荷，即要求运动员常年不断地进行训练，系统连贯地承受负荷，以不断提高训练水平。

第四，负荷的周期性和节奏性，也就是说负荷的安排要有一定的大、中、小节奏，并在全年训练中具有一定的周期性安排的特点，也就是按照加大—适应—再加大—再适应的节奏进行安排。

第五，负荷的渐进性和跳跃性，它是指在运动员长期训练中，负荷应按照逐渐提高与跳跃式发展相结合的方式进行安排。

(2)科学安排与调控负荷的注意事项

第一，不同训练阶段采取不同的调控方法。根据负荷因素的基本特征，在训练初期，为了使运动员尽快进入运动状态，通常以增加负荷量的方法来尽快实现运动员机体的适应。在专项训练阶段，以提高负荷强度刺激的方法来加深运动员的机体适应过程。

第二，选择合理的负荷的内容和手段。教练员应按照不同运动项目、训练内容、训练手段的负荷特征和不同训练任务选择好相对应的训练内容、手段和方法。对运动员而言，其参与的具体竞技运动项目不同、训练目的不同，所安排的训练负荷应有所区别。

第三，对负荷方案进行最佳综合设计。在运动训练过程中，教练员要根据各对应性负荷结构的特征及相互间的关系，进行负荷方案的最佳综合设计。特别是要注意负荷量、负荷强度与总负荷，内部负荷与外部负荷，生理、心理与智力性负荷，以及训练负荷与比赛负荷的综合设计。

第四，按照运动员个体特点确定运动训练负荷。教练员要通过科学的训练诊断，对运动员的个体特点加以了解，从而科学地确立符合他们个体特点的个体负荷模型。

第五，注意负荷安排的长期性、系统性。在进行运动训练时，要根据连续负荷中疲劳的正常积累与过度疲劳之间的关系，对多年、年度、周及每一次课的训练过程的负荷进行对应的安排，使不同训练阶段的运动训练负荷能够连贯起来，促进运动员运动水平的逐步提高。

第六，重视运动训练负荷的节奏性。教练员要把大负荷训练与减量训练结合起来，使之形成最佳的负荷节奏，进而促使运动员取得最佳的运动成绩。

第七，合理增加运动训练负荷。据训练任务和训练对象，逐步、有节奏地加大运动训练负荷，直至最大限度，但在竞走运动训练过程中，运动训练负荷的安排不宜过大，应以提高单位训练时间里最大的效益为准则。运动训练负荷的增加应当在运动员适应了原有负荷的基础上进行，只有这样才能取得较好的训练效果。

第八，注意处理好负荷量、负荷强度与总负荷的关系。教练员要按照运动项目特点、训练和比赛任务、个体特点等因素，以总负荷的要求为基础，确定好负荷量和负荷强度的最佳组合。突出强度是高水平竞走运动员负荷安排的重要特征。但注意应从实际情况出发，负荷强度和负荷量应合理搭配。

第九，重视恢复。训练水平的提高离不开对训练负荷的合理安排，没有恢复，也就没有新的负荷安排。

在运动疲劳之后，人体的恢复时间有所不同，恢复时间过长或过短都不利于提高身体素质和技战术水平。注意掌握运动员训练后不同恢复阶段的时间、个体负荷的极限能力、承受极限负荷后的恢复时间，及各训练过程的负荷性质及适宜的间隙时间和恢复方式，并根据这些要点来对大负荷训练进行安排训练之后，还应注重采用多种手段来帮助运动员消除疲劳。

第十，做好运动训练负荷监测和诊断工作。教练员应在运动训练过程中根据运动训练负荷的构成因素及运动训练负荷的可监控性特点，正确地确定各运动项目的各训练内容、手段和训练方法，及不同运动员个体的运动训练负荷监控指标体系，对科学的运动训练负荷监控、诊断系统和诊断模型进行建立。

第二节 运动训练的过程监控与管理

为了客观地控制运动训练过程，必须对运动员经过相当长时间的训练之后（阶段状况），在训练课和小周期负荷量影响下（平时状况），以及在一些具体练习负荷量的影响下，（当时状况），机能状况的变化进行监控与管理，以便了解运动员在经过相当长时间训练的影响之下，身体状况的变化，并据此研究下一个大周期或是训练时期的战略措施。

一、运动训练过程监控的理论体系

近年来，虽然我国的体育运动训练在科学性上不断有所增强，但从世界整体运动训练过程来看，我国运动训练还停留在较低的水平上。针对这一问题、专家学者们从不同层面探讨了其解决方法，并提出不断加强对运动员运动训练过程的科学监控这一观点，然而要进行运动过程的科学监控，不仅需要形成制度化、规范化和系统化的监控方式，还需要建立运动训练过程的理论体系，这两方面就我国的情况而言，显然是还没有实现的。本节即从运动训练过程的理论体系入手，对其进行分析。

（一）运动训练过程监控的内涵

1.运动训练过程概念的界定

为了增强运动训练过程概念的可操作性，学者们一般都从狭义和广义两个层面对运动训练过程的概念进行界定。其中，狭义的运动训练过程就是指运动员在教练员的指导下进行运动训练的一个持续的过程，或这种过程的积累。广义的运动训练过程则指运动员从事运动训练的期间，参加的训练活动以及训练活动以外的持续的时间，这一持续时间可以是一天、一周，也可以是一个月或一年。

2.运动训练过程监控的内涵

运动训练过程监控是监控的一个下位概念，它同它的上位概念——监控一样，可以应用的范围较广，而对它概念的界定及其内涵外延研究得较少。在我国的训练学理论界，很少有学者对运动训练过程监控的概念进行系统性的研究，其中值得一提的是国家体育总局体育科学研究所研究员洪平博士，他对训练过程监控这一问题进行了较为深入的研究，并对运动训练过程监控的概念进行解释。在他看来，“训练监控”其实是教练员对运动员予以训练控制的一种方法，是教练员为了保证训练实施效果与预定目标的一致性，而运用监控手段测量运动员的训练效果与目标的偏离情况、并对其进行及时调整，使运动训练恢复到预定的轨道上来的一种方法。一方面，教练员制订训练计划，实施运动训练对运动员施加训练刺激，并在训练的过程中通过对运动员训练效果的各项因素的监测，来测量运动员机体对运动训练刺激的反应情况，以便为下一步训练提供参考和借鉴；

另一方面，运动员经由教练员的训练，在完成训练计划后，通过训练监控可以测量运动员对运动训练的反应，辅助教练员通过对运动员训练的反映与训练计划中的标准评价的对比分析来得出运动员训练的质量，为控制运动员训练的质量提供依据。

洪平博士对运动训练监控的概念分析为我们探讨运动训练过程监控的内涵奠定了良好的基础，但他的分析依然存在几个问题有待商榷，如他对运动训练过程监控中的“监”进行了解释，但却忽视了“控”的内涵探讨。我们认为，运动训练过程监控是“监”和“控”的统一，也就是将以科研人员为主组织实施的运动训练结果的监测、评定，与以教练员为主实施的运动训练过程调控相统一的一个过程。在这个过程中，科学的“监”是有效的“控”的前提和基础，另外，洪平博士对运动训练监控的概念分析实际上阐述的是对训练结果的监控，而忽视了对整个训练过程的监控。从运动训练的整个过程我们可以看出，虽然每个阶段对运动员训练结果的监控是十分必要且重要的，但若从发现问题、分析问题、解决问题的角度来看，仅仅对训练结果予以监控显然是不够的，它只能帮助教练员了解训练活动对运动员机体的刺激情况，只有加强对运动员整个训练过程的监控，运动员每次训练课承担负荷种类与负荷量、强度监控，每种负荷强度的比例等我们才能在每一个环节上都做好对运动员训练情况的把握，也才能切实发挥运动训练过程监控的应有作用。

综上所述，运动训练过程监控就是为了确保运动员训练过程的科学性，以科研人员为主，对运动员的训练过程加以检测和评定，并结合训练实施的情况对训练过程实施调控的一个统一体。这一概念包含了以下几方面的要点。

首先，考虑到运动训练过程是一个不断变化的动态过程、因此运动训练过程监控也是一个动态的过程，且这一过程会伴随着运动训练活动的持续而不断予以开展。

其次，运动训练过程监控的实施主体是教练员和科研人员，客体则是运动员。其中，科研人员和教练员组织、控制着整个运动训练过程监控的活动过程，负责运动训练过程监控计划的制订、监控方法的选择与设计、监控过程的实施、监测结果的分析、调控信息的确定等。而运动员则是运动训练过程监控的直接对象，承担训练负荷、竞技能力状况、机体机能的变化与疲劳恢复、伤病、营养等。

再次，运动训练过程监控是“监”的活动与“控”的活动的统一，这就意味着教练员要在对运动员训练过程中的各个因素进行监测、检查的基础上、对运动训练计划提出修改意见或建议。

最后，运动训练的主要目的就是最大限度地发挥运动员的潜能，提高其竞技能力和水平，运动训练过程监控的目的与任务就是通过对训练过程的不断监测、检查、评价，对运动训练计划制订提出调控信息，确保训练的质量。

（二）运动训练过程监控的类型

按照不同的分类标准，可以将运动训练过程监控分为不同的类型。

1. 按监控内容与运动成绩的关系分类

按监控内容与运动成绩的关系，可将运动训练过程监控分为决定性（或内因性）因素监控和影响性（或外因性、保障性）因素监控。

决定性（或内因性）因素监控是对决定运动成绩与运动训练效果的因素的监控、而影响性（或外因性、保障性）因素监控是对影响运动成绩和运动训练过程实施的可控因素，主要指运动营养状况、机能恢复状况、身体健康状况等因素进行监控。其中，内部因素是训练和比赛的核心因素，要想提高运动成绩，只有改进训练方法和手段，提高竞技能力才能实现。外部因素是运动员训练和比赛正常进行的保障。

2. 按监控实施间隔的时间长短分类

按监控实施间隔的时间长短可以将运动训练过程监控分为即时监控、日常监控和阶段监控。

即时监控是对运动员一次运动训练的身体变化所做的监控，日常监控是对运动员一次或几次运动训练后所发生的身体变化情况做的监控，而阶段监控是对运动员在一定时间阶段内（如一周、一个月或几个月等）由训练效果累积而获得的相对稳定的状态所做的监控。教练员只有及时和准确了解运动员的状态，才能有效监控训练的进程，并确保训练的效果。

3. 按评价类型分类

按照评价类型的不同，可以将运动训练过程监控分为终末监控和过程监控。

终末监控也就是传统的运动训练过程，它主要侧重于监控运动员在训练过程后的结果、即评价的是运动员在特定时间段内竞技能力与身体机能的变化情况。通常情况下，终末监控的时间间隔较长，有的是一周、有的是一个月，有的则是一个训练周期。

过程监控是对整个训练过程的监控，是在一定的时间序列上，对运动员每次运动训练所采用的方法，手段，所训练的内容对运动员身体机能和运动竞技水平与竞技能力产生的影响。此外，运动员每天的饮食、伤病情况也属于过程监控的范围。

假如说终末监控反映的是一段时间运动员的训练情况和训练效果的话，过程监控则展现的是这一效果产生的原因。因此，也有学者将即时监控和日常监控，归入终末监控的范围，而将阶段性监控归入过程监控的范围。当然，这都是相对的，对于由 4 个月组成的准备期来讲，每一个月的监控相对于每次训练课来说是终末监控，而相对于 4 个月来说又是过程监控。

二、运动训练过程监控的组织与实施

（一）运动员选才

1. 运动员选才的概念和意义

运动员选才是根据具体运动项目的特点和要求，运用科学的方法进行测试和预测，将适合该项运动的、具有一定先天优势的运动人才挑选出来，对其进行系统的、科学的、有目的的培养，使其成为一个合格的、优秀的运动员，创造优异的运动成绩的方法。

伴随着体育事业的快速发展，现代竞技体育运动水平正在迅速逼近人类自身能力的极限。

一方面，一般的、普通的青少年是不容易成长为竞技运动的优胜者的，只有挑选那些具有一定的先天和后天条件的运动员苗子，并对其进行科学、严格的训练，才能使其登上世界竞技运动的高峰。也因为如此，联邦德国乌尔默教授提出：高水平的科学训练、优化的训练环境和运动员个人的优越天赋是其成为竞技运动获胜者必备的基础。在现代体育运动训练中，挑选优秀的运动员苗子已经成为运动训练最重要的一步。

另一方面，运动选才有助于充分挖掘和利用运动员的先天运动天赋。这里的先天运动天赋就是指运动员或运动员苗子所具有的稳定的、没有经过训练便已经具备的、随着运动员生长而自然产生并发展的、表现出的运动潜能和能力的综合。在运动员选才的过程中，一般都会对备选运动员进行各方面的调查和测试，而这些调查和测试都有助于教练员发现备选对象身上的某些运动天赋、尽可能早地对其进行培养，避免贻误人才。从这一层面来说，科学的运动员选才可以及时为运动员确定未来的发展方向，并预测其最佳的年龄区间，提高运动员训练过程的科学合理性，保证训练目标的实现。

2.运动员选才的方法

(1)遗传选才法

遗传是指子代和亲代在特征性状上相似的现象，是生物体在世代间的延续，变异是指子代和亲代在待征性状上的差异现象这种遗传和变异现象在生物界普遍存在，是生命活动的基本特征之一。组成人体运动能力的性状与其他性状一样，大都受到遗传因素的重要影响，因此，遗传选才是运动员常见的一种选才方法。

我国学者徐本力根据人体遗传学研究成果及其自身的研究成果初步确立了一组遗传选才方法，这里主要分析其中几种常见的遗传选才法，家族选才法。家族选才法：

家族选才法是通过调查运动员家庭中若干代直系和旁系在某项运动上的表现情况，结合这些遗传因素对运动员的现状和未来发展趋势进行测评，决定取舍的方法。

遗传力选才法：

遗传力选才法是以那些与专项关系密切而遗传力又较大的指标作为最后确定的专项选择指标，结合备选运动员直系或旁系亲属有关性状分析运动员在遗传家庭中的某些运动天赋来决定取舍的方法。

皮纹选才法：

皮纹选才法就是通过对备选运动员的皮肤纹样进行研究，分析他们的竞技能力各形状之间的关系，并联系这些关系对备选对象进行辅助性测评，以挑选出优秀运动员的一种方法。

(2)形态选才法

形态选才法就是通过对备选运动员的体型外观的测试,以及对他们未来发展趋势进行预测来挑选优秀运动员的方法。常见的形态选才法主要有体型测量法和体型预测法两种。

体型测量法:

体型测量法就是对备选运动员的体型进行测量,以分析其是否具有特定体育运动的身体条件的一种方法。一般包括以下几种:

第一,对身高、臂长、下肢长、坐高、手长、足长、跟腱长等的长度测量。

第二,对肩宽、手宽、足宽、髂宽、髋宽等的宽度测量。

第三,对肌纤维类型,肌肉中红白肌的比例等的充实度测量。

第四,对胸围、臂围、腿围、踝围等的围度测量。体型预测法:

体型预测法就是根据备选运动员的体型现状,预测其未来的体型发展情况,并将其作为评价运动员是否具有从事某一运动的身体条件的方法,一般包括以下两种:

第一,用父母身高、少儿当年身高、少儿肢体发育长度判断发育程度等预测备选运动员成年后的身高预测法。

第二,通过对不同年龄段的体宽指标占成人体宽的百分比预测备选运动员成年后的体宽预测法。

(3)年龄选才法

年龄选才法是通过对人体生长发育的年龄特征、少儿发育程度的鉴别以及各运动项群的适宜选才年龄对备选运动员进行鉴别,挑选出合适的运动员苗子的一种方法这种方法的关键在于了解个体生长发育和运动素质的年龄发展规律,并掌握对少儿发育程度鉴别的方法。

(4)素质选才法

身体素质选才法是通过对备选运动员的身体素质进行测评,分析其是否具有成为某项运动员的素质基础,最后决定运动员取舍的一种选才方法。通常情况下,对备选运动员的素质进行测评,主要分析的是他们的生理素质、心理素质、运动素质等。

(5)心理选才法

心理选才法就是运用心理学的相关理论,对备选运动员的心理素质进行分析,并将其作为运动员选才评价标准,决定他们取舍的一种方法。一般情况下,对运动员的心理进行测评,主要分析的是运动员的心理能力和个性心理特征。

运动员心理能力测评:

运动员的心理能力在其竞赛的过程中会产生十分重要的作用。一般情况下,心理能力较强的运动员在竞赛过程中可能会超常发挥，而心理能力较弱的运动员则很有可能输掉比赛。因此，对运动员的心理能力进行测评也是现代运动员选才的一个重要内容。一般情况下，运动员心理能力包括一般心理能力和专项心理能力，主要包括注意力的集中和持久性、运动记忆的准确与牢固性、运动感觉的敏锐与稳定性、运动思维的迅速与实效性等。进行运动员心理能力的测评可以用心理测试员去和测试工具来测评，具体测评方法见心理测评方法类书。

运动员个性心理特征测评：

运动员个性心理特征主要包括性格、气质、神经类型、兴趣、能力、意志品质等方面。其特征常用个性测试量表及运动员专项个性测试量表来测评。如神经类型测定方法有：感觉测定法、视听觉测定法、问答题测定法、数字划消法、排瓶法、声响记录法、安菲莫夫矫正法等。

（二）运动训练计划的制订

1. 运动训练计划的概念和特点

运动训练计划就是在训练过程开始之前，为实现训练任务和目标，对训练内容、步骤及其要求所做出的理论设计和安排，当今运动训练计划要想取得切实良好的训练成果，除了制订的训练计划必须科学合理，符合运动员的身体机能发展规律和运动潜能激发特点之外，还要具有创新性、差别性、育人性的特点。

（1）创新性

一个好的运动训练计划要想取得好的效果，必然需要予以创新。从实践情况来看，在现代竞技场上，虽然各项运动表面上看来都是运动员竞技能力和运动素质的比拼与较量，但在这些表层之下还隐藏了许多其他的因素。例如，现代科技的发展，训练过程中对其他科学理论的应用等，这些都会对训练计划的实施及运动员的训练效果产生极大影响例如，在运动员进行科学的体能训练基础上，把经过认真研究的心理训练等措施运用到训练计划的制订中，并付诸实践，这就是创新，而这些创新都会极大地提高运动计划实施的效果，培养出优秀的"精品"运动员。

（2）差别性

我们知道，不同的个体具有不同的心理素质、体能情况、运动水平，运动员虽然经过了系统性的训练，在整体上保持着较高的运动水平，但不同的运动员也会表现出不同的特点，因此，训练计划必须要因运动员个体的差异而有所区别，不可一概而论，此外，不同的运动项目在训练过程中也会有不同的要求和特点，这也要求运动训练计划必须表现出差别性。

（3）育人性

从运动训练计划的实施情况来看，传统的训练计划大多注重对运动员生理素质、战术水平、技术能力等训练，而忽视了对运动员其他人文素养方面的训练，致使我国运动员队伍中出现一些"高技术、低素养"的问题，这一问题的产生与我国运动员队伍中的"重金牌、轻育人"有很大关系。有鉴于此，现代运动训练计划越来越强调其育人性，强调将运动员人文素养的提升融入运动训练的过程中，使运动员在提高运动技术水平的同时，人文素养也不断得到提升。

2. 制订运动训练计划的依据

(1)起始状态诊断 V 起始状态诊断在运动训练中的作用：

首先，运动员训练的起始状态，是运动训练状态过程的出发点。运动员当前的竞技水平如何，当前身体素质水平如何，决定其竞技能力的各个因素的发展水平如何，运动员的发育状况以及健康状况如何，运动员的文化教育水平如何，心理状态如何等一系列问题，都对运动训练过程产生着重要影响。对这些问题的科学分析和准确判断，是有效地组织运动训练过程的基本依据，因此，只有在科学诊断的基础上，才能够提供出精确的训练指标，才有可能制订出切实可行的训练计划。

其次，通过运动训练诊断，可以发现训练过程中不同环节所存在的问题，测定现实状态与目标状态的差距大小，为运动训练过程实施有效的控制提供可靠依据。并据此调整训练指标、修订训练计划，以实现运动训练过程最佳化，最终完成实现状态目标的任务。

最后，运动训练过程中的状态诊断与检查评定两个环节，在一定条件下，可以互相转化。一个大的运动训练过程中的每一个阶段的检查评定，正是一个较小的运动训练过程开始时对运动员起始状态的诊断，而每一个独立的运动训练过程开始时对运动员起始状态的诊断，也都可以看作是一个更大的运动训练过程的阶段性的检查评定。多年训练过程和其中的年度训练过程，阶段训练过程和其中的周训练过程，都处于这样一种关系之中。

运动员起始状态诊断的内容：

运动成绩：

运动成绩，是根据特定的评定行为对运动员及其对手的竞技能力在比赛中发挥状况的综合评定，是运动员参加比赛的结果，是教练员、运动员智能、体能通过艰苦付出的价值表现形式，而且是唯一的价值表现形式。因此，对运动员运动成绩的诊断是确定运动员起始状态的一个重要依据。

从实践情况来看，不同项目的运动员在比赛中表现出来的竞技水平有着不同的衡量标准。从比赛结果的评价方法分类：田径、自行车、游泳、速度滑冰、举重以及射击、射箭等项目，可以运用标定的计量工具进行测量，通过对时间、距离、重量、环数的准确测定评价其竞技水平的高低；体操、艺术体操、技巧、跳水等项目，由裁判根据统一的标准，对所完成的动作给予评分来确定竞技水平的高低。足球、水球、冰球、曲棍球、篮球等项目，按比赛中命中特定区域的次数评定；摔跤、柔道、拳击等项目，在没有出现绝对胜利时，也按命中得分的情况评定竞技水平及胜负；乒乓球、羽毛球、排球和网球等项目，则通过比赛得分的多少反映竞技水平的高低。

竞技能力：

竞技能力是运动员参加训练和比赛所必须具备的素质，是运动员体能、技能、智能和训练比赛能力的综合表现。组成运动员竞技能力的因素有形态、机能、素质、技术、战术、心理及智力。

对不同项目的运动员的竞技能力进行诊断时，必须考虑不同专项竞技能力的结构特点。不同项群运动员竞技能力的各决定因素的作用各有不同，因此，在诊断中首先要抓住起决定因素的主导因素，予以科学的诊断，并作为其竞技能力总体诊断的主要依据。

(2)训练目标

训练目标是为了了解和掌握训练全过程的发展进程而专门设计的理想模式。任何时候，任何情况下，目标永远是区别成功者与失败者的分水岭。如果一个人在生活中有目标，不管他目前的状况如何，他都会努力，向着这个目标前进。训练目标向训练参与者描绘出运动训练过程的目标状态，全部训练过程都是为实现这一终极目标状态服务的。这一终极目标的确定，使得训练过程的每一个环节、每次训练活动和比赛都围绕着目标状态的实现而全面地进行和展开，从而为训练计划和比赛计划的制订和实施提供了依据。训练控制模型的基础，系列工程的原理表明，任何控制过程的第一步就是科学地确定控制目标，运动训练控制过程的第一步就是科学地确定训练目标。

一般情况下，训练目标是一个多层次的有序系统，一个完整的训练目标由运动成绩指标、竞技能力指标和阶段序列指标构成，这里简单介绍前两种。

运动成绩指标：

运动成绩指标包括运动员在比赛中所表现的竞技水平和比赛名次两个方面。对于可测量的体能类项群及技能类表现性项群的运动员，可以提出定量的竞技水平指标；而对于技能类对抗性项群则可以提出若干模糊的竞技水平指标。

竞技能力指标：

运动员竞技能力发展水平，是决定运动成绩的重要基础。构成运动员竞技能力的各个因素的水平及它们的组合方式与运动员的竞技水平有着直接的因果关系。建立运动员竞技水平决定因素的特征模型，可以把运动员训练的竞技水平分解为既可以分别反映运动员各种能力特征又可以反映各特征之间紧密联系的具体指标。

3. 运动训练计划的运用

根据适用时间的差异，可以将运动训练计划分为年度训练计划、阶段训练计划、周训练计划和课训练计划，因此，对运动训练计划的运用也可以从这些方面入手。

(1)年度训练计划的运用

年度训练计划的总体安排,涉及的内容较多,因此,必须从系统的观点出发,使整个安排科学合理。要提出一些定量指标,并使各方面的指标相关协调和系统连贯。

(2)课训练计划的运用

训练课计划的制订,要求更为具体和详细,不仅要讲究训练阶段,提出负荷要求,而且还要考虑场地器材、组织形式及制订现场恢复的措施,考虑如何记录、评价训练课的进行和计划执行情况。

(三)运动竞赛的组织

1.运动竞赛的意义

运动竞赛是体育活动的常见形式之一,是以一定的规则为依据,以争取优胜为目的的比赛活动。运动竞赛的组织可以吸引和鼓舞人们参加体育锻炼,推动群众性运动项目的普及和发展,推动体育运动水平的提高和普及。同时,运动竞赛的组织也能让观众感受到高尚体育道德作风的熏陶和激励,丰富人们的业余文化生活。此外,运动竞赛还能使不同国家、民族、地区的体育爱好者和运动员聚集在一起,加强国内外各民族人民之间的联系,促进世界各国人民之间的相互了解和友谊。

现代运动竞赛具有更加广泛的国际性和紧张激烈的竞争性。以国际体育运动竞赛中规模最大的是奥林匹克运动会为例,它一般采用统一的规则和标准,并且包括多种竞赛项目,如田径、游泳、足球、篮球、排球等。此外,这些赛事的影响力也很大,全世界有很多人都在关注这些赛事。

2.组织运动竞赛活动的工作程序

运动竞赛活动的组织管理是一个非常复杂且十分具体的工作,特别是一些规模较大的运动竞赛,它们涉及诸多部门和人员,组织工作也是纷繁复杂,若组织不当,很可能出现混乱的局面,如里约奥运会上的绿色泳池等。因此,一般规模较大的运动竞赛都会成立大会组织委员会(或筹备委员会)及相关下属部门予以系统组织开展。

组织委员会是在主办单位的领导下,由各方有关代表人员组成,负责组织和领导竞赛的全部工作。

(1)运动竞赛组织机构的设置

组织机构的建立是体育运动竞赛组织管理工作的关键环节。机构设置必须合理,各机构的工作任务要明确,只有这样才能保证竞赛活动顺利进行。一般竞赛的组织机构采用委员会制。竞赛组织委员会的建立,要与竞赛规模相适应。规模小的单项体育运动竞赛,应以完成各项任务为准,尽量简化组织机构。

规模较大的综合性运动会,可根据需要增设接待部、财务部、大型活动部、对外联络部和学术活动部等职能部门。此外,每一个单项比赛,必须设立单项竞赛委员会,直属大会组委会领导。有的竞赛活动，为提高规格，扩大影响，还可成立大会主席团，邀请层次较高的党、政领导人担任大会名誉职务。

(2)各部门的职能

组织委员会：

组织委员会又称组委会，是整个竞赛组织工作的最高领导机构。组织委员会的主要职能包括以下几个方面：

第一，审议通过组织委员会人员名单。

第二，审议批准各组织机构的设置和主要负责人名单。

第三，审议批准竞赛活动的各项实施方案。

第四，审议批准大会经费使用的原则、范围及预、决算方案。

第五，裁决竞赛活动过程中出现的重大问题。

组委会办公室：

组委会办公室又称秘书处，是组委会的综合职能部门。其主要任务是拟定文件、组织会议、文档管理、督促调控和上传下达。一般综合性运动会办公室由主任、联络、综合管理、文秘等人员组成，也可根据运动会的规模灵活设定。

竞赛部：

竞赛部主要任务是负责运动竞赛方案的制订与实施，是竞赛组织管理过程中处于核心地位的办事机构，在赛前准备阶段，竞赛部的职责包括：选择各项目比赛的场馆，落实承办单位，报组委会审批通过，并按规格要求布置、检查和验收场地器材的准备情况；确定各单项竞赛的仲裁委员会(或技术代表)成员和副裁判长人选；按照竞赛规程的有关规定，做好竞赛报名、注册与统计工作；编排大会竞赛总秩序册，制定活动总日程表；编印大会(运动会)秩序册等。在竞赛实施阶段，竞赛部需要检查各项准备工作，引导协助各赛区单项竞赛委员会做好报道、接待工作，在比赛正式开始后，提前做好公布记录和成绩。

宣传部是组委会统一领导下的职能部门，它的主要任务是做好新闻赛事的宣传教育和新闻传播。

后勤部：

后勤部主要任务是加强财物管理，做好生活接待，在交通、食宿、医疗卫生、通信等方面提供良好的服务。

保卫部：

保卫部主要任务是负责组织并实施竞赛活动的各项安全保卫工作。它是举办运动会不可缺少的机构之一，通常保卫部是由主办或承办单位内部的保卫组织、公安机关和有关部门共同组成。

三、运动训练的管理理论与实施

随着社会的进步，经济的发展，人们越来越重视科学管理，近年来我国竞技体育的迅速发展，其中一个很重要的原因就是加强了对运动训练的科学管理。实践证明，运动训练管理，可以充分调动广大管理人员、教练员和运动员的积极性，有利于提高运动训练的效益。多年来我国在运动训练管理方面积累了许多宝贵的经验，形成了一套基本适合我国国情的运动训练管理体制和积极有效的管理办法，对指导运动训练发挥了积极的指导作用。但是，随着现代运动训练的快速发展，传统的经验法在运动训练中已经不再适合，探索科学的运动训练管理方法成为当代运动训练领域的一个重要方向。

（一）运动训练管理的概念

对于运动训练管理的概念，国内体育界许多专家和学者在研究运动训练管理的过程中，都对其进行过明确的界定，下面是一些比较具有代表性的观点。

运动训练管理旨在遵循运动训练的客观规律，紧密围绕运动训练的过程，不断改进运动训练的组织方法和工作方法，为提高运动训练水平服务。

运动训练管理就是指管理者遵循运动训练的客观规律，运用有效的方法和手段，对运动训练系统进行计划、组织、控制、协调，以不断提高效率，实现运动训练目标的综合活动过程，运动训练管理是指在运动训练过程中，为了实现运动训练的预期目标，以教练员和运动员为核心所进行的各种协调活动。

（二）运动训练管理的概念

运动训练管理的系统主要是由管理者和被管理者两个部分组成的，以教练员和运动员的训练关系为核心的系统。在该系统中，管理者、管理对象和信息是其构成的三个基本要素：

1.运动训练的管理者

运动训练的管理者主要包括各级行政管理干部以及教练员，运动员有时也会成为自身的管理者。

（1）教练员对运动队的管理

在整个运动训练系统中，教练员担负着培养运动员人才的主要任务。建设一支高水平的教练员队伍对于整个运动队的长远发展来说具有非常重要的意义。

（2）运动员的自我管理

运动员对自身的管理是现代运动训练中的关键因素，有助于现代运动训练的管理队伍的形成。

（3）其他管理人员

随着现代运动训练逐渐向科学化发展的加深、加强，对运动员的文化教育、科学指导、医务监督以及物质技术保障的要求逐渐提高，这就从客观上要求运动训练的内容向深度和广度扩展，要求必须依靠有关科研人员、领队、文化教员、医师及其他人员的密切配合。

2. 运动训练的管理对象

一般而言，运动训练的管理对象主要包括运动训练管理系统中所包含的人员、经费、场地、设施、仪器器材以及训练体制、机制等，决策对运动项目的管理也是一个不可忽视的重要内容。

从运动训练管理最直接、最基本的作用目标来看，运动训练管理系统是运动员（队）或教练员组成的运动训练系统，运动训练及其管理的一切效果最终要通过运动员（队）或由教练员与运动员反映出来的，因此，运动员（队）或教练员是运动训练管理最主要的管理对象。

3. 信息

从哲学的角度看，事物（系统）间的一切联系或相互作用都可概括为信息，为此在运动训练管理系统内外的各种相互作用或联系，都统称为信息。信息有内信息和外信息之分。

（1）内信息

管理者教练员与管理对象运动员之间的相互作用和联系是运动训练管理系统的内信息，它是该系统存在与运动变化的内因和根据，又可分为作用信息和反馈信息。

作用信息是运动训练管理者根据运动训练管理目标对运动训练管理对象施加的各种物质性和精神性作用，引起管理对象的运动，进而使运动训练管理系统从初始状态向目标状态转移。

反馈信息是运动训练管理对象对作用信息的反馈，是对运动训练管理效果的反映，运动训练管理者通过获得这种反馈信息，发现运动训练管理系统的实际状态与计划目标的偏差，分析偏差的原因，并寻求消除偏差的方法、手段，对管理对象进行新的训练调控，以达到消除偏差、实现目标的目的。这种作用信息与反馈信息的相互作用和反复循环构成了运动训练管理系统的管理实践活动。

（2）外信息

运动训练管理系统与环境的相互作用和联系就是运动训练管理系统的外信息，在运动训练管理中，外信息可以分为对系统的输入与输出两种信息。

输入信息主要是环境对运动训练管理系统的作用。它主要包括国内、国外的情报以及国家或高一层次运动训练管理者的指令，有时就是上级下达的运动训练管理目标，运动训练管理系统的输入信息对整个管理活动有着重要的前提意义，尤其是上级下达的运动训练管理目标，它是运动训练管理者行使管理职能（如制订运动训练管理计划）的依据，因此它就成为衡量全部管理质量与效果的标准。输入信息十分复杂，还包括社会生活各个方面对管理系统的作用，其中包括大量扰动信息及不利因素的作用。

输出信息是运动训练管理系统对环境的作用。它在一定程度上反映了整个运动训练管理的实际状况。如完成管理目标或计划目标的情况、取得的社会效益、经济效益和存在的问题等。总之，输出信息体现了整个系统的价值和社会生活中的实际功能作用，同时又是对上级指令的反馈，因此也是高层次运动训练管理系统中的内信息，是上级对运动训练管理系统进行有效管理的重要依据之一。

（三）运动训练管理的基本内容

从上述训练管理过程的系统构成可以看出，运动训练管理系统是从选拔一定的运动员苗子到产生优秀运动员，通过投入一定的人、财、物等，运用计划、组织、控制、协调、创新等基本职能，遵循科学的管理原理、原则和方法，以实现投入与产出效益最大化的过程。在这一过程中，运动训练管理所涉及的内容大体包括以下方面：

竞技运动的特点与科学管理的必要性；运动训练管理的目标、任务和措施；运动训练管理的原理、原则和方法；运动训练体制及其改革和创新；运动队伍的管理；运动员、教练员的培养；运动训练管理的效果与评价；运动项目的合理布局、立项与管理；运动项目协会的管理以及基层业余训练的组织与管理等。

近年来，运动训练实践有了快速发展，现代训练管理理论也有了许多新的突破，运动训练管理理论体系也在不断地发展和完善，许多新的管理理论与方法在运动训练管理的实践中得到充分的应用，并逐渐构成比较完整的理论体系。

（四）运动训练管理的实施

从实践情况来看，运动训练管理大致可分为对教练员、运动员的人力资源管理、对运动训练经费的财力资源管理、对体育场馆等体育日常设施的物力资源管理三类。

1. 对教练员、运动员的人力资源管理

（1）对教练员的管理

优秀运动队的教练员是运动训练的直接组织者和管理者，他们承担着培训运动员的主要任务，对促进运动员的全面发展，提高运动员的运动技术水平，实现优秀运动队的目标起着主导作用。许多事实说明，影响一个国家运动技术水平的因素是多方面的，但教练员人数的多少和水平的高低，是其中一个重要因素。有的专家指出，一个国家能培养出多少世界冠军，首先在于他们能够拥有多少个具有世界水平的教练员，苏联、美国、德国等体育先进国家的经验都证明了这一点。因此，建设一支具有高水平、高质量的教练员队伍，已成为加强运动训练管理一个至关重要的环节。具体来看，考虑到运动训练管理的动态性特征，对教练员的管理主要通过教练员的选拔、使用、培训考核等实现。

教练员的选拔：

选拔教练员是运动项目发展的关键环节，是任用教练员的必要途径。从目前国内外教练员选拔的途径来看，主要有以下几种：

第一，从专门的体育教练员学院、系毕业生中挑选，英国、法国等国基本是这样做的。在我国，目前还没有专门培养教练员的体育院校。从发展来看从体育教练员专门学校培养选拔教练员是竞技体育发展的必然趋势。

第二，从优秀的退役运动员中挑选这是我国过去和现在补充教练员的主要途径。这样的教练员，熟悉本专项技术，能比较快地适应教练工作。加之本人长期从事专项训练，有较好的技术基础和丰富的实践知识，能够从实际出发，因材施教，有针对性地进行训练工作但是他们不足的是文化水平偏低，缺乏系统的专项理论和基础理论知识、难以胜任竞技体育科技化发展的要求。

第三，从体育院、系的运动训练专业，或者体育教育专业、武术专业毕业生中挑选。这已逐步成为我国优秀运动队教练员来源的主要途径。这样的教练，文化水平高，具有较系统的基础理论和专业理论知识，但欠缺运动训练实践经验。

第四，从基层体校或中学的教练员或体育教师中挑选。这样的教练由于长期在艰苦的条件下从事训练工作，具有高度的事业心和责任感，在某些专项训练上总结出了一套独特的方法，选准了、用好了，可以发挥重要的作用。当然他们的不足是接触高水平训练较少，对高新的科学训练技术与手段不够熟悉，另外，教练员的选拔还需满足以下几方面的要求：

第一，按照不同层次的教练员与运动员之间的限额比例选配教练员。根据国家体委有关规定，国家队教练员与运动员之间的限额比例为1∶3～5(人)；省、区、市优秀运动队教练员与运动员之间的限额比例为1∶4～6(人)；竞技体校、体育运动学校教练员与运动员之间的限额比例为1∶6～10(人)；重点业余体校、体育中学教练员与运动员之间的限额比例为1∶8～12(人)；普通业余体校教练员与运动员之间的限额比例不低于1∶12(人)。

第二，按照不同层次教练员的高级、中级、初级职务之间的比例结构来选配教练员，国家队教练员高、中，初级职务之间的结构比例为6∶3∶1。省、区、市优秀运动队教练员的高、中、初级职务之间的结构比例为2～3∶5∶3～2；各类体育学校的高、中、初级职务之间的结构比例为1～2∶5∶4～3。此外，优秀运动队的国家级教练员人数应占教练员高级职务人数的10%～15%；各类体育学校的国家级教练人数不超过教练员高级职务人数的5%。

第三，各项目教练员班子的组合应注意“远缘杂交”，让不同流派、不同风格的教练员有机地结合在一起，产生更大的活力和效能。

第四，坚持任职条件，克服以运动成绩作为选配教练员的唯一依据的倾向，实行教练员岗位合格证上岗制度。

教练员的使用：

第一，扬长避短，各尽其才

人各有长短，用人之道，在于用其长，避其短，各尽其才。使用教练员，始终要坚持扬长避短。为此，其一，不必求全责备，因为世上既无全才，也无完人，同时在改革开放中，求全责备容易压抑开拓型人才；其二，要做到扬长避短，首先要知其长短，作为领导要熟知教练的长处与短处，合理用人；其三，要建设一支优势互补、结构合理的教练员队伍，注意组合扬长避短的默契配合的教练员班子。

第二，充分相信教练员

优秀运动队推行"主教练负责制"，主教练负责制，是加强运动训练业务管理，充分发挥教练员主导作用的--种管理制度。其实施办法是，由上级有关领导聘用运动队的主教练，明确其任期及其目标责任、赋予相应的权力，并规定必要的奖惩措施，缴纳一定的风险金。然后由主教练提名，经有关领导审核，成立以主教练为核心，由若干教练员组成的教练员小组。在主教练的主持下，由教练员小组负责运动训练的各项组织和实施匚作。试行主教练负责制的优秀运动队，仍可设领队。领队的职责主要是配合主教练做好运动员的思想政治工作和有关生活管理工作，而对训练业务工作不做出任何干预。有的队为了既调动主教练积极性、又发挥领队的作用，练负责制。

第三，破除论资排辈，量才用人

年龄大，资历深的教练，阅历长，经验丰富；然而年轻教练，一般说接受科学技术快，此，各有所长，均应调动他们的积极性。但对于脱颖而出的年轻教练，不能因其资历浅而不予重用，相反应大胆培养，大胆使用，鼓励后来者居上，青出于蓝而胜于蓝。

第四，重视开发教练员的潜能

现实中，有的领导在教练员人才问题上眼光在外。忽视对本单位人才的开发利用。对优秀运动队教练人才的使用，不仅仅是看其带队比赛成绩，平时也应采取全面考核，严格审查，定期进修提高等措施，深挖现有教练员的潜在优势，破除教练员终身制、领导部门要对现有教练员的年龄结构、知识结构、业务水平、工作能力等做到心中有数，并在此基础上进行科学分析，制定长远规划，做到"人尽其才，物尽其用"。

教练员的培训考核：

我国竞技体育要发展，根本的任务是要培养出高水平的运动员。而高水平运动员的培养首先取决于高水平的教练员。因此，进行教练员培训十分必要，进行教练员的培训可从以下两方面入手：V 第一，发挥体育院校作用，培养教练员专门人才。学校教育是培养教练员的一条重要渠道。在体育院校中开设运动训练专业，系统地学习各种体育专业知识。培养专门人才，这是教练员队伍建设的一项重大战略措施，它不仅可以保证教练员队伍后继有人，还能够平的不断提高。

第二，在实践中培养提高。从我国目前教练队伍状况看，多数教练急需知识补缺和更新。虽然近年来有许多教练员通过脱产进修，在政治、业务知识和管理能力上有了很大提高，但是脱产进修的人数、时间和学习内容毕竟有限。即使在进修中学到了一定的知识，也不能一劳永逸。所以，还必须重视在实践中培养和提高教练员队伍的素质。

除了做好教练的培训之外，还需要结合教练员的运动训练情况，定期对教练员的思想素质和业务水平进行考核，以帮助管理者及时了解教练员素质和水平的变化情况，从而正确地选用和有效地培训教练员。并结合考核结果，对教练员予以相应的处理。

(2)对运动员的管理

在整个运动训练系统中，运动员是整个运动训练的主体。因此加强运动员的管理至关重要，它是运动训练管理系统中的一个核心环节。

运动员选才：

可以说，运动员选才是运动训练中具有决定性作用的首要环节。选拔运动员时要注意以下几个方面的要求：

第一，根据运动员的需求林，即根据“供求”关系确定运动员的选配。

第二，依据学校的实际情况和需要招收不同项目的体育特长生。

第三，针对不同项目区别对待。运动员的配置在必要时要向奥运会项目倾斜、同时还要充分考虑运动项目的影响力、实力、获奖效益等客观因素。

运动员的合理流动：

相关调查表明，我国各省、区、市的运动人才流动的现状表现为流动但不平衡，且阻力大。主要的阻力是目前在我国没有一个完善的政策和法规。在运动训练管理中，要想提高工作效益和成才率，就必须实现运动队伍的优化组合、合理搭配，合理的人才交流是达到这一目标的必要条件。

运动员合理流动的总原则是有利于运动员的开发、利用和培养，因此进行运动员管理也需要采取一定的方法促进运动员合理流动，具体可从以下几方面入手：

第一，代训流动法

代训流动性是一种有偿流动，即委托单位给代训单位一定代训费。

第二，公开招聘和招考法

第三，借聘合同流动法

人才缺乏和人才过剩的地区双方签订借聘合同，运动员在合同期转到借聘的单位，代表该单位参赛，合同期满仍回原学校。

第四，有偿转会流动法

在职业俱乐部已注册的运动员，可按照协会章程和规定，在各单位间进行有偿转会流动。第五，交流互补流动法。在各省、区、市和单位建立“运动员交流协作区”或通过其他方式进行人才的交流和互补，优秀运动员退役后的分配是目前最困难的问题。这个问题主要是受整个国家宏观社会、经济环境的影响。各省、自治区、直辖市为妥善安置退役运动员，都制定了相应的措施与条例，取得了一定的效果。

在安置原则上，退役优秀运动员的安置、首先，应贯彻从哪里来到哪里去的原则；其次，是坚持条件择优录用原则。安置中考虑退役运动员的服役长短、贡献大小、文化水平高低、思想表现、专业知识技能以及业务能力等情况，统筹兼顾、妥善安置。最后，是要自觉服从分配，对组织安置的工作不满意的，允许在规定时间内提出，组织尽可能给予关照，或自己联系接收单位。配资格，按自行离职处理。

在安置去向上，对退役运动员的安置去向有三：一是推荐报考高等学校深造。对具有高中毕业或同等学力文化程度，思想政治品德好，在国内外重大比赛中取得较突出成绩（均有具体规定和要求）的优秀运动员，可由本人申请，所在省、区、市体委推荐，经高等学校单独考试或考察，经省、区、市招办批准、可以纳入普通高等学校招生计划入校学习。二是根据条件规定，择优录为干部。对于在国内外重大比赛中获得突出成绩，具有高中文化程度，政治思想素质好，身体健康，有一定工作能力的优秀运动员，在落实接收单位和工作岗位后，可以办理转干手续，按干部分配工作：

2. 对运动训练经费的财力资源管理

(1)训练经费的管理

对训练经费的管理实际上就是要合理使用训练经费，这要求管理者需要做好以下几方面的工作：

按计划、按规定用款，经费的使用应按运动训练工作计划进行，确保重点，紧紧围绕着提高运动技术水平这个中心进行安排资金，根据年度预算，按规定的开支范围和开支标准执行，杜绝无计划、不符合规定的开支。

注意经费的使用效果，首先，经费安排不能平均使用，必须有所侧重。上级预算经费指标确定以后，在除去应发工资津贴，保障福利以外，其余公用经费不必面面俱到，应以满足运动队必要的比赛、训练活动，如器材经费、科学训练经费、比赛车船差旅费、必要的后勤保障经费（医疗保健、洗浴等）为主，而其他办公、行政经费等项目可做适当压缩。其次，在安排训练比赛经费方面，应根据每个特定时期竞技活动具体情况而有所倾斜地确定重点或优势项目。对科学训练和比赛，需要优先保证供给。如外汇额度使用优先保证进口这些项目的国外先进器材和设备；伙食供给内部调整。重点项目和少数尖子运动员的标准略高于其他运动员，尽力保证尖子运动员的营养品及补品药物的供给，在“保健”设备不足的情况下优先保证重点项目和尖子运动员使用。

厉行节约、精打细算，厉行节约、精打细算既是体育经费使用的一项基本要求，又是一种具体的方法与技巧。各级领导和业务主管人员应开动脑筋，调查实际，精细核算，巧妙安排各项经费的合理使用。

训练经费使用的支出票证必须按财务的票证规定和缴销手续进行实质上的审查和形式上的审查。既要审查支出凭证上所反映的经费使用是否与事实相符，是否按规定和计划办事，是否符合党和国家有关的方针政策和法规制度，有无违反财经纪律现象，还要审查支出凭证的填制是否准确，手续是否完备。

不断改善体育事业费中各项费用之间的比例关系。体育事业费既有维持经费，又有发展经费；既有人员经费，又有公用经费；既有消耗性的开支，又有耐用性的开支；既有公务费、业务费，又有房屋设备修理费和设备购置费等。每一种费用开支都有其应有的作用。如果它们之间的比例安排不当，就会造成积压、浪费，影响各项事业的发展。因此，在使用体育事业费时，要根据不同单位、不同时期的不同情况，适时调整各类费用之间的比例关系，使之达到协调、均衡、和谐的状态。

(2)体育活动经费管理

体育活动经费是训练活动顺利开展的基本保证体育活动经费管理人员要遵循群体活动经费的使用规律，把每一分钱都用在运动员的身上。

体育运动训练竞赛的经费开支主要有组织编排费、裁判劳务费、添置器材、奖品费等。缺少任何一项部有可能影响到体育竞赛的顺利进行。

组织编排费是负责编排的教练员组织制定竞赛规程、召集有关人员开会布置工作、培训裁判、编排竞赛日程、准备裁判器材、安排裁判和比赛队、准备奖品等各种竞赛事项所得的报酬。

裁判劳务费标准要根据各校的具体实际来制定，并且教练员和运动员要有所区别，在一定的情况下，可以加以适当的经济补贴。

添置器材的费用一般在年度体育器材预算中已经体现了，如出现事先无法预料的事情，需要临时添置，要动用机动费用。

体育竞赛奖品费主要是以鼓励运动员为主，经济奖励为辅：集体荣誉为先，个人荣誉在后。因此，在奖励分配上，要重集体轻个人，加重集体名次的奖励，个人名次以发给荣誉证书为主，也可以发给少量奖金。

(3)体育教研经费管理

充足的体育教研经费是保障体育学科发展的重要条件，其主要包括以下内容：

外出考察观摩学习费用，对学校体育运动训练而言，在体育课程教学改革过程中，对上级下发的文件的理解每个学校都会存在着差异，要想充分理解就必须要通观全局，找到适合本校的改革方案，进一步改进本校的体育课程教学，外出考察观摩学习便是一个非常好的方法。因此，每年的体育经费预算中就需要列入外出考察的费用。

出席各级体育科研研讨(报告)会议费用，体育教练员进行体育科学研究要发表论文,论文的发表就可能被邀请参加各级体育科研论文报告会,在每年的年度经费预算中这也是不可缺少的一部分。

邀请有关专家做科研成果鉴定费用,在体育科研项目中,为了鉴定科研成果,必须邀请有关专家来做评估和调研,年度经费预算中也应该列入此项。

(4)体育竞赛经费管理

以学校体育运动训练的经费管理为例,体育竞赛费用主要指的是学校体育代表队进行校外大型比赛的经费开支,可以执行专款专用的模式,也可把经费细划,这些竞赛大多会运动员训练补助:在学校中,运动员的训练不同于学生体育协会的活动,他们是为学校争得荣誉,训练需要消耗体力,要有营养补充,这笔费用在非训练学生中是不需要的。这些补助的依据是通过运动员的等级、贡献的大小、技术水平的高度等要素决定的。

教练员训练课酬:教练员训练课酬不同于其他公共课,因为竞赛需要教练员全身心投入,而且还要根据每个成员的情况随时调整训练计划:不光要抓运动员的训练,抓文化学习,还要抓思想作风,抓生活,抓招生(体育特长生),外出比赛还需要联系交通车,比赛回来要解决运动员的洗澡、吃饭、住宿问题,还要随时掌握竞争对手的情况等,这些需要耗费很大的精力。为了让教练员能集中精力搞好训练和竞赛,学校应该有倾斜政策。运动员比赛服装:运动员的比赛服装要求每年大赛前添置一套,配置两短一长一双鞋、也可根据本校情况需要增加配置。经费按照市场价格决定,服装要求符合竞赛规则、实用、美观、耐久。

训练竞赛器材:训练竞赛需要配备专门的体育器材,要贴近实战要求,宜高不宜低,因为它的质量和档次直接影响到比赛。

校外竞赛费用:校代表队进行校外竞赛时,根据距离远近,花费也不一样、在近距离时需要交通车,远距离需要交通费,甚至需要住宿费、餐务费等。这些都需要在年度预算中列支。

外出招体育特长生经费:有时为了学校体育教育发展会外出招体育特长生,这是一笔不小的经费。它需要长期的礼尚往来、情报沟通。除了一般的工作关系外,还需要有感情交流,才能招到满意的体育尖子。一般包括差旅费、交际费、电话费等各种费用。

比赛奖励:校代表队在正式比赛中取得好成绩,理应进行奖励,奖励可以鼓舞运动员的士气、也可以利用重奖作为招生的有利条件,吸引高水平队员来校就读。

奖励要分级别、分名次。不同级别的比赛及获取不同的名次有不同的奖励。一般情况下省一级比赛取得前六名就应有奖励。奖励也是学校代表队可持续发展的措施之一。

3.对体育场管等体育日常设施的物力资源管理

(1)对体育场馆的管理

体育场馆开展运动训练所必需的硬件设施,为了保障体育教学工作的顺利进行,体育场馆的有效管理是至关重要的。体育场馆的管理有以下几个方面的要求：

体育场地周围和体育馆内的环境尽量保持优雅舒适，使运动员在训练时心情愉快，这是体育场馆有效管理的方法之一；建立制度化、常规化的管理制度，推行体育场馆管理责任制；体育场馆的安全关系到人的生命安全，所以要特别重视体育场馆的安全管理，把安全工作放到重要的议事日程，建立一个科学、完善的安全管理体系，包括安全操作、维护保证体系；由于体育场馆人流数量大，人流主要有观众、运动员或表演人员、工作人员、来宾(贵宾)。人流组织的核心是避免相互干扰，使各流线、人流畅通。因此，应设专用观众人口、通道或楼梯；工作人员、运动员、贵宾专用通道和入口，以便将观众人流与其他人流隔开，保证人流在正常和非正常情况下得到安全迅速的疏散；加强对管理人员的安全培训，强调预防为主。通过对体育场馆管理人员的培训，使管理人员认识到安全的成要性，认识并熟悉安全管理制度，提高其贯彻以预防为主的自觉性和处理安全事故的能力；做好体育场馆的卫生管理，体育场馆卫生管理工作要求针对本场馆的实际，划分卫生区域，建立责任制，做到责任落实到人，“四清楚”(工作范围、任务、职责和标准清楚)。坚持卫生工作标准化、检查制度化，做到自查与抽查相结合、普遍检查与重点检查相结合。

(2)体育场地管理

通常情况下，体育场地的管理与体育场馆的管理相似，只不过不同的场地由于其建材的特殊性，在管理上也会呈现一定的特殊性，这里主要对几种常见的体育场地管理进行分析。

塑胶场地的管理：应按塑胶场地适应范围合理使用，一般只供场地所承担的专项训练和比赛使用：另外要禁止各种机动车辆在上面行驶，以防滴油腐蚀胶面，禁止携带易爆、现代体育运动训练理论与方法探索。

外出招体育特长生经费：有时为了学校体育教育发展会外出招体育特长生，这是一笔不小的经费。它需要长期的礼尚往来、情报沟通。除了一般的工作关系外，还需要有感情交流，才能招到满意的体育尖子。一般包括差旅费、交际费、电话费等各种费用。

比赛奖励：校代表队在正式比赛中取得好成绩，理应进行奖励。奖励可以鼓舞运动员的士气，也可以利用重奖作为招生的有利条件，吸引高水平队员来校就读。

奖励要分级别、分名次。不同级别的比赛及获取不同的名次有不同的奖励。一般情况下省一级比赛取得前六名就应有奖励。奖励也是学校代表队可持续发展的措施之一。

3. 对体育场管等体育日常设施的物力资源管理

(1)对体育场馆的管理

体育场馆开展运动训练所必需的硬件设施，为了保障体育教学工作的顺利进行，体育场馆的有效管理是至关重要的。体育场馆的管理有以下几个方面的要求；

体育场地周围和体育馆内的环境尽量保持优雅舒适，使运动员在训练时心情愉快，这是体育场馆有效管理的方法之一;建立制度化、常规化的管理制度,推行体育场馆管理责任制;体育场馆的安全关系到人的生命安全,所以要特别重视体育场馆的安全管理,把安全工作放到重要的议事日程,建立一个科学、完善的安全管理体系,包括安全操作、维护保证体系;由于体育场馆人流数量大,人流主要有观众、运动员或表演人员、工作人员、来宾(贵宾)。人流组织的核心是避免相互干扰,使各流线、人流畅通。因此,应设专用观众人口、通道或楼梯;工作人员、运动员、贵宾专用通道和入口,以便将观众人流与其他人流隔开,保证人流在正常和非正常情况下得到安全迅速的疏散;加强对管理人员的安全培训,强调预防为主。通过对体育场馆管理人员的培训,使管理人员认识到安全的重要性,认识并熟悉安全管理制度,提高其贯彻以预防为主的自觉性和处理安全事故的能力;做好体育场馆的卫生管理。体育场馆卫生管理工作要求针对本场馆的实际,划分卫生区域,建立责任制,做到责任落实到人,“四清楚”(工作范围、任务、职责和标准清楚)。坚持卫生工作标准化、检查制度化,做到自查与抽查相结合、普遍检查与重点检查相结合。

(2)体育场地管理

通常情况下,体育场地的管理与体育场馆的管理相似,只不过不同的场地由于其建材的特殊性,在管理上也会呈现一定的特殊性。这里主要对几种常见的体育场地管理进行分析。

塑胶场地的管理:应按塑胶场地适应范围合理使用,一般只供场地所承担的专项训练和比赛使用。另外要禁止各种机动车辆在上面行驶,以防滴油腐蚀胶面。禁止携带易爆、易燃和腐蚀性物品进入塑胶场地,严禁在场地吸烟和吐痰。跑道上的各种线和标志要保持清晰醒目,模糊后要及时喷一层塑胶液,重新描画标志线。

水泥混凝土场地的管理:场地上的沙、石、泥土和污物要及时清扫,保持整洁。雨季应及时清除积水,冬季应及时清除冰雪。在不同季节及时填充或铲除填缝料,保持接缝完好,表面平顺。

草坪场地的管理:使用草坪场地的时间要根据季节和草的生长情况来安排,具体使用时间应根据当地气候等方面的条件决定。另外,作为草坪场地的维护管理人员要禁止机动车辆进入草坪。田径运动的掷标枪、铁饼和推铅球等项目,只能在比赛时使用草坪场地,训练时尽量不使用或少使用。一切使用单位和使用者都必须严格遵守草坪场地的使用规定,爱护草坪和场内的一切设施,并且注意场内卫生。

木质场地的管理:按场地使用规范予以使用,要求进场人员必须穿软底鞋,禁止穿皮鞋、高跟鞋和带钉鞋入内。此外,要做好涂地板蜡、涂地板油、涂防滑油,还有对防滑膜地板和海绵垫(包)、地毯覆盖地面的维护。

(3)设施与器材管理

体育器材要分门别类放置,使用频率不同的分开放,不同材质的分开放,形状不同的分开放。标枪、横竿、铅球、篮球、排球、足球等要上架，服装、小件器材要入柜，羽毛球拍、网球拍等要悬挂整齐。

体育器材室内应该随时保持整洁的状态，卫生工作要每天一小扫，每周一中扫，每月一大扫。卫生工作要做到每个角落。

器材管理人员在外借器材过程中，首先要当面点数检验器材，做到如数、完整、完好；最后回收器材时，也要当面检验，然后一次性地放回原来的位置，严禁随意堆放。

在购置器材设备时，要对生产厂家和选购的器材进行深入的了解和考察，严把质量关。

进入器材室或器材库的器材，应根据发货单进行验收，然后登记入库，通常采取填写器材登记表的形式登记器材设备。登记表应包括器材设备的名称、数量、单价、规格、生产厂家、入库时间和备注等。

制定体育器材使用的方法和制度，对正确使用器材，规定体育器材使用的借用手续、使用方法、归还方法和非正常损坏的赔偿办法等，以此减少不必要的消耗和损坏，以延长使用寿命。

体育器材的维护管理要科学地安排保养时间和保养内容，并把责任落实到具体的工作人员。要以文字形式提出具体的器材保养要求，如果是进口器材，则应及时将外文部分翻译成中文。要制订每日、周、月、季、半年、一年的维护计划。

第二章　运动体能训练

第一节　力量与速度素质训练

体能是运动员身体型材、机体机能、运动素质的综合体现。体能训练是指运用各种有效的手段和方法对运动员的身体加以积极的影响。体能训练是现代运动训练工程的重要组成部分。

一、体能训练概述

（一）体能训练的基本内容

一般认为，体能包括形态、机能和素质三项基本内容。其中，身体形态是指运动员身体的外部形状，如身高、体重、胸围、四肢围度以及四肢与躯干的比例等；机体机能是指身体各器官、系统的基本功能，如关节的活动范围、神经系统的灵活程度等；运动素质是指身体活动过程中所表现出来的与运动有关的能力，如各种跑、跳、投的基本能力。构成运动员体能结构的身体形态、机体机能、运动素质既相互独立又彼此关联。其中任一因素的发展都会影响体能发展的整体水平。体能结构的三种构成要素中，运动素质是体能能力的外在表现。实践中，体能训练是以发展运动素质作为体能训练的主要内容，并以发展运动素质为途径，进而间接地达到改善身体形态和提高机体内部机能的目的。

竞技运动的体能训练，对于提高整体竞技能力水平具有专门的特殊意义。这种特殊意义不仅集中反映在现代竞技运动发展的必然趋势，而且强烈地体现在许多运动项目的特点之中。运动员的体能训练与技术训练、战术训练、智能训练、心理训练具有密切的联系。一般而言，从竞技能力训练的角度看，机体机能的训练和运动素质的训练，是体能训练的主要内容。其中，机体机能的训练内容决定着运动素质的发展方向，运动素质的训练内容决定着机体机能的功能变化，由此可见，体能训练的重点主要是机体机能和运动素质。为此，有必要勾勒竞技能力的体能要素基本结构。

（二）体能训练的基本分类

体能训练又称身体训练。体能训练的分类是安排、实施训练的重要依据之一。体能训练通常分为一般性、辅助性和专项性体能训练：一般性体能训练是指在运动训练过程中，采用多种多样的身体练习，以增强运动员身体健康、提高身体机能水平、全面发展运动素质和改善身体形态的训练活动；辅助性体能训练是指在运动训练过程中，采用具有将一般身体素质转移到专项身体素质的身体练习，以便使一般身体素质逐渐体现专项化的训练活动；专项性体能训练是指在运动训练过程中，采用与专项运动技术结构本质相似的和与提高专项成绩有直接关系的各种身体练习，以提高专项素质的训练活动。显然，体能训练能否达到体能训练的根本目的，关键在于体能训练所采用的身体练习是否恰当。

身体练习又称练习手段：由于身体练习种类繁多，训练价值殊异，因此，构成了身体练习的不同种类。一般地讲，根据力学特征，可把身体练习分为两类，即动力性练习和静力性练习；根据动作结构的表现形式，可将其分为周期性练习、非周期性练习、混合性练习；根据运动素质特征，可将其分为力量练习、耐力练习、速度练习、柔韧练习和灵敏练习等；根据负荷强度，可将其分为极限强变练习、次极限强度练习、大强度练习、中强度练习、小强度练习。由此可见，身体练习的分类相对较多。在实践中，采用何种分类指导训练，并无严格规定。但是，体能训练所采用的身体练习的动作规格、负荷性质、负荷强度，则是关注重点。因此，采用何种体能训练分类完全取决于体能训练的目的。

实践中，体能训练是以发展运动素质作为主要内容，并以发展运动素质为途径，进而间接地达到改善身体形态和提高机体机能的目的。因此，素质训练是体能训练的核心。从运动机能的基本特征来看，运动素质可分为两大类，即基本运动素质和复合运动素质：基本运动素质是指具有一种运动机能特征或在某一方面的运动机能占主导作用的素质；复合运动素质是指具有两种或两种以上运动机能特征的素质。当然，无论是基本运动素质还是复合运动素质，都不是孤立存在和表现的，而是既相互独立又紧密联系。一般来说，力量、耐力、速度、柔韧素质属于基本运动素质，灵敏、弹跳力则属于复合素质。

（三）体能训练的结构分析

体能训练是一种以发展机能潜力和与机能潜力有关的体能要素为目的的大负荷训练，是指人体在艰苦环境中，长时间、高强度、大负荷持续工作能力的训练。体能训练突出对人体各器官和机能系统的超负荷适应训练，旨在产生体能和心理适应，以达到挖掘机能潜力，提高整体运动能力和培养顽强拼搏精神的目的。体能训练是一个有机、动态、可持续的系统，在其明确了训练目的基础上，通常根据训练目的、训练者的具体情况有针对性的、分阶段进行体能训练。

编者借鉴田学礼学者从宏观角度对各种体能训练系统的运行（动态）结构进行总体分析，认为体能训练的结构体系主要由基础体能训练、专项体能训练和综合体能训练三个相互联系、相互影响的子系统构成。这三个子系统不是时间上的先后阶段，而是根据受训者的训练水平高低、训练目标的实现过程等方面，对训练内容、层次进行针对性的安排和筹划，做出的结构划分的三个子系统。

在体能训练体系中，最核心的子系统是基础体能训练，位于这个金字塔体系的最基层，其包括两个层面的内容：一是力量、速度、耐力、灵敏性等方面的身体基本素质训练，是基础体能训练的核心内容；二是各种运动、训练相关知识的智力提高训练，是指导训练科学化、系统化进程的导航器。

第二个子系统是专项体能训练或者是行业体能训练，能体现从事项目如篮球、足球等特色，或行业，如军人、警察等特点的体能训练。在这个子系统内，训练过程是在有一定基础体能的基础上针对专项或行业特点有针对性、方向性的体能训练，能够有较明显的专项或行业倾向性。专项体能训练包括受训者自身专项体能训练和抗外部干扰的体能训练两个层面，其中抗干扰体能训练主要是应对外部环境的适应能力训练，具有更为明显的专项指向性，如为了应对在寒冷的地方的各种比赛，就要在训练时有针对性地进行抗寒冷体能训练，而在海拔高的地方比赛，则要在训练时训练抗缺氧体能；又如要进行各种空军体能训练就要有针对性地进行抗眩晕、抗寒冷等方面的训练。

第三个子系统是综合体能训练，是体能训练系统的最高层、最尖端。通过此过程的训练，使体能训练与实战比赛或行业工作相互渗透、合为一体，真正使体能训练达到熟练化、强化、内化的目的。在这个过程中，可以通过模拟各种运动项目比赛或模拟行业工作场景进行体能训练，也可以通过邀请比赛或者行业观摩竞赛等提高、强化训练。

(四)体能训练的基本原则

1. 系统性原则

系统性原则是指运动员开始从事训练到创造优异成绩，直至运动寿命终结的长期过程中，都应按照体能发展的内在规律，做出相应的合理规划，持续不断地训练。系统性原则要求对整个训练过程的体能训练不仅要系统规划，对多年训练不同发展阶段的体能训练，还要从内容、比重、手段、负荷等方面做出系统安排，尤其是在青少年时期以及达到高水平成绩之后，更应周密考虑。

2. 全面性原则

全面性原则是指在发展专项运动技能的前提下，应全面安排和充分发展运动员的各项运动素质，特别是儿童和青少年时期，更应全面发展运动素质，提高一般身体机能水平，以促进专项成绩的全面提高。全面性原则主要适用于儿童和青少年训练时期，全面发展运动素质并不意味着运动员的全部训练时间都用于这种训练。相反，随着运动员的日臻成熟，运动水平的不断提高，其训练也应朝着更为专项化的方向发展。此外，全面体能训练还能减少训练的枯燥感，提高运动员的练习兴趣，对专项训练起调节作用。

3. 结合专项原则

结合专项原则是指在一般发展的基础上，体能训练必须根据各运动项目的技术、战术和专项能力特点充分发展专项所需的运动素质，以促进运动员直接创造优异的专项运动成绩。技术、战术练习是专项训练的重要内容之一，体能训练为技术、战术练习提供基础。掌握先进的技术是发挥训练水平的重要前提，因此体能训练要和专项技术、战术相结合。结合专项体能训练，能使运动员在身体形态以及机能方面对该运动项目的特殊要求产生适应，有利于专项成绩提高。许多项目运动员年轻化的趋势（如科马内奇、伏明霞等 12 岁就已成为世界水平的优秀运动员，苏莱曼诺夫 15 岁就已经 10 余次打破成年举重世界纪录）也迫使体能训练必须紧密结合专项实际。

4. 从实际出发原则

从实际出发原则是指体能训练的安排要因人、因项、因时而异。要从训练对象的个人特点、比赛要求、训练条件等实际情况出发安排。从实际出发原则要求体能训练必须要有针对性，要紧紧围绕提高专项成绩和技术水平这一最终目标进行；同时，又要根据运动员的主观和客观条件以及专项需要，合理确定和安排体能练习的内容与负荷；此外，还应使运动员的运动素质在各个方面按比例平衡发展，以适应提高运动技术水平的要求。

（五）体能训练的重要意义

体能训练是运动训练的重要内容。不同项目的运动员在其项目的训练过程中都有各自的训练方法，力求提高其机体的机能水平，增强健康和发展运动素质。另外，体能训练与技术训练、战术训练、心理训练和智能训练有着密切的联系。

1. 良好的体能训练是技战术训练和提高运动成绩的基础

体能训练实际上是使运动员有机体各器官系统功能协调发展，具有完备的从事专项竞技运动能力的过程：不同的运动项目对有机体的运动能力有不同的要求。短跑要求运动员必须具备突出的爆发力，良好的反应速度、快速移动和专项柔韧性，以及高度的对快速运动的协调能力；体操、武术、拳击和球类等运动，则对各项运动素质都有很高要求，并且有些技术动作本身就是运动素质的综合表现。例如，举重运动的特点，不完全是力量大就举得多，而是要求运动员在最短的时间内，爆发出最大的力量，因此除了有强大的力量基础外还需具备高超的技术，而这技术依赖于体能的高度发展。总之，只有在充分发展各项运动素质的基础上，才能很好地掌握复杂、先进的技术，而体能训练正是实现这一目的的基本保证。

2. 良好的体能训练是运动员承受大负荷训练和高强度比赛的基础

现代竞技运动竞赛频繁，竞争激烈，运动员要在重大比赛中获得胜利，创造优异成绩，只有通过大负荷的运动训练，长期对有机体生物学进行改造，掌握娴熟的专项技术、战术才能达到。从第一届奥运会到现在，运动训练已经过自然发展阶段、新技术广泛运用阶段、大运动量阶段和多学科综合利用阶段。科学训练阶段的一个重要特点是广泛运用现代科技成果于运动训练，科学系统地监测训练过程，并在此基础上保证大负荷训练。通过体能训练能够对此打下坚实的基础，并使运动员在不断加大负荷的情况下，承担训练和比赛对有机体的一切要求。

3. 良好的体能训练是运动员在训练和比赛中保持稳定、良好心理状态的基础

竞技能力是取得优异成绩的主导因素，是由身体形态、身体机能、运动素质、技术、战术、心理和智力因素所决定的。在当今竞技比赛中，运动员的心理状态成为决定比赛胜负的关键因素之一。比赛越激烈，水平越接近，心理素质越显得重要。而良好的体能保证队员在激烈的对抗中有优势，使得运动员在比赛中能够有良好的心态，为创造优异成绩奠定基础。

4. 良好的体能训练有助于预防伤病，延长运动寿命

健康是运动员从事运动训练的必要条件，良好的健康状况是系统训练的根本保证。刘建和曾在《延长运动寿命的主因透析》一文中提出过训练保障这一点。体能训练能够有效地提高运动员内脏器官特别是心血管系统、呼吸系统机能，增强骨骼、肌肉、肌腱和韧带等运动器官功能，并使中枢神经系统机能得到明显改善；同时，对于克服人体生物惰性，促进新陈代谢都具有极为重要的作用。而上述作用能够有效地提高机体对外界环境的适应能力和对疾病的抵抗能力，从而有效地促进运动员的身体健康，预防伤病，延长运动寿命。

体能训练分为一般体能训练和专项体能训练，一般体能训练是专项体能训练的基础。一般体能训练时，采用多种多样的非专项的身体练习，改造运动员身体形态、增进身体健康、提高身体机能和全面发展运动素质。专项体能训练时，则根据专项的需要采用与专项有密切联系的专门性的身体练习，发展和改善与专项运动成绩有直接关系的专项运动素质和专项所必需的身体形态、机能。

二、力量素质训练

（一）力量素质的内涵

1. 力量素质的概念

国际运动医学委员会将肌肉力量定义为：在特定的或确定的速度条件下，一块肌肉或一个肌群产生的最大力或转动力矩。从运动医学对肌肉力量的定义可以看出，由于科学技术发展的需要，科学研究中越来越注重于从实际操作的角度出发，对一些概念进行界定。马特维也夫认为，力量是通过肌肉紧张，克服阻碍行动的机械力和生物机械力并

对抗它们,从而保障行动效果的能力。

2.力量素质的分类

按照力量素质与运动专项的关系,可分为一般力量与专项力量;按照力量素质与运动员体重的关系,可分为绝对力量和相对力量;按照完成不同体育活动所需力量素质的不同特点,可分为最大力量、快速力量和力量耐力。

(1)最大力量及其发展影响因素

最大力量指人体或某部分用最大力量克服阻力的能力。主要表现为肌肉收缩强度及神经兴奋强度较大。最大力量的增长是采用附加重量的方法,影响总负荷的因素有负荷重量、练习重复次数及组数、间歇时间等,即总负荷=(负荷重量×次数)×组数。大负荷强度训练,对人体刺激强度大,最大力量提高快。投掷等运动成绩,很大程度上取决于运动员的最大力量。衡量最大力量,并不考虑体重因素。所以,投掷运动员一般表现为各部位肌肉横断面大、体重大、肌肉力量亦大。

(2)快速力量及其发展影响因素

快速力量指人体在做快速动作时用力的能力,是力量和速度综合素质的表现,典型的表现形式是爆发力。即在最短时间内发出最大力量。表现为肌肉收缩强度大,收缩与放松交替时间短。爆发力一般采用速度力量指标表示,可表示为 $I=F/t$,其中 I——速度力量指数;F——肌肉收缩的力量;t——收缩所用的时间。发展速度力量主要是提高肌肉用力能力和肌肉收缩速度。肌肉用力能力是速度力量的基础。从力量与速度变化关系分析,速度力量有三种表现形式:一是在不降低动作速度的情况下增加力量;二是在不减小力量的情况下提高动作速度;三是同时增加力量和加快速度。

(3)力量耐力及其发展影响因素

力量耐力指人体在克服一定外部阻力时,坚持尽可能长时间或重复尽可能多次数的能力。表现特征为克服外部阻力时,不仅肌肉收缩强度大,收缩与放松交替时间短,而且持续时间较长,或在整个动作和运动中连续重复出现。发展力量耐力,一般采用负荷重量较小、重复次数多的练习方法,应使肌肉长时间持续收缩到最大限度。次数超过需要时,应增加负荷重量。

(二)力量素质训练的基础

力量素质基础主要是指影响力量发展的因素。实践中,力量素质发展受肌肉横断面积、单位横断面积的肌纤维密度、跨关节杠杆的机械效率、同时收缩的肌纤维数量、肌纤维的收缩速度、肌纤维兴奋的同步化效率、神经纤维的传导速度、与运动无关的肌纤维抑制程度、大直径肌纤维激活的比例、不同类型肌纤维协作的效率、各种牵张反射的效率、作用于肌肉的神经纤维的兴奋阈值和肌肉收缩前的初长度等因素的影响。神经过程的强度、白肌纤维及其比例、能量储备特点、性激素的影响、肌肉收缩前的初长度效应等因素，对力量素质的影响最大。认识和掌握这些影响因素的内在特点，不仅有助于科学地发展相关的机体机能和力量素质，而且有助于科学地选择力量素质训练的方法和手段。

神经过程的强度往往决定着肌肉参与收缩的运动单位的数量。如前所述，肌肉活动是受神经系统支配的，每块肌肉都具有一定数量的由神经纤维末梢与若干肌纤维相连并组成的运动单位。通常，肌肉中运动单位并不全部或同时导致肌肉收缩，而是在神经系统的支配下，部分地、有序地调节肌肉活动。但是，在从事竞技运动的训练或比赛中，肌力会随着神经过程的强度的提高而提高。这是因为神经强度愈高，神经系统向肌肉发放的神经冲动和频率愈强，肌肉中被动用的运动单位数目也就愈多，并趋于同步支配肌肉收缩，因而产生的收缩力则愈大。因此，力量素质训练必须唤醒和提升神经过程的强度，以此达到募集更多运动单位参与力量素质训练的目的。唯有如此，力量素质才能得到有效提高。

白肌纤维又称快肌纤维。它具有收缩速度快、收缩力强的特点，是力量素质表现的主要物质基础。研究发现：白肌纤维数量多、直径大，往往所表现出来的力量素质水平也高。与其他项目相比，从事力量性项目运动员的白肌纤维比例具有显著优势特点。白肌纤维的数量或比例具有遗传度较高的特点，但是，通过适宜的力量素质训练，可以引起肌纤维选择性的肥大。另外，有研究表明，不适宜的力量素质训练有可能使亚类纤维的性质转向红肌化，科学的力量素质训练可使亚类纤维白肌化。显然，力量素质训练特别强调训练方法的正确运用。实验材料证明，极限负荷强度或次极限负荷强度的力量素质训练，可以提高白肌纤维的收缩质量，进而有助于爆发力的发展。小负荷强度训练则较易发展力量耐力。

ATP、肌糖原、蛋白质储量对于力量素质的影响显著。蛋白质是肌纤维的重要部分，其含量越多，肌纤维充实程度越高，纤维直径就越粗；ATP、CP 含量越高，肌纤维维持快速的收缩速度时间就越长，收缩功率就越高。因此，从能量代谢角度上讲，发展力量素质的关键因素之一是提高肌肉中 ATP、CP、肌糖原和蛋白质的含量以及代谢能力。另外，性激素的影响亦是显而易见的。男女成人在力量素质上可表现出明显的性别差异，引发这一差异现象的重要原因是男女雄性激素具有显著差异。雄性激素是人体蛋白质合成的一种重要激素，它有助于增加肌肉中蛋白质的含量，提高肌肉质量，同时有助于抑制脂肪堆积。正因为它具有这样的作用，促成了男性肌肉发达、女性肌肉纤细的特点。

（三）力量素质训练的基本方法和基本要求

1. 力量素质训练的基本方法

（1）等动力量素质训练方法

等动力量素质训练方法又称等速力量素质训练方法。此方法是指采用专门抗阻力量素质训练设备,使人体在关节活动范围内动作速度基本不变地进行阻力训练的方法。此方法最大特点是:人体接受外部负荷刺激所产生的生理反应强度在人体动作的变化过程中始终保持恒定,并使关节各个角度肌肉用力呈现出最大用力或恒定用力。此方法优点是:肌肉最大用力可以始终贯穿于全部动作过程,肌肉张力时值总和可以显现最大值,肌肉所受到的刺激量最大;对于提高绝对力量(最大力量)的训练价值很高,负荷强度不必安排在最大重量强度上也可以取得提高最大力量的训练效果;练习后,有关肌肉的酸疼感觉相对较轻;对有关部位的小肌群、弱肌群或其他方法不容易训练到的深层肌群都有直接训练的价值。

此方法对于外阻力系数较大的项目,如游泳、潜水、划船、自行车等具有其他方法无法比拟的效果;对于骨骼肌拉伤后的恢复,具有明显的康复价值;与其他方法相比,在同等时间内可使最大力量的发展取得更好的训练效果。或者说,可在较短时间内,在最大力量发展方面可以取得与其他训练方法同等功效的训练结果。此方法的缺点是对于爆发力、动作速度要求很高的运动项目(如田径的跳跃和排球的扣球起跳动作等),则不宜过多采用。原因是此方法的本质是在损失动作速度的情况下,通过始终进行最大用力过程来提高力量素质,这有碍于技术动作的速度提高。因此,爆发力要求很高的项目,应适当地控制采用此法。不过此法有助于科学提高跳跃项目中肌肉被迫退让收缩的力量。

(2)等张力量素质训练方法

此方法是指抗阻力训练时肌肉以克制性工作方式呈现向心收缩时,肌肉长度发生缩短而张力保持不变的力量素质训练方法。此方法当肌肉收缩中所承受的负荷小于肌肉收缩力时可使物体产生位移,因此可以做功。此方法最大特点是动作速度快、功率大(W=FS/T)。此方法优点是:可以利用刺激强度的不断累积,提高最大力量和爆发力;动作起始阶段的肌肉张力水平最大,对于提高动作速度和爆发力均具有直接的训练价值;便于运用多种练习手段,提高多关节运动的技能储备量。此方法缺点是:力量素质训练的肌张力最大值的时值较短,每次动作刺激总量较低,且不能使肌肉在连贯动作过程中各关节角度呈现出最大用力;不易训练小肌肉和弱肌群,如果动作不够规范容易出现伤害事故。

(3)等长力量素质训练方法

等长力量素质训练方法又称静力性力量素质训练方法。此方法是指人体采用相对静止的动作,利用肌肉收缩长度不变、张力变化的特点进行训练的练习方法。此方法最大特点是物理上表现的功为零,但生物体存在做功的功能。此方法优点是:动作简单易行,无须复杂的训练器材,对于提高静力性的最大力量效果明显;对于提高小肌群、弱肌群颇为有效;负荷强度与肌肉张力的增加成正相关性;对于软组织损伤康复具有积极作用。此方法缺点是：对于各种速度力量、爆发力要求甚高的运动项目，不能作为主要训练方法；过多采用此法，易使肌肉失去弹性，形成爆发力的发展障碍，从而难以继续提高；易使肌肉横断面增加，并与毛细血管的发展出现失衡的状态，容易影响肌肉的代谢物质的交换。

(4)超长收缩力量素质训练方法

超长收缩力量素质训练方法又叫增强式力量素质训练法或称反射性力量素质训练方法。此方法是利用肌肉弹性、收缩性及牵张反射性，引起神经系统反射性地产生更强烈的兴奋冲动，从而募集更多的运动单位参加收缩，以产生更大的肌肉收缩力，进而达到提高爆发力的目的。跳深练习就是最典型的超长收缩力量素质训练的手段。此方法优点是：可以更强烈地刺激肌肉，使肌肉张力能产生更高的峰值；可以有效提高肌肉在被迫退让阶段收缩时的抗拉力水平；可以有效提高向心收缩时的肌肉收缩速度。显然，此方法对于提高爆发力水平的训练价值最大。实践中，各种跳跃练习就是此方法的练习手段。此方法缺点是：如果动作结构不合理，易导致肌纤维拉伤。另外，对肌力较弱的少年儿童不宜过多地使用此法。

2.力量素质训练的基本要求

(1)注意不同肌群力量的对应发展

根据专项竞技的需要，在主要发展运动员大肌群和主要肌肉群力量的同时，也要十分重视小肌肉群、远端肌肉群、深部肌肉群的力量素质训练。

(2)选择有效的训练手段

应根据完成训练任务的需要，正确地选择有效的训练手段，规范并明确正确的动作要求。例如，发展股四头肌力量，可选择负重半蹲起的练习，应要求运动员在练习时双脚平行或稍内扣站立，以求有效地发展股四头肌的力量。

(3)处理好负荷与恢复的关系

①在一个训练阶段中，负荷安排应大中小结合，循序渐进地提高负荷量度。

②在小周期训练中，应使各种不同性质的力量素质训练交替进行。例如，每周星期一、三、五可安排发展爆发力或者最大力量为主的训练。

③在每组重复练习中，注意组间的休息。一般而言，训练水平低的运动员组间休息要长些。

④力量素质训练后，要特别注意使肌肉放松。肌肉在力量素质训练后会产生酸胀感，肌肉酸胀是肌纤维增粗现象的反映，也是力量增长的必然。但应积极采取措施消除肌肉的酸胀感，以利于减少能量消耗，并更好地保持肌肉弹性。

(4)注意激发练习的兴趣

肌肉工作力量的大小与中枢神经系统发射的神经冲动的强度有着密切的关系。神经冲动的强度越大，肌纤维参与工作的数量越多，冲动越集中，运动单位工作的同步化程度也就越高，表现的力量也就越大。因此，在运动训练中应注意有意识地提高运动员练习的兴趣与积极性，以求提高力量素质训练的效果。爆发力训练对神经系统兴奋性要求更高。

三、速度素质训练

（一）速度素质的内涵

1.速度素质的概念

速度素质是指人体或人体某部位快速运动的能力，也就是人体或人体某一部位快速做出运动反应、快速完成动作、快速移动的能力。不同国家的学者对速度素质有不同的认识，综合来看，速度素质包括三个方面：运动时人体对各种信号刺激的快速反应能力；快速完成动作的能力；快速通过一定距离的能力。

2.速度素质的分类

（1）反应速度

反应速度是指人体对各种信号刺激（声、光等）快速应答的能力，即人体对各种刺激发生反应的快慢。例如，短跑从发令到起动的时间，球类运动员在瞬间变化情况下做出反应的快慢。而反应速度又可分为简单反应速度和复杂反应速度。用一种事先规定的动作对单一信号做出反应称之为简单反应。如前面列举的短跑起跑反应。对运动中客体（如对方运动员）变化所作出选择反应的速度称为复杂反应速度，如球类运动员在比赛场上防守对方队员进攻的反应。

（2）动作速度

动作速度是指人体或人体某一部分快速完成某一个动作的能力。以人体或人体的一部分完成单个或成套动作时间的长短来表示。如排球运动员的扣球速度，投掷运动员掷出器械的速度，体操、武术运动员完成成套动作的速度等。动作速度也可用频率即单位时间内所完成的动作数量来衡量。动作速度是技术动作不可缺少的要素，表现为人体完成某一技术动作时的挥摆速度、击打速度、蹬伸速度和踢踹速度等，此外，还包括在连续完成单个动作时在单位时间里重复次数的多少（即动作频率）。

（3）位移速度

位移速度是指人体在特定方向上的位移速度。也通常用通过一定距离的时间或单位时间内所通过的距离来表示。如短跑运动员的跑速、跳高运动员的助跑速度等。以单位时间内机体移动的距离为评定指标。从运动学上讲，是距离与通过该距离所用的时间之比。一名具有良好位移速度能力的运动员，并不一定也具有良好的反应速度。

（二）速度素质训练的基础

速度素质训练基础主要是指影响速度发展的生物学因素。速度素质的发展主要受神经过程的快速性、白肌纤维及其比例、高能物质的储备量、肌纤维的物理特性、速度心理感知能力和疲劳训练不良效应等因素的影响。其中，神经过程的快速性影响重大。神经过程兴奋与抑制转换速度是速度素质的神经基础，它直接影响着肌肉收缩与舒张交替过程的快慢。由于神经系统占据支配地位，因此，改善神经系统的这一功能是提高速度素质的首要条件。人体神经过程兴奋与抑制的转换能力具有较高的遗传度。在儿童少年的早期阶段，这一能力的改善具有一定的可塑性。速度心理感知能力也是影响速度素质的重要因素，速度感知能力强，可使肌肉收缩协调快速，有利于促使肌肉的协调收缩与放松活动。

白肌纤维是速度素质的肌细胞基础。研究表明：人体骨骼肌中的白肌纤维的数量和体积除与力量素质呈正相关外，还与速度素质呈高度正相关。科学的速度训练可提高白肌纤维的质量，提高肌纤维内 ATP，CP 高能物质的含量及细胞内酶的活性。反之，会使白肌纤维红肌化，形成一定的速度障碍。另外，速度素质依靠的能量物质基础是三磷酸腺苷（ATP）、磷酸肌酸（CP）以及无氧状态下肌糖原的释能水平。其中，细胞内 ATP，CP 的分解释能，可使人体维持激烈活动 6～8 秒（也有研究证明，可多达 10 秒以上）；尔后，肌糖原在无氧状态下分解释能供 ATP 再合成、释能，以继续维持人体快速运动。因此，提高 ATP、CP 储量和肌糖原无氧状态下释能水平十分重要。

肌肉的物理特性主要反映在肌肉的弹性、伸展性、黏性及松弛性上。肌肉的弹性大，可产生较快的收缩速度；肌肉的伸展性强，可扩大动作幅度；肌肉的黏性适宜，可减少肌肉内部的摩擦力；肌肉的松弛性，可配合肌肉主动肌的快速收缩。因此，速度训练的一个关键因素是提高肌肉的物理特性，即肌肉的弹性、伸展性、黏性及松弛性。但是，疲劳训练往往造成肌肉的物理特性发生异变，同时严重影响神经过程的传导速度。因此，疲劳状态下进行速度训练是速度素质训练的大忌之一。疲劳状态下进行速度训练，极易引起慢速运动的动力定型，从而导致速度障碍的形成，进而造成速度素质发展停滞不前的不良后果，甚至严重影响速度力量、爆发力的发展。因此，应科学地进行速度素质训练。

（三）速度素质训练的基本方法和基本要求

1. 速度素质训练的基本方法

(1)各种速度训练方法

①外力训练方法

速度训练主要采用重复训练方法，但是像田径的 100 米、200 米跑的训练和游泳项目 50 米和 100 米的训练，可以采用外力牵引的训练方法。此方法是指在速度训练中，运动员借助牵引力、顺风力、重力等外力进行活动的练习方法，如牵引跑、顺风跑、下坡跑等。此方法的主要特点是：有利于提高动作幅度和频率，并易使神经肌肉系统形成快速运动的动力定型；有利于心理上形成快速运动的速度感，强化速度训练中快速运动的动作意识；有助于克服速度障碍，使运动员能够较快度过速度训练中的高原期状态；有利于获得快速运动中肌肉收缩与放松交替进行的感受，使神经系统更精细地支配有关肌群。此方法的不足是：运用过多容易淡化运动技术的用力意识，因此，只能适当穿插应用。

②比赛训练方法

此方法是指在近似、模拟或真实、严格的比赛条件下，按照比赛规则和方式，以提高训练质量为目的的训练方法。此方法的主要功能是通过调动心理能量进行速度训练。此方法的主要特点：可以最大限度地动员人体生理、心理能量，使机体处于高度应激准备状态，这对于充分发挥体能作用具有十分重要的意义；可以使神经系统处于适宜的兴奋状态，有助于发挥神经过程兴奋与抑制的转换能力，并易使神经肌肉活动在竞赛条件下趋向协调化；可以使机体形成与竞赛环境相适应的内环境状态，从而产生与之适应的深刻反映。此方法的不足之处是：易使初级运动员产生心理紧张、动作紧张；过多采用此方法训练特别容易形成一定的速度障碍。因此，初级运动员的速度素质训练应慎用此方法。

(2)速度训练负荷安排

通常根据负荷时间、强度来确定速度负荷等级。速度训练的运动负荷强度等级的划分，通常根据最佳运动成绩的百分比值来确定。这种计算方法是以最佳成绩为最大运动强度为假设前提。例如运动员 100 米的最佳成绩为 10 秒，其速度最大强度为 10 米/秒，负荷强度等级为 6 级。

①反应速度负荷训练

潜伏期组成。反应速度可分两种，即简单反应与复杂反应：其中，简单反应速度是指人体对外界信号刺激迅速做出预定动作的应答反应；复杂反应速度是指人体对外界信号刺激，迅速做出有选择的应答反应。简单反应训练着重采用重复练习手段，要求运动员尽快对突然出现的信号做出反应。反应动作可采用任何预定动作。负荷安排为强度大、次数少。当运动员的反应速度得以巩固时，可以强化时间记忆训练，即每次练习后，从教练员那儿获得反馈，以形成时间记忆；然后进行时间判断训练，即与教练员实测时间进行比较，以感受其微细差异；最后进行动作的注意训练，即降低相关肌肉收缩潜伏期的速度训练。

复杂反应的训练相对复杂。严格地讲，复杂反应的训练属于运动技术、战术训练的组成部分，是对抗性项群技术、战术训练的重要内容。复杂反应训练的核心是缩短思维过程的选择和判断时间。为此，练习时要特别注意加强“预判”能力的培养，积极捕捉外在刺激可能出现的“隐式信息”，如对手姿势、面部表情等，积极训练对付各种变化的相应动作，并尽可能多地使运动员掌握应答动作的种类数量。复杂反应的训练往往与技术串联训练、衔接技术训练、战术配合训练、变相移动训练高度结合。通常，复杂反应的训练安排，是在运动员精力充沛的条件下进行。复杂反应训练的应答动作，是运动专项的技术动作的开始环节或启动动作。显然，复杂反应的训练负荷与动作负荷高度一致。

②动作速度负荷安排

采用各种动作速度手段进行训练时，其负荷安排要注意：动作应该是最高速度完成；练习负荷持续时间不要超过 30 秒，一般情况下在 10 秒左右即可；练习组数的安排应以不降低速度为原则；采用的动作应是练习者熟练掌握的，并把注意力集中在完成动作的速度上；专门性动作速度练习应与专项比赛的动作结构相似，并接近比赛动作施力特点；科学安排抗阻力与无外阻力的训练方法。一般情况下，在进行抗阻力训练后，应及时进行无外阻力的训练；严格掌握间歇时间和休息方式。间歇时间的安排以不降低兴奋性并保持机体充分恢复为宜。加强爆发力的训练。实验研究证明，爆发力的大小与动作加速度的变化呈正相关性。另外，动作速度训练应以速率训练为主，间歇时间应该充分。

③速度耐力负荷安排

速度耐力的负荷安排基本上类似短时耐力负荷安排的特点。不同的是，速度耐力的训练更强调维持人体最高运动速度这一要求。其着眼点在于如何提高机体达到最高速度后维持这一速度水平的能力。因此，在训练中应注意：必须使人体进入最快速度状态后，再维持一段时间，该时间的确定以不出现明显减速状态为宜；适当进行次极限强度或大强度的负荷训练，以提高肌肉放松与收缩的交替能力，特别是提高机体在运动状态下肌肉交替放松的能力。速度耐力训练的负荷安排可参考短时耐力的负荷安排方式。这里必须强调的是适度的有氧代谢能力训练对于速度耐力的发展具有积极的作用。因此，在全年训练过程中应该适度安排一定比例的有氧能力的耐力训练将有助于提高速度耐力。

2. 速度素质训练的基本要求

速度素质训练应在运动员兴奋性高、情绪饱满、运动欲望强的情况下进行，一般应安排在训练课的前半部分。

速度训练应结合运动员所从事的专项运动进行，如对短跑运动员的反应速度训练，应着重注意提高他们听觉的反应能力，对足球运动员则应该着重提高视觉反应能力，对体操运动员应着重提高皮肤感觉的反应能力。对不同信号的反应之中，触觉反应最快、听觉反应其次、视觉反应最慢。例如，18～25 岁的男子对声音的反应需要 0.14～0.31

秒，对光的反应需要 0.20～0.35 秒，可是触觉反应仅需 0.09～0.18 秒。

速度提高到一定程度时，常会出现进展停滞、难以提高的现象，称为“速度障碍”。产生速度障碍的客观原因是，由于技能动力定型的形成，运动员技术动作的空间时间特征都趋于稳定；随着运动水平的提高，运动员神经过程灵活性的改进和肌肉收缩所需要的能量的提供会遇到更大困难，而运动员向前移动所需要克服的阻力也更大。产生速度障碍的主观原因是：过早地片面发展绝对速度；基础训练不够；技术动作不合理；训练手段单调、片面，引不起新异刺激；负荷过度、恢复不好，等等。

出现速度障碍时，可采用牵引跑、变速跑、下坡跑、带领跑、顺风跑等手段予以克服。

第二节　耐力与柔韧素质训练

一、耐力素质训练

(一)耐力素质的内涵

1. 耐力素质的概念

耐力素质是指有机体在长时间活动过程中克服疲劳的能力，是有机体生理机能和心理素质的综合表现。良好的耐力素质有助于心肺功能的改善以及有氧代谢能力的提高。

耐力素质是身体素质的重要指标之一，是人体各器官系统功能和心理素质的综合表现，是衡量人的体质健康状况和劳动工作能力的基本因素之一，是从事各项运动必不可少的一种运动素质。

耐力素质的发展具有重要意义，无论是身体还是意志都会同时优化。发展耐力素质既能增强心肺功能，改善内脏器官功能，提高体质，延长心脏的工作时间，增长生命的年限；提高呼吸系统、血液循环功能；增强抗疲劳能力；也能锻炼吃苦耐劳、顽强拼搏的意志，使其勇于承受更大的压力，养成健康良好的心态，在生活、训练或是比赛中都能达到更好的效果。

2. 耐力素质的分类

一直以来，有很多关于耐力素质的分类及命名。

(1)从训练学角度划分

从训练学的角度可分为一般耐力和专项耐力。

一般耐力是指运动员有机体各器官系统长时间协调工作的能力。

专项耐力是指运动员有机体为了提高专项成绩，最大限度动员机能能力，长时间地承受专项负荷，并保持工作的能力。一般耐力是专项耐力发展的基础。

(2)按肌肉的工作方式划分

按肌肉的工作方式划分,耐力素质可以分为静力性耐力和动力性耐力。

静力性耐力是指有机体在较长时间的静力性肌肉工作中克服疲劳的能力,比如在射击等过程中表现出的耐力水平。

动力性耐力则是指在较长时间的动力性肌肉工作中克服疲劳的能力。

(3)按参加运动时能量供应的特点划分

按参加运动时能量供应的特点分类可分为有氧耐力和无氧耐力。

有氧耐力是指人体长时间有氧工作(依靠糖、脂肪等有氧氧化供能)的能力。它可以提高机体利用氧的能力,从而促进新陈代谢。

无氧耐力是指机体在氧供不足的情况下较长时间肌肉活动的能力。在长时间缺氧的情况下,体内主要依靠糖无氧酵解提供能量。

3.影响耐力素质发展的因素

(1)影响有氧耐力发展的因素

有氧工作的先决条件是氧供的充足,这是制约有氧工作的关键因素。而运动中有氧耐力素质受以下几种因素制约:

①心肺功能。肺的通气与换气机能是影响人体吸氧能力的因素之一。空气中的氧通过呼吸器官的活动吸进肺,并通过物理弥散作用与肺循环毛细血管血液之间交换。肺功能的改善为运动时氧的供给提供先决条件。优秀的耐力运动员的肺容积、肺活量均大于非耐力运动员和无训练者,肺的通气机能和弥散能力也大于一般人。要实现肺泡气与肺毛细血管血液间的气体交换,除了要有一定的肺泡通气外,还必须有相应数量的肺部血液流量,后者又取决于单位时间内由心脏输出的血量。运动时人体增加肺通气的能力,远远大于增加心输出量的能力,结果导致机能无效腔(即未得到血液的肺泡)大大增加。因此,肺通气机能并非是限制有氧能力的主要因素,而心脏的泵血机能是限制最大有氧能力提高的一个重要的因素。同时心肌收缩力及心腔容积的大小也是影响有氧耐力素质的要素之一。

②骨骼肌特点。当毛细血管血流经组织细胞时,肌组织从血液中摄取和利用氧的能力与有氧耐力密切相关。有氧耐力的好坏不仅与心肺功能或氧运输系统有关,而且与氧的利用能力,即肌纤维的组成及其有氧代谢能力有密切关系。

③神经调节能力。大脑皮质神经过程的稳定性,各中枢间的协调关系直接影响耐力素质的发展。改善神经调节能力,可以提高肌肉活动的机械效率,节省能量消耗,从而保持长时间的肌肉活动。

④能量供应特点。机体的有氧代谢能力与有氧耐力素质密切相关。耐力性项目运

动持续时间长，强度较小，其能量绝大部分由有氧代谢供给。

(2)影响无氧耐力发展的因素

无氧耐力的发展水平取决于肌肉内糖无氧酵解供能的能力、脑细胞对血液 pH 变化的耐受力和缓冲乳酸的能力。

①肌肉内糖无氧酵解供能的能力。肌肉内糖无氧酵解的能力主要取决于肌糖原的含量及其无氧酵解酶的活性。因此，肌肉糖无氧酵解能力与无氧耐力素质密切相关。

②脑细胞对血液 pH 变化的耐受力。尽管机体的缓冲物质能中和一部分进入血液的乳酸，但由于进入血液的乳酸量大，血液的 pH 还会向酸性方向发展，加上因氧供不足而导致代谢产物的堆积，都将会影响脑细胞的工作能力，促进疲劳的发展。因此，脑细胞对这些不利因素的耐受能力，也是影响无氧耐力的重要因素。

③缓冲乳酸的能力。肌肉无氧酵解过程产生的乳酸进入血液后，将对血液 pH 造成影响。但由于缓冲系统的缓冲作用，使血液的 pH 不至于发生太大的变化，有利于无氧耐力的训练与发展。

(二)耐力素质训练的基础

耐力素质基础主要是指影响耐力发展的生物学因素。耐力素质的发展主要受神经过程的稳定性、能量物质的储备量、最大摄氧量的水平、红肌纤维及其比例、人体负氧债的能力和人的意志品质的程度等因素影响。其中，神经过程的稳定性影响重大。在长时间的运动中，神经过程是否保持稳定，是决定技术动作是否依然保持高度协调的重要因素之一。在耐力项目训练中，神经过程具有长时的稳定性，将意味着神经机能对疲劳具有高度的抵抗能力。这种能力在运动的后段不仅直接影响着肢体活动的稳定性，而且对提高物质代谢的调节能力具有直接作用。神经过程的稳定性与心理意志力程度高度相关，两者相得益彰，互相促进。神经过程稳定性和意志品质顽强性共同促进耐力水平的发展。

人体体内能量物质，尤其是糖原、游离脂肪酸的储备量，是决定耐力(中、长时耐力)水平的重要因素。一般情况下，在氧供应充足的条件下，体内糖原和游离脂肪酸含量高的运动员在运动中所表现出来的耐力水平通常较高。体内糖原的储备量大，标志着运动员在较高强度的负荷下持续运动的潜力大；体内游离脂肪酸含量多，则意味着运动员连续工作的能力强。长期、系统地训练，可以有效地改善机体能量供应系统的调节能力。如在运动中不必待机体糖原过多消耗，就可较早地动用体内游离脂肪酸参与氧化分解供能。这样，既有利于维持体内血糖的正常数值(血液中的糖原)以满足脑细胞需要，又能使高值能量物质尽早参与供能，当负荷强度提高时又可及时地启动糖原的无氧供能。

最大摄氧量是衡量运动员有氧耐力的客观指标。氧是能量物质氧化释能不可缺少的主要物质，氧供应充足与否，在很大程度上取决于最大摄氧量水平。人体最大摄氧量是由心、肺、血管系统的功能所决定。在运动中，人体体内氧的来源途径是通过呼吸系统将氧吸入肺部；尔后，氧通过肺泡壁与肺循环毛细血管的血液进行气体交换进入血液，并与血液中的血红蛋白结合；最后，经毛细血管进入肌细胞内供能量物质氧化释能，满足肢体活动需要。因此，从本质上讲，肌细胞内能量物质氧化释能所需的氧量，决定着能量供应水平。而肌细胞内氧量充足与否则决定于肺通气量、血液中的红细胞数量和血红蛋白量、心输出量及毛细血管的分布密度。因此，改善心血管系统的功能是关键因素。

人体骨骼肌中的红肌纤维是耐力素质的重要物质基础。在结构上它具有肌原纤维粗、横纹少、神经末梢多的特点；在机能上它具有潜伏期长、不易疲劳、持续收缩时间长、氧化能力强的功能。其收缩主要依赖肌糖原、游离脂肪酸的氧化释能。红肌纤维之所以有此特点，就是因为红肌纤维含有较多的线粒体。线粒体是人体细胞的能量工厂。研究表明，红肌纤维的比例与最大摄氧量水平呈正相关性。在负荷强度要求人体以最大摄氧量的 90%以下氧供应运动时，红肌纤维内的糖原随着负荷时间的延续而显著减少，但白肌纤维内的糖原消耗并不显著。这说明在氧供应充足的情况下，人体运动主要是红肌纤维及其内部的能量物质分解释能而起作用。显然，红肌纤维是有氧耐力素质的重要物质基础。

人体负氧债的能力是判断运动员无氧代谢能力的重要标志。人体在氧供应不足的情况下，仍然能够保持较高负荷强度的持续运动能力，这说明体内抗氧债的能力高。人体负氧债能力的高低与人体抗酸能力、糖原无氧酵解能力、氧利用能力有关。人体负氧债能力对于短时耐力、速度耐力和力量耐力等运动素质要求甚高的运动项目来说，是一种重要生理机能。

（三）耐力素质训练的基本方法和基本要求

1. 耐力素质训练的基本方法

(1)各种耐力训练方法

①持续训练方法

此方法是指运动员以比较恒定的强度持续不间断地进行长时间练习的方法。此方法的主要功能是提高长时耐力水平，此方法特点是：可提高机体内游离脂肪酸储备水平，有助于提高体内有氧代谢能量物质的含量；在负荷时间长时耐力Ⅰ、Ⅱ级范围内，安排心率为 165 次/分的负荷强度进行训练（在此强度下，负荷总时间也可延续到 30 分钟以上），对于提高肌糖原代谢水平、糖原储备量都具有实际价值，同时有助于提高心血管系统功能；在负荷时间为长时耐力Ⅲ级时，安排心率为 165 次/分的负荷强度进行训练（在此强度上，负荷时间也可延续到 90 分钟以上），对于改善人体心血管系统机能及提高人体脂肪代谢水平具有功效。此方法的变化形式为变速持续练习或者法特莱克练习方法。

②间歇训练方法

此方法是指在相对固定的条件下,按照严格规定的间歇时间休息并进行反复练习的方法。它与重复训练方法的最大区别是对间歇时间赋以严格的规定。此方法的主要功能是提高中时耐力水平效果显著。此方法特点是:间歇时间是以运动后心率恢复到120次/分为确定具体间歇时间的主要依据,具有严格的指标;对于提高人体心脏每分输出量的影响最大,可显著提高心肌收缩能力,提高心脏输送血液的能力;对于提高中时耐力、长时耐力Ⅰ级耐力具有较高训练价值;较高强度负荷下,通过分段持续负荷和不断缩短间歇时间方法,可有效地提高专项耐力水平。此方法的不足是:对初级运动员不宜过多采用;负荷量不易掌握。实践中倘若运用失当或负荷间歇掌控不好,易发生速度障碍。

③重复训练方法

此方法是指在相对固定的条件下(不改变动作结构和负荷),按照一定的要求,反复进行练习的方法。此方法特点是:多次重复训练的平均负荷强度最大,每次重复练习时间不长,间歇时间要求不严,一般均以不影响下次重复练习的强度为原则;练习的动作结构固定;对于提高肌肉中ATP,CP和肌糖原的含量颇为有效,可取得明显的超量恢复效果。持续时间为6~8秒内,强度为最高的运动负荷下,对提高ATP,CP能量物质有利;持续时间为6~30秒内,强度为较高的负荷下,对提高糖的无氧酵解能力及无氧耐力有利;在持续时间为30秒~2分钟左右,强度安排偏高,对提高以糖的无氧为主的混合供能能力有利。显然,耐力训练的每组负荷时间至少应安排30秒~2分为好。

(2)耐力训练负荷安排

在发展耐力素质上,根据短时、中时、长时耐力的划分标准,针对性地采用相应的某一等级负荷指标,科学地设计训练计划、合理地安排运动负荷和有效地实施训练是耐力素质训练的关键。其中,认识耐力素质运动负荷的各级生理指标,是科学设计训练计划、合理安排运动负荷和有效实施训练的主要依据。

①短时耐力负荷安排

短时耐力的训练负荷应以体现明显的无氧供能为特点,以提高肌糖原、血糖、无氧酵解释能水平及机体抗氧债能力为目的:其练习过程应引起强烈的无氧代谢反应。短时耐力的负荷强度多以耐力等级中的次高强度级为主。因此,其生理负荷指标应体现出氧债高、乳酸量大、心率快的特点。为此,负荷持续时间可根据训练目的,在30秒~1分之间选择。练习次数则因训练水平、强度变化而变化。各次练习的间歇时间安排,可以按机体充分恢复或不充分恢复两种方式考虑。组织方法是:对初学者而言,应以重复训练方法为主,间歇时间以充分恢复为安排原则;对训练有素的运动员或高级运动员,其练习方法的安排较为复杂，但多以重复训练方法、强化性间歇训练方法以及比赛训练方法为宜。

②中时耐力负荷安排

中时耐力的负荷时间通常为1～8分钟。显然，中时耐力素质的训练最为复杂。许多项目的比赛时间或者局赛时间都是在这一时间范畴。因此，耐力训练至关重要：中时耐力的运动负荷安排，应以鲜明地体现出无氧、有氧代谢混合供能的特点，以提高肌、肝糖原水平、糖的无氧和有氧分解释能水平为目的。中时耐力负荷强度所跨过的级别较多，因此，须具体问题具体分析。一般地说，中时耐力比赛负荷强度、持续时间愈接近短时耐力项目的性质，其运动负荷强度的性质就会愈接近以无氧代谢为主的特点。

中时耐力训练的组织方法同样比较复杂。因此，中时耐力的组织训练，往往根据训练水平、专项特点、训练目的，通过采用不同的变化负荷元素的方式训练达到训练组织目的。实践中，变化不同负荷元素的负荷安排有如下几种典型方式：第一，负荷强度、时间、数量、间歇时间均为恒定，主要用于适应性训练；第二，负荷强度、时间、数量恒定，间歇时间缩短，主要用于分段后整体衔接的耐力训练；第三，强度提高、数量及其间歇时间均为恒定，主要用于提高负荷强度的训练；第四，负荷时间、数量提高，负荷强度、间歇恒定，主要用于提高负荷量的训练。显然，这些方式所要达到的目的根本不同。因此，需要根据训练过程不同阶段的任务和运动员的实际水平，科学地安排不同负荷。

③长时耐力负荷安排

长时耐力训练的负荷安排，应体现以有氧供能为主、以无氧代谢为辅的特点，应以提高机体糖原储备量、糖的有氧分解能力、最大吸氧量、游离脂肪酸含量及其氧化能力为目的。

2.耐力素质训练的基本要求

(1)耐力训练前的饮食

运动训练之前最好提前一小时进食早餐。训练与饮食之间间隔最少不能少于30分钟，否则会在运动中增加肠胃负担，身体产生不适感。运动前的食物要求是浓缩体积小易于消化，不要吃一些含纤维多的不易消化的粗杂粮以及易产气的食物，根据能量供应的原理，耐力素质训练前可以适当增加蛋白质与脂肪的摄入量，严禁不吃早餐就进行耐力训练，这样很容易造成低血糖，出现伤害事故。

(2)耐力训练前的准备活动应当重视

耐力训练前的准备活动最少应持续20分钟以上。主要以慢跑为主，以及一些比较轻松的游戏及全身运动，不要做比较剧烈的对抗性游戏。主要以提高体温和逐步提高内脏功能的稳定性和提高植物性神经系统的兴奋性，降低其“惰性”。

(3)耐力训练应当注意选择正确的运动姿势和呼吸方式

耐力训练目前还是主要以较长距离跑为主。如何在跑的过程中更加省力，同时减少能量的消耗呢？跑的动作我们要求大腿前摆较低，身体腾空低，步长较小，但步频要快，脚着地时多采用滚动着地，重心起伏小平稳推进，双臂的摆弧较小，不超过身体中心线，高度一般不超过肩。耐力训练中正确的呼吸方式，对跑步能力的影响起着决定性的作用。在中长跑中为了达到所需的肺通气量，呼吸必须有一定的频率与深度，呼吸过浅，为了满足需氧量就要加快呼吸频率，这样会加速呼吸肌的疲劳。呼吸过深不仅呼吸肌工作，而且要靠胸腔和腹部的肌肉参加工作，因此，这些肌肉疲劳得更快。呼吸适宜的深度约为个人肺活量的1/3，要呼吸肌工作即可。为了得到必要的通气量，必须用半张的嘴和鼻子同时呼吸，呼吸的节奏以个人的习惯和跑速决定。一般呼吸的节奏有以下几种：

①二步吸气和二步呼气，四步一个呼吸周期。

②一步半吸气和一步半呼气或二步吸气和一步呼气，三步一个呼吸周期。

③一步一吸气和一步一呼气，二步一呼吸周期。

(4)注意训练中合理安排适宜的运动负荷，学会用脉搏来控制负荷量

因为在负荷心率需氧量之间存在着线性关系，心率可以作为各种训练手段对机体评价的可靠指标。一般而言，达到最大需氧量的心率为180次/分的跑速叫作临界速度，低于这个速度称为临界下速度，高于它则称为临界上速度。心率在150次/分以下的跑是在有氧供能下进行的，心率在160次/分、180次/分的跑是有氧一无氧供能混合方式。心率在180次/分以上为无氧供能。

心率在160次/分、180次/分的临界下练习是组合性的，对发展耐力影响很大。

(5)注意练习手段的渐进性、多样性和趣味性

练习手段的渐进性一般是先以健身走过渡到健身跑，以有氧耐力过渡到有氧和无氧混合代谢训练。练习手段上先以单人练习徒手或持器械过渡到双人或多人组合性练习，再到多人的对抗性练习。训练方法上也主要是低强度的持续性练习，如先匀速跑再到变速跑。最后是强度较大的不完全休息间歇训练。在变速跑、间歇跑、重复跑过程中距离也应该由短到长，组间间隔时间应由长到短。

(6)提高意志品质程度

耐力素质的训练需要一定的负荷量，它是在克服机体疲劳的情况下所表现出来的一种运动能力，如果不能克服意志上的障碍、吃苦耐劳、坚持到底、顽强拼搏，就很难从心理上接受耐力素质的发展。因此，需要不断挖掘心理潜力，提高意志品质，并不断通过自我暗示、自我激励以产生或增强克服困难的内驱力。

二、柔韧素质训练

(一)柔韧素质的内涵

1.柔韧素质的概念

柔韧素质是人体各肌肉、关节、韧带等组织的伸展活动能力和弹性的总称。柔韧素

质好坏主要取决于关节组织结构和跨关节的肌肉、肌腱、韧带等组织的伸展性，也受到天气、年龄、训练水平的一定影响。健美操成套动作中，大幅度的上肢以及踢腿、控腿、劈叉和大跳动作都充分体现了柔韧能力。柔韧素质是身体素质的要素之一，它对动作的伸展性、幅度、表现力及运动中损伤的预防都起着非常重要的作用。良好的柔韧性是提高运动幅度、动作速度、动作力量以及完成一些难度动作和高质量动作的基础，同时减少运动性损伤。因此发展柔韧素质，对提高运动技术水平具有重要的意义。

柔韧从字面意思上看是既柔又韧的意思，从性能上看韧是在幅度中还含有速度和力量的因素，即在做大幅度动作时，肌肉仍能快速有力收缩，既能变曲又能迅速伸直。

2.柔韧素质的分类

柔韧素质从其与专项的关系看可分为一般柔韧性与专项柔韧性。一般柔韧性是指为适应一般技能发展所需要的柔韧素质。专项柔韧性是指专项运动特殊需要的柔韧性。由于专项柔韧性是具有较强选择性的，因此，同一身体部位具有的柔韧性由于项目的需求不同，在幅度、方向等表现上也有差异。

柔韧素质从其外部运动状态的表现看可分为动力性柔韧性和静力性柔韧性。动力性柔韧性是指肌肉、肌腱、韧带根据动力性技术动作需要拉伸到解剖学允许的最大限度能力，随即利用强有力的弹性回缩力来完成所要完成的动作。所有爆发力前的拉伸均属于动力性柔韧性。静力性柔韧性是指肌肉、肌腱、韧带根据静力性技术动作的需要拉伸到动作所需要的位置角度，控制其停留一定时间所表现出的能力。如体操中的控腿、俯平衡动作、“桥”、劈叉体育舞蹈中的各种型，跳水运动员保持体前屈的姿势等就是这种能力的体现。动力性柔韧性建立在静力性柔韧性的基础上，但必须要有力量素质的表现。静力性柔韧性好，动力性、柔韧性不一定好。

（二）柔韧素质训练的基础

发展柔韧素质除对某些复合素质和其他基本素质具有重大作用外，对于提高技、战术水平也具有重大意义。实践中，判断运动员柔韧素质水平的标准是测量运动员所做某一动作的幅度。柔韧素质对许多运动项目成绩的提高有着重要的影响，特别是对体操、技巧、跳水、武术等项目的意义更为突出，对球类、田径项目亦有意义。此外，柔韧素质的良好发展将有利于避免伤害事故的发生。柔韧素质分为一般柔韧素质和专门柔韧素质：一般柔韧素质是指机体中最主要的那些关节活动的幅度，如肩、膝、髋等关节活动的幅度，这对任何运动项目都是必要的；专门柔韧素质是指专项运动所需要的特殊柔韧性，是掌握专项运动技术必不可少的重要条件，如武术项目“前踢腿”动作的髋部柔韧性。

影响柔韧素质的生物学因素主要是关节骨的装置结构、关节周围组织的伸展性、神经过程转换的灵活性、外环境温度的适宜性。其中，关节骨结构是遗传因素决定的，训练无法改变结构，只能使人体柔韧性水平接近骨装置固有的最大限度；软组织的伸展性是影响柔韧素质的主要因素之一，从某种意义上讲，软组织的伸展性是动作幅度的约束因素，通过训练可以提高软组织的弹性、伸展性，从而使动作幅度扩大；神经过程兴奋与抑制转换的灵活性也会影响柔韧素质，灵活性好，神经系统对肌肉收缩与放松的调节能力就强，使肌肉紧张与放松的交替变换的协调性好；外环境温度也是重要因素，它直接影响着人体体表温度，人体体表温度适宜，有助于各个关节柔韧素质的充分体现。

（三）柔韧素质训练的基本方法和基本要求

1. 柔韧素质训练的基本方法

柔韧素质训练方法基本上可分两类，即静力拉伸法和动力拉伸法。在这两种方法中，又有主动拉伸和被动拉伸两种不同的训练方式。其中，静力拉伸方法是指通过缓慢的动作，将肌肉、韧带等软组织拉长到某一限度时，暂时保持动作静止，使软组织处于拉长状态的练习方法。此方法最大功能是使软组织的伸展性有足够长的时间得以锻炼。此方法的主要特点是：练习简单易行无须特殊器械，训练后练习还有助于课后放松；练习强度相对较小，有助于节省体内能源，且动作幅度较大，可以避免产生牵张反射，发展肌肉伸展性效果好，不易使软组织损伤。此方法的不足是：如果采用此法练习过多，则易使肌肉失去弹性，并对动力性技术动作的身体柔韧性产生不良的影响。

动力拉伸方法是指有节奏地通过多次重复同一动作的练习使软组织逐渐地被拉长的练习方法。此方法最大特点是主动性拉伸时，肌肉张力变化的高峰值约为静力拉伸的两倍。此方法优点是：可以引起肌肉牵张反射，可以达到提高伸展性和收缩性的双重效果；有利于血液循环，改善局部组织营养，提高局部组织的弹性和质量；动作幅度大，可以不断冲击柔韧素质的极限水平，以扩大动作幅度。此方法的不足是：若训练不慎，极易引起肌肉拉伤。由于静力、动力拉伸法具有主动、被动练习方式，因此，被动拉伸练习时，动作幅度应大于主动拉伸的练习幅度；被动性拉伸练习（静止性）可安排在柔韧训练的准备阶段，也可安排课后练习；通常先进行被动拉伸练习，后进行主动拉伸练习量最多约为50＋20次，具体次数视关节部位而有异。髋关节需多，踝关节则少。动力性练习，每组练习10～12次即可。在做静止性练习时，每组持续时间为15～30秒。另外，练习中的间歇时间，应保持运动员完全恢复为必要条件。间歇时间应安排肌肉放松练习，使有关关节得以充分放松。柔韧素质训练目前是篮球、足球、排球等项目的重要训练内容。通常，这些项目运动员多以睡卧姿态，采用头脚两端反向运动的方式，主动或被动性地扭曲身体。

2. 柔韧素质训练的基本要求

（1）发展柔韧性应从小培养

柔韧素质发展的敏感期在5～10岁，力争在12岁以前把柔韧练习作为训练的重点，发展柔韧能力。应多采用“缓慢式”和“主动式”活动，不宜长时间用力搬、压，或做过分扭转肌肉骨骼的活动，以免造成关节、韧带的损伤和骨骼变形，不利于促进儿童的健康成长。16 岁后，可逐渐加大柔韧练习的负荷量和强度。

(2)发展柔韧性应循序渐进，持之以恒

柔韧练习本身是由不适应到适应逐步提高的过程，停止训练柔韧效果就会消退。训练要长期化、经常化、系统化，且要循序渐进、逐步提高要求，不能急于求成，以免出现拉伤现象，同时提高肌肉的放松能力，主动放松肌肉的能力越好，关节活动时所受肌肉牵拉的阻力越小，关节活动幅度就越大。

(3)发展柔韧性应与力量、速度能力发展相结合

柔韧的发展是建立在肌肉力量增长基础上的，良好的柔韧能力同时也反映出良好的力量能力。健美操是动力性项目，健美操的柔韧性表现有两种形式：一种是在静力性力量下的柔韧性，如控腿、支撑劈叉等；另一种是在速度力量下的柔韧性，如快速高踢腿、分腿大跳、劈叉倒地等。所以速度力量、相对力量与柔韧训练应同步发展和提高，力量素质训练还可增强关节的稳固性。而在力量素质训练后进行柔韧训练，可以使肌肉、肌腱和韧带保持相应的弹性和伸展性。保证肌肉韧带柔而不软，韧而不僵，促进身体能力的全面发展。

(4)发展柔韧素质应兼顾身体各个部位相关因素健美操柔韧性大部分表现均涉及几个相互有联系部位的柔韧性程度。如纵劈叉和前踢腿柔韧度，它与髋关节周围肌肉、韧带的伸展性有很大关系，也与大腿后部肌群、韧带伸展性有密切关系。因此，在练习过程中对相应的几个部位都应发展。

(5)发展柔韧性应与专项和个人特点相结合

发展柔韧性训练必须根据项目特点和个人具体情况安排。在全面发展身体各部位柔韧性的基础上，要重点发展健美操所需要的髓部、腿部、腰部的动力性和静力性的柔韧能力，尤其是发展肩、髋关节的全方位的伸展性和灵活性，大腿后部肌群以及腰背、腹部肌群、韧带的伸展性，并结合柔韧性难度动作练习，发展快速大幅度的前侧后的踢腿、控腿以及地面和空中劈叉能力，达到专项技术要求。另外，根据不同运动员的具体情况，区别对待，使训练更具针对性和实效性。

(6)注意外界温度与练习时间

一般当外界温度在 18℃时，有利于柔韧性的发展，如在冬天气温较低时，必须在保暖条件下，先慢跑或做热身有氧操，只有机体到达一定温度(如出汗)后，再做柔韧练习。早晨柔韧能力相对较低，必须小强度练习，而在下午柔韧能力较强，可大强度进行柔韧训练。

第三节　灵敏素质训练

一、灵敏素质的内涵

(一)灵敏素质的概念

灵敏素质是指人体在各种突然变换的条件下,快速、协调、敏捷、准确地完成动作的能力,是人的运动技能、神经反应和各种身体素质的综合表现。灵敏是一种综合素质、良好的灵敏性有助于更快、更多、更准确地掌握技术和练习手段,使已有的身体素质更充分地运用到实践中去,还可以防止伤害事故的发生。

灵敏素质是指人体在各种突然变换的条件下,快速、协调、敏捷、准确地完成动作的能力,也是运动员迅速改变体位、转换动作和随机应变(特别是对抗性项目中)的能力。它是人的运动技能、神经反应和各种身体素质的综合表现。灵敏是一种综合素质,良好的灵敏性有助于更快、更多、更准确地掌握技术和练习手段,使已有的身体素质更充分地运用到实践中去,还可以防止伤害事故的发生。灵敏素质之所以是运动技能、神经反应和各种素质的综合表现,是因为各专项的每一个动作都不同程度地体现力量、速度、耐力、柔韧等素质。通过力量特别是爆发力量,控制身体的加速或减速;通过速度,特别是爆发速度,控制身体移动、躲闪、变换方向的快慢;通过柔韧保证力量、速度的发挥;通过耐力保证持久的工作能力。这些素质的综合运用才能保证动作的熟练程度,而动作的熟练程度必须在中枢神经支配下才能自如运用。因为神经反应决定了反应速度的快慢、决定了判断是否准确、决定了随机应变及时做出应答动作的快慢。因此反应迅速、判断准确、及时做出应答动作是灵敏素质的先决条件,各素质协同配合是完成应答动作的基础。应答动作的熟练程度直接体现灵敏素质的高低。因此,灵敏素质是运动技能、神经反应和各种素质的综合表现。灵敏素质的提高与发展在体育运动项目中极为重要。它在各个运动项目中的作用主要有以下两点:第一,能够保证人准确、熟练、协调地完成动作,取得优异的运动成绩。第二,能够灵活、巧妙地战胜对手,取得比赛的胜利。

(二)灵敏素质的分类

灵敏素质从其与专项运动关系来看,可分为一般灵敏素质和专项灵敏素质。

一般灵敏素质是指人在各种活动中,在突然变换的条件下,迅速、合理、准确地完成各种动作的能力。它是专项灵敏素质发展的基础。

专项灵敏素质是运动员在专项运动中，迅速、准确、协调自如地完成本专项各种技术动作的能力。它是在一般灵敏素质的基础上，多年重复专项技术，提高专项技能的结果。

二、灵敏素质训练的基础

灵敏素质基础是指影响灵敏素质发展的生物学因素，它主要包括：神经过程的灵活性、时空判断心理特征、技能储备量、动作结构合理性、适宜的气质类型等。其中，大脑皮质神经过程的灵活性是决定灵敏素质水平的神经基础。神经过程灵活性高，兴奋与抑制过程转换速度快，神经系统对人体肌肉收缩、放松时机、用力程度的控制能力就高，动作的快速性、准确性和协调性就容易体现。人体对时间、空间判断能力是决定灵敏素质水平的心理基础，人体时空判断力强，灵敏素质在空间、时间上所表现出来的准确性就高，反之，时间、空间判断力差，灵敏素质也不会很好。运动员时空判断力具有明显的专项特点，因此，专项灵敏素质的发展必须以提高专项的时间、空间判断能力为基础。

灵敏素质的基本因子是力量、速度因子。其中，爆发力、动作速度、反应速度、判断速度对灵敏素质的影响最大，因此，系统提高基本运动素质，会使灵敏素质得到发展。运动技能储备量是指运动员掌握各种动作的数量和质量，运动技能储备量愈多，灵敏素质体现的水平就会愈高。灵敏素质主要体现在动作的快速、准确、协调性上：动作结构的合理与否尤为重要，动作结构的合理性应符合解剖学、生物力学、专项技术的要求。灵敏性较强的人，往往在气质上多属多血质及其亚型。此类气质的运动员多为感受性低，耐受性较高，不随意的反应性强，并具有可塑性和外倾性，情绪高、反应快的特点。许多对抗性项群的优秀运动员都属于此类型气质。由此可见，科学选材也是重要的因素。

三、灵敏素质训练的基本方法和基本要求

（一）灵敏素质训练的基本方法

1.因素训练方法

因素训练方法是指根据灵敏素质结构中各类因素对灵敏素质的影响程度，从各影响因素入手，针对性地逐项进行训练或进行主项因素的训练，以达到在总体上提高灵敏素质目的的方法。因素训练方法的内容因素是反应速度、判断速度、动作速度、速度力量、时间判断力、空间判断力、平衡能力、模仿能力、形象思维力和下肢脚步各种起动、移动、制动速度等。同时包括躯干各种转动、屈伸动作的合理性和上下肢、躯干的协调性动作。检查性测试是采用因素训练方法的前提。此方法特点是：训练内容的层次性清楚，便于

全面提高影响灵敏的诸因素;容易确定灵敏素质发展指标以便客观检查、评价灵敏素质发展状况;可以有系统地综合训练,并易使基本素质有机转移在综合性灵敏素质上。

2.综合训练方法

此方法是指以若干或全部影响因素的各类动作为单元编排一起,在突然变化的条件下,让运动员迅速做出相应变化的组合排列方式的训练方法。此方法最大的训练功能,是有助于提高灵敏素质的应变能力,有助于提升衔接技术的质量,有助于强化变异组合下各种运动技能。例如:在垫子上做各种横滚翻越动作,躲避连绳球体不规则旋转运动的横扫。显然,这种方法有助于提高身体的灵巧性:综合训练方法的特点是可以按比赛规律训练。这样,既可熟练基本运动技术,又可提高专项衔接技术;可以促进运动技巧形成,有助于提高灵敏素质的协调因子;可以促进复杂反应能力的提高,使灵敏素质与运动技巧高度结合。相对来说,综合训练方法是把各种动作变异组成浑然一体的练习方法。

(二)灵敏素质训练的基本要求

1.练习方法、手段应多样化并经常改变

灵敏素质的发展与各种分析器和运动器官机能的改善有密切的关系。人体能否在运动中表现出准确的定向定时能力和动作准确、迅速变换的能力,都取决于各种分析器运动器官功能的提高。而人体一旦对某一动作技能熟练到自动化程度时,再用该动作去发展灵敏素质的意义就不大。因此,发展灵敏素质练习的方法应是多种多样的,并且要经常改变。这样不仅可以使人掌握多种多样的运动技能,还可以提高人体内各种分析器的功能,在运动中能够表现出时空三维立体中的准确定向定时能力,还能表现出动作准确、变换迅速的能力。

2.掌握本专项一定数量的基本动作

运动技能本质是条件反射,这种在大脑皮层中建立的条件反射暂时联系的数量越多,临场时及时变换动作的暂时联系的接通就越迅速准确,在已掌握的运动技能的基础上,可以快速形成新的应答性动作来应付突然发生的情况。因此应尽量多掌握一些基本的动作、基本技术及战术等,这有利于提高灵敏素质。灵敏素质是人体综合能力的表现,发展灵敏素质还必须从培养人的各种能力入手,在练习中广泛采用发展其他身体素质的方法来发展灵敏素质,并培养掌握动作的能力、反应能力、平衡能力等。

3.抓住发展灵敏素质的最佳时期

灵敏素质是在中枢神经系统的指挥下,各种能力的综合表现。儿童少年的神经系统是人体发育最早、最快的系统,他们具有较好的反应能力,在动作速度、平衡能力、节奏感等方面具有很大的发展潜力，这些都为发展灵敏素质提供了有利的条件，因此应抓紧这一时期进行灵敏素质练习。

4. 灵敏素质练习时应注意消除练习者的紧张心理状态

在灵敏素质练习时，教练员应采用各种有效的方法与手段，消除练习者紧张的心理状态和恐惧心理。因为人心理紧张时，肌肉等运动器官也必然紧张，会使反应迟钝，动作的协调性下降，影响练习的效果。

5. 合理安排训练时间

灵敏素质的训练在整个训练过程中都应该适当安排，使之系统化。但训练时间不宜过长，练习重复次数不宜过多。因为机体疲劳时运动员力量水平会下降，速度将减慢，节奏感被破坏，平衡能力会降低，这些都不利于灵敏素质的发展。有经验的教练员都是根据不同训练过程的特点来安排灵敏素质的训练。如随着比赛临近，技术训练比重增加，协调能力的训练应相应加强。准备期以一般灵敏素质训练为主，比赛期以专项灵敏性训练为主。在训练中也应该合理安排各个身体素质的练习，一般而言，灵敏素质安排在靠前的训练，让学生有足够的体力及精神状态。并且在有限的时间里抓住训练的针对性，以提高运动神经细胞和肌肉组织兴奋性及神经肌肉组织的机能活性，促进大脑综合能力的提高。

6. 灵敏素质的练习应有足够的间歇时间

在灵敏素质的练习过程中应有足够的间歇时间，以保证氧债的偿还 ATP 能量物质的合成。但休息时间又不可过长，休息时间过长会使中枢神经系统的兴奋性大幅度下降，在下次练习中就会减弱对运动器官的指挥能力，使动作协调性下降、速度减慢、反应迟钝，这必然影响练习的效果。一般地讲，练习时间和休息时间可控制在 1∶3 的比例。

7. 应结合专项要求训练

灵敏素质具有专项化的特点。经验丰富的教练员都针对本专项对灵敏素质的特殊要求安排灵敏素质训练，使训练效果与专项要求相一致。例如，篮球运动员多做发展手的专门灵敏性训练，以提高手感和控球能力。足球运动员多做一些脚步移动和用脚控球的练习；体操、技巧等项目运动员多做一些移动身体方位的练习，等等。此外，还应注意控制练习者的体重。

第四节　运动体能训练创新分析

一、重视对体能训练教练员的培养

许多竞技体育较为发达的国家，他们的体育队中都配备了专业的体能训练教练。而在我国，却只有少数的体育队会配备专业的体能训练教练，而对于体育队中运动员的体能训练也同样是在主教练的指导下进行。并且在调查中还发现，我国的大部分体育队教练员，他们在从事教练工作之前许多都是运动员出生，而在步入职业教练的行业之后并没有接受过较为系统的教育，他们对于训练理念、训练方法的选择，训练负荷的制定许多方面都是靠自己的经验而定，而能够对体能训练进行创新的更是少之甚少。但是教练员在训练当中是处于一个主导的关键位置，因此，这就要求必须不断提高教练员的水平，要加强对教练员的培训，从而提高体能教练员的整体素质。

二、努力理清理念、制度以及技术三方面之间的关系

训练理念、训练制度与技术是现代体能训练的方向性以及层次性的具体体现，也是体能训练体系创新必须考虑的因素。在这当中，训练理念的创新能够有效地推动训练制定的改革创新，而完备的训练制度又能够有效地推动体能训练技术的改进与创新。

三、体能训练创新体系构建的对策分析

（一）加大对外交流，努力推动自主创新

在前文中已经论述过，在体能训练的创新中，训练理念处于中心地位，但是先进的训练理念并不是凭空而得的，必须要在训练中不断总结创新，并且积极通过一些对外访问、学习等方式来吸收国外的众多先进理念。模仿也可称得上是一种创新，其中关键便在于对于外国先进理念的消化与吸收。与此同时，还必须要在消化与吸收外国先进理念的同时进行自主创新，相关研究人员也应该不断加强科研攻关，从而研究出更多具有中国特色的体能训练理念。

（二）推动体能训练制度创新，紧密连接创新环节

在构建体能训练创新体系的三大层次当中，体能训练制度的创新是处在一个中间的连接位置，因而只有大力推进体育训练制度的创新，才可以使得这一创新链条畅通，才可以构建出这一完整的体能训练体系。就拿皮划艇比赛为例，有相关科研人员通过观看国外皮筏艇比赛的时候发现，国外皮筏艇队伍在筏艇的时候，队员的桨并不是整齐的，而是

呈现出一种波浪式的结构。在发现这一现象之后，科研人员便进行研究，最终发现这种波浪式的结构有助于船体的前进，从而对训练进行了改革，从而大幅度地提高了我国皮筏艇项目的运动水平。

第五节　蹴球体能训练

一、蹴球运动员体能训练的意义

蹴球运动员的运动水平是由其竞技能力所决定的，是运动员体能、技能、战术能力、智能和心理能力的综合表现。体能及身体能力，是运动员在训练比赛中身体素质、机体机能水平和身体形态特征的综合体现。良好的体能是不断提高技能、战术水平的重要保证，提高体能训练水平是取得优异成绩的重要途径。

蹴球运动员的体能训练应采用多种多样的训练方法和手段，全面发展与提高专项身体素质，提高各系统机能能力，改善身体形态，能有效防止伤病，保持良好的竞技状态。

二、蹴球运动员体能训练的内容

蹴球运动员的体能训练要根据蹴球运动的特点，采用专门的训练手段来发展与蹴球运动水平有直接关系的身体素质、机体机能水平和身体形态。蹴球运动员的专项身体素质主要有：

力量素质：包括腰、腹力量，腿、踝部力量等。

柔韧素质：包括腿部、髋部、腰部的活动范围等。

耐力素质：包括力量耐力、比赛耐力等。

灵敏素质：包括腿、腰、腹的协调配合能力及场上的灵活应变能力等。速度素质：包括反应速度、踢腿速度等。

三、蹴球运动员体能训练中有关身体素质训练的理论与方法

（一）力量素质

1. 力量的含义及种类

力量是指肌肉工作时克服阻力的能力。人体所有的活动都是对抗阻力产生的，体育运动较之日常活动要对抗更强的阻力，因此，力量是决定运动水平的重要因素。

蹴球运动员需要发展的力量包括腰、腹力量，腿、踝部力量，力量耐力等。

2. 力量训练的基本方法

肌肉收缩时有四种基本形式：向心克制性收缩、离心退让性收缩、等动收缩和等长收缩。根据肌肉收缩的形式，蹴球运动力量训练可分为动力性力量训练、静力性力量训练和等动训练等方法。

(1)动力性力量训练

机体在等张收缩时所产生的力量使机体产生位移，从而使人体或器械产生运动。肌肉以这种形式工作时，一般是做向心收缩的工作，在工作的过程中，随着活动肢体关节的改变，肌肉在缩短过程中张力也发生变化。动力性力量练习有两种主要类型，一种是大负荷，少次数，主要用于发展一般力量；一种是小负荷，多次数，主要用于发展力量耐力。

(2)静力性力量练习

肌肉在对抗固定阻力时产生的力量维持和固定肢体于一定的位置和姿势，不产生明显的位移和运动。负重半蹲是蹴球运动员常用的静力性力量训练方法。

(3)等动训练

是在整个关节的活动范围内，肌肉群始终以最大张力收缩，而速度保持恒定的训练方法。它需要专门的器材才能进行，如等动练习器。

(4)蹴球运动员力量训练方法介绍

①发展腰部肌肉群力量的方法。

· 仰卧起坐：徒手、负重(沙袋、杠铃片、实心球等)。

· 仰卧起腿：无负重、负重(绑沙袋、双腿夹实心球等)。

· 仰卧元宝收腹。

· 斜板仰卧起坐：徒手、负重。

· 单杠或肋木悬垂起腿。

· 背肌练习：徒手、负重。

· 侧卧体侧屈。

· 杠铃提铃。

②发展下肢肌肉群力量方法。

· 杠铃负重蹲起：半蹲、全蹲。

· 杠铃负重半蹲静力练习。

· 马步半蹲练习。

· 手扶肋木支撑腿单腿蹲起。

· 踢腿练习。

(二)柔韧素质

1. 柔韧素质含义和重要性

柔韧素质是指人体的各个关节的活动幅度,肌肉、肌腱和韧带的弹性和伸展能力。柔韧性是由一定的关节或关节联合的活动范围来体现的。因此连接关节的韧带、肌腱、肌肉及至皮肤的伸展度和弹性对柔韧性影响极大。

蹴球运动中,要求运动员身体各部分肌肉韧带和关节有良好的柔韧性,特别是腿、髋、腰的柔韧性要好。这样才能保证蹴球技术动作完成的质量。蹴球运动员应以加强下肢后群肌肉、踝关节和髋关节韧带柔韧性练习为主。

2. 柔韧训练的基本方法

柔韧性训练基本上采用拉伸法,分为动力拉伸法和静力拉伸法。这两种方法中又都有主动拉伸和被动拉伸两种不同的训练方法。

动力拉伸法是指有节奏地通过多次重复同一动作的练习使软组织逐渐地被拉长的练习方法。

静力拉伸练习时,先通过动力拉伸缓慢的动作将肌肉等软组织拉长,当拉伸到一定程度的时候要暂时静止不动,使这些软组织得到一个持续被拉长的机会。

在训练中,常常把这两种方法结合起来,在拉伸练习时有动有静、动静结合。

在上述两种训练方法中都可以主动完成,亦可被动完成。主动柔韧性练习是指运动员靠自己的力量将软组织拉长,被动柔韧性练习是指在外力帮助下,使运动员的软组织得到拉长,如教练员帮助运动员压腿等。

3. 蹴球运动员柔韧素质训练方法介绍

(1)发展下肢后群肌柔韧性方法

· 直腿并腿坐下压腿。

· 纵劈腿,横劈腿。

· 面对肋木一腿站立,另一腿搁在高于腰的肋木上,正侧位压腿。

· 面对肋木单腿站立,向左右和向前后摆腿练习。 · 勾脚尖正踢腿练习。

· 蹬腿练习。

· 弹腿练习。

(2)发展踝关节柔韧性方法

· 踝关节绕环练习。

· 脚跟触地、脚掌触墙,上下压踝练习。

(3)发展髋关节柔韧性练习

· 屈腿坐下,两脚心相对,膝关节向下弹压。

·转髋练习。

(三)耐力素质

1.耐力素质的含义和分类

耐力素质是指有机体坚持长时间运动的能力。运动员要在竞赛全过程保持特定的运动强度、动作质量和比赛的兴奋性,就必须具备良好的耐力素质,就必须具备能与在持续运动过程中不断积累和加深的疲劳作斗争的能力。蹴球比赛中运动员要不断地重复下蹲、踢腿动作,要求运动员下肢肌肉群和腰腹肌肉群具备长时间持续工作的能力。特别是一名蹴球运动员在一次比赛中,要承担单蹴、双蹴、混合双蹴的比赛,比赛频率高,更对一名运动员的持续比赛能力提出更高的要求。因此耐力素质也是蹴球运动员一个必备的素质。

耐力素质按人体的生理系统分类,可分为肌肉耐力和心血管耐力。肌肉耐力也称为力量耐力。心血管耐力又分为有氧耐力和无氧耐力。蹴球运动员应以发展力量耐力和有氧耐力为主。

2.耐力训练的常用方法

·各种形式长时间的跑。

·结合专项,长时间地进行一些技术动作练习,如连续地做下蹲、踢腿的蹴球动作。

·反复做克服自身体重的练习。

(四)平衡能力

1.平衡能力的含义

平衡是指人体运动中维持身体某种姿态的能力。蹴球运动技术的特点是脚支撑,脚完成瞄准、压球、抬腿蹴球,这种脚支撑的运动特点,对人体平衡能力要求较高,不仅要求踝、髋有较好的柔韧性,还要有较好的肌肉力量,对神经系统的调节能力要求更高。蹴球运动员的平衡训练应以相似于蹴球技术的单脚支撑平衡为主。

2.平衡能力训练方法介绍

·原地提一腿单脚支撑平衡练习。

·原地提一腿单脚跳练习。

·行进间单脚跳练习。

·一腿支撑,一腿前后摆动练习。

·闭眼做蹴球模仿练习。

第三章　蹴球运动

第一节　蹴球运动的特点与作用

一、蹴球运动的起源与发展状况

蹴球运动古已有之，只不过在古代叫作蹴鞠运动。在蹴鞠运动中，石球是最主要的运动器材，早在西安半坡文化遗址发掘中就有实物发现。随着时代的不断进步以及社会的不断发展，今天的蹴球运动已成为一颗璀璨的明珠，成为了中华民族传统体育中的一个重要项目，为弘扬民族传统文化、促进民族团结、推动全民健身运动发挥着自己的强大作用。

（一）春秋战国时期

殷商卜辞中有这么一句话："庚寅卜，贞，乎品舞，从雨"。一些相关专家在经过一系列的考证之后发现，"品"就是蹴鞠的意思。其中"○"表示球，而"品"是人双足的象形。这段话是说庚寅占卜，吉，呼跳"蹴鞠"舞而得雨。这段卜辞其实就是在告诉我们早在商周时期就已经有蹴鞠游戏了。"蹴鞠"一词，最早记载于《史记·苏秦列传》，苏秦游说齐宣王时形容临苗："临苗甚富而实，其民无不吹竽、鼓瑟、蹋鞠者"。蹴鞠又名"蹋鞠""蹴球""蹴圆""筑球""踢圆"等，"蹴"即用脚踢，"鞠"系皮制的球，"蹴鞠"就是用脚踢球，它是中国一项古老的体育运动，包含有三种形式，分别是直接对抗、间接对抗和白打。截止到现在，蹴鞠已经有 2300 多年的历史了，它起源于春秋战国时期的齐国故都临淄，唐宋时期最为繁荣，经常出现"球终日不坠""球不离足，足不离球，华庭观赏，万人瞻仰"的情景。

以儒家思想为核心的中国传统文化讲求"和"与"中庸"，因而，中国社会文化心理一般情况下都是重"文治"而轻"武功"。人们推崇谦谦君子的温文尔雅，对孔武之士的争强好胜则抱以轻蔑的态度。在这种社会文化背景下，蹴鞠由对抗性比赛逐步演变为表演性竞技。

《史记》和《战国策》对于蹴鞠运动的情况做出了最早的记载与说明，其中的记载都表明，在当时的齐国故都临淄，蹴鞠已发展成一种成熟的游乐活动，而且在民间广为盛行。当时，齐国的国君还是齐宣王（公元前 319 年～公元前 301 年），由此可以断定：在 2300 多年以前或更早，蹴鞠活动就已在齐国故都临淄城广泛开展，并已发展成一种民间盛行的体育和娱乐活动项目。

（二）两汉时期

秦统一六国后，蹴鞠运动一度沉寂。西汉建立后，又复兴盛。汉代人把蹴鞠视为"治国习武”之道，不仅在军队中广泛展开，而且还受到了宫廷贵族的普遍喜爱。《西京杂记》上记载：刘邦当了皇帝之后，把父亲刘太公接到长安城的未央宫养老，吃穿用度极尽豪华，终日看歌舞伎乐，但这并没有给他带来满足与快乐。原来刘太公自幼生活在城市下层，接近凡夫走卒、屠狗杀牛之辈，工作之余所进行的娱乐活动就是斗鸡与蹴鞠。于是，刘邦就下了一道圣旨，在长安城东百里之处，仿照原来沛县丰邑的规模，造起了一座新城，原来丰邑的居民都迁到新城生活。刘太公和刘温也在新城生活，又开始“斗鸡、蹴鞠为欢”，这才心满意足。

在战国时期，下层市民最喜爱的娱乐活动就是蹴鞠，到了西汉初年，贵族阶级也逐渐地喜爱进行蹴鞠运动了。桓宽的《盐铁论》中说，西汉社会承平日久，“贵人之家，蹴鞠斗鸡”为乐，一般的人们也是在“康庄驰逐，穷巷蹴鞠”。

汉武帝就很喜欢观看蹴鞠运动。据《汉书》记载，汉武帝在宫中经常举行“鸡鞠之会”，而蹴鞠比赛就是其中一项最为主要的内容，宠臣董贤的家中还专门养了会踢球的“鞠客”(与现在的球星很相似)。可见，在西汉时期，蹴鞠活动进一步扩大了其影响范围。由于蹴鞠运动的兴盛，汉代还出现了研究这项运动的专著《蹴鞠二十五篇》，这不仅是我国最早的一部体育专业书籍，在世界上也是第一部。班固在写《汉书·艺文志》时，把《蹴鞠二十五篇》列为兵书，属于军事训练的练兵技巧类，但遗憾的是，它并没有流传下来。蹴鞠比赛有两种比赛形式：双球门的直接竞赛和单球门的间接比赛。双球门的直接竞赛是汉代(公元前 206 年—公元 220 年)蹴鞠的主要方式，且被用于军事练兵。直接对抗比赛，设鞠城(即球场)，周围有短墙，比赛双方都有一座像小房子似的球门，各队有 12 名队员。比赛时，双方队员会发生直接的身体接触与对抗，就像打仗一样，球门两厢对应，两边队员相对进攻，进球多者获胜。由后来，经过长时期的不断演变，双球门竞赛逐渐为单球门间接比赛所代替，而这种比赛形式也是唐(公元 618—907 年)宋(公元 960—1279 年)时期主要的蹴鞠比赛方式，主要用于为朝廷宴乐和外交礼仪竞赛表演。进行间接对抗比赛时，鞠城中间隔着球门，球门中间有两尺多的“风流眼”，双方各在一侧，在球落地之前，使之穿过“风流眼”，鞠入对方球门，进球多者胜。宋末元初，这在马端临的《文献通考》中有简单的说明：“蹴球盖始于唐，植两修竹高数丈，络网于上，为门以度球。”两队采用脚踢对抗进行攻守，设有裁判官执法。在明代汪云程《蹴鞠图谱》一书中，专门设有《球门射规》一节，对蹴鞠的评判进行了规定，仔细观察这些规定可知：以射进球门的球数多少决定胜负，且设有“都部署校正”和“杜司”两个正副裁判职。在李尤的《鞠城铭》中，还对裁判原则进行了说明，诸如“不以亲疏，不可阿私，端心平息，莫怨是非”等，意思就是：裁判员应撇开亲疏关系，不存偏向，公正明辨，做出裁判。但很可惜，竞赛规则也失传了，只能根据一些描写竞赛场面的文字记载加以推断。

(三)唐宋时期

随着社会生产力的发展，蹴鞠球制作技术也得到了不断进步与提高。唐代制球工艺的改进体现在两个方面：一是把用两片皮合成的球壳改为用八片尖皮缝成圆形的球壳，球的形状更圆了；二是球壳内部的填充物由原来的毛发改为动物尿脬，“嘘气闭而吹之”，成为充气的球。据世界体育史记载，英国直到 11 世纪才出现吹气的球，较我国唐代晚了三四百年的时间。唐代的球体轻了，可以踢高。球门就设在两根 3 丈高的竹竿上，称为

“络网为门以度球”。在踢球方法上，汉代是两队之间进行直接对抗比赛，“僻脱承便，盖象兵戍”，双方队员身体接触就像打仗一样。唐代分队比赛，其形式也不再是直接对抗，而是中间隔着球门，双方各在一侧，以射门“数多者胜”。唐代蹴鞠运动设有四种游戏方式：其一，为“打鞠”，即不用球门的比赛(《戏球场科范》)。比赛没有人员数量上的限制，各自独踢，身体各部位均可代替两足触球，以球不落地、连续触球次数多者为胜。其二，为“白打”，即白打场户的蹴鞠游戏。比赛时中间挂网，可二人对踢或多人对踢，并出现了女子参加。其三，为“跃鞠”，不用球网、球门，相互追逐奔走，获胜者为踢球次数多且高者。其四，为设一个球门的比赛，两根立柱设在场地中央，高约 3 丈，为球门。每队 7 人，规定队员只能站在自己的球位上踢，不准跑动、换位。由一个队的“球头”将球抛踢过门，而另一队球员用规定姿势接住球，判断是否取胜的标准就是看其是否能将球回踢过门，双方交替进行。

由于球体轻了，又无激烈的奔跑和争夺，到了唐代，女子也逐渐地加入蹴鞠运动中来。女子蹴鞠时不用球门，以踢高、踢出花样为能事，称为“白打”。

唐代不仅有了女子蹴鞠，而且有的女子蹴球技术还很高超。这种现象不仅出现在皇宫中，在民间也出现了。诗人王维的《寒食城东即事》中就描绘了寒食节蹴鞠的习俗：“清溪一道穿桃李，演漾绿蒲涵白芷。溪上人家凡几家，落花半落东流水。蹴鞠屡过飞鸟上，秋千竞出垂杨里。少年分日作遨游，不用清明兼上己。”诗中写高超的蹴鞠技巧可以玩出各种花样，男儿们此时不免要炫耀其身手——“蹴鞠屡过飞鸟上”，可见踢球之高。

透过杜甫《清明》诗中的两句“十年蹴鞠将雏远，万里秋千习俗同”，也可以看出踢球习俗是多么普遍。这种习俗一直延续到南宋时期，诗人陆游在《春晚感亭》诗中也描写过：“寒食梁州十万家，秋千蹴鞠尚豪华。”另外，《感旧末章盖思有以自广》诗也对这种习俗进行了描述：“路人梁州似掌平，秋千蹴鞠趁清明”。

蹴鞠不仅在民间十分盛行，在宫廷内其受欢迎程度也不亚于民间。唐代王建的《宫词一百首》中，对皇宫蹴鞠运动进行描写的就有五首之多：

新调白马怕鞭声，供奉骑来绕殿行。
为报诸王侵早入，隔门催进打球名。
对御难争第一筹，殿前不打背身球。
内人唱好龟兹急，天子鞘回过玉楼。
东风泼火雨新休，舁尽春泥扫雪沟。
走马犊车当御路，汉阳宫主进鸡球。
殿前铺设两边楼，寒食宫人步打球。
一半走来争跪拜，上棚先谢得头筹。
宿妆残粉未明天，总立昭阳花树边。
寒食内人长白打，库中先散与金钱。

唐代李白《古风・五十九首》中的第四十六首对于皇宫蹴鞠运动的描述是：“斗鸡金宫里，蹴蹄瑶台边”。另外，还有很多其他诗句对皇宫蹴鞠运动进行了描述，如王建在《宫词》中亦说：“殿前铺设两边楼，寒食宫人步打球”“寒食内人长白打”等；韦庄的《长安清明》诗曰：“内宫初赐清明火，上相闲分白打钱”等等，也均是写宫中蹴鞠活动的，从这项活动中宫女可以得到很多赏钱。

唐代白居易的《洛桥寒食日作·十韵》中有“上苑风烟好，中桥道路平。蹴球尘不起，泼火雨新晴”的诗句，是对雨过天晴，蹴鞠场上“尘不起”“泼火雨新晴”情状的具体描述。

唐代刘禹锡的《同乐天和微之深春二十首》中的第四诗曰：“何处深春好？春深大镇家。前旌光照日，后骑蹙成花。节院收衙队，球场簇看车。广筵歌舞散，书号夕阳斜。”该诗对当时达官贵人在蹴鞠场上观看蹴鞠的情形进行了描述及球场旁边聚集着许多观者的车辆的盛况。

唐代韦应物的《寒食后北楼作》诗曰：“园林过新节，风花乱高阁。遥闻击鼓声，蹴鞠军中乐。”则是对军队中蹴鞠运动的开展情况进行的描写。这说明唐代除了民间和王宫有蹴鞠风习外，军队中亦开展了这一活动。

在唐代李绅《拜三川守诗序》诗中有“又里巷比多恶少……或差肩追绕击大球，里言谓之打棍谙论”的诗句，此所谓“打棍谙论”，其实就是蹴鞠运动中的“打鞠”玩法。

晚唐韦庄的《丙辰年鄜都州遇寒食城外醉吟五首》诗曰：

满街杨柳绿丝烟，画出清明二月天。好是隔帘花树动，女郎撩乱送秋千。

雕阴寒食足游人，金凤罗衣湿麝熏。肠断入城芳草路，淡红香白一群群。

开元坡下日初斜，拜扫归来走钿车。可惜数株红艳好，不知今夜落谁家。

马骄风疾玉鞭长，过去唯留一阵香。闲客不须烧破眼，好花皆属富家郎。

雨丝烟柳欲清明，金屋人闲暖凤笙。永日迢迢无一事，隔街闻筑气球声。

韦庄的《长安清明》诗曰：“蚤是伤春梦雨天，可堪芳草更芊芊。内官初赐清明火，上相闲分白打钱。紫陌乱嘶红叱拨，绿杨高映画秋千。游人记得承平事，暗喜风光似昔年。”

唐僖宗李儇就比较喜欢进行蹴鞠运动，被称为“蹴鞠皇帝”。他曾得意地说：“朕若应击球进士举，须为状元。”他有时一玩就是两三个时辰，甚至会忘记吃饭，急得身边的太监侍女们团团转。他还多次勒令地方官员举荐球技高超的青年入宫陪他击球，有不少人因善于蹴鞠而被赐为封疆大吏。当然，因踢球失误而丢掉性命的情况也很多。

蹴鞠在宋代获得了极大的发展。这一时期，在民间出现了专事蹴鞠的行会组织，叫“圆社”。在元代杂曲中，内容以描写蹴鞠游戏为主的明显增多。施耐庵的《水浒全传》中，写了一个由蹴鞠发迹当了太尉的高俅。小说虽然在人物事迹和性格上作了夸张，但是基本上还是对宋代事实的反映。高俅球技高超，因陪侍宋徽宗蹴鞠，被提拔当了殿前都指挥使，这要算是最早的著名球星之一了。通过高俅因蹴球而发迹的事情，我们可以领悟到两件事：一是宋代的皇帝和官僚贵族是喜爱蹴鞠的，有些人本身爱蹴鞠，有些人爱看蹴鞠。宋徽宗赵佶对于蹴鞠几乎到了痴迷的地步，他看完宫女蹴鞠后写诗道：“韶光婉媚属清明，敞宴斯辰到穆清。近密被宣争蹴鞠，两朋庭际再输赢。”《文献通考》介绍：“宋女弟子队 153 人，衣四色，绣罗宽衫，系锦带，踢绣球，球不离足，足不离球，华庭观赏，万人瞻仰。”上海博物馆藏有一幅《宋太祖蹴鞠图》，就对当时蹴鞠运动进行的情景进行了描绘，上至皇帝、宫室，下到城市百姓，都表现出了对于蹴鞠的极大热情。这从宋人笔记、诗词及文物遗存中也可见一斑。

《铼史·太宗本纪》：太平兴国五年三月戊子，会亲王、宰相、淮海国王及从臣蹴鞠大明殿。

《宋史·李邦彦传》:“邦彦俊爽……能蹴鞠……自号李浪子。”

《三朝北盟会编》(邦彦):“尝自言赏尽天下花,踢尽天下愁……”

《东京梦华录·驾辛宝津楼宴殿》:“琼林苑宴殿南面有横街,牙道柳径,乃都人击愁之所。”

《西湖老人繁胜录》:“宽阔处蹴球。”

《梦粱录·社会》:“更有蹴鞠、打球、射水弩社,则非仕宦者为之,盖一等富室郎君,风流子弟,与闲人所习也。”

《都城纪胜·社会》:“又有蹴鞠打球社……”

《武林旧事·诸色艺人》中“蹴毬”,列出了“范老儿”等五位高手之名。

宋初潘阆有一首诗这样写道:“散曳醉僧来蹴鞠,乱拖游女上秋千。”其狂篇醉吟,于此可见,同时对于当时蹴鞠运动的进行情况也进行了反映。

宋代赵文的《莺啼序(有感)》词曰:

膏残夜久,月落山寒,相对耿无语。恨前此、燕丹计早,荆庆才疏,易水衣冠,总成尘土。

斗鸡走狗,呼卢蹴鞠,平生把臂江湖旧,约何时、共话连床雨。王孙招不归来,自采黄花,醉扶山路。

宋代葛长庚的《沁园春十一首》词曰:

吹面无寒,沾衣不湿,岂不快哉。正杏花雨嫩,红飞香砌,柳枝风软,绿映芳台。燕似谈禅,莺如演史,犹有海棠连夜开。清明也,尚阴晴莫准,蜂蝶休猜。朝来。应问苍苔。甚几日都成锦绣堆。念四方宾友,不堪渭树,一年春事,已属庭槐。宿酒难醒,多情易老,争奈传杯不放杯。如何好,看秋千戏剧,蹴鞠恢谐。

南宋诗人陆游有一首诗即《春晚感亭》对于蹴鞠运动的盛况也进行了描写:“寒食梁州十万家,秋千蹴鞠尚豪华。”在陆游其他的一些诗作中也有对蹴鞠运动进行的描写,如其《残春》诗曰:“江蓠堆盘矩救香,山家节物亦穷忙。桑问葚紫蚕齐老,水面秧青麦半黄。语燕似催春事去,游丝不似客愁长。乡村年少哪知此,处处喧呼蹴鞠场。”又如《感旧末章盖思有以自广》诗有“路入梁州似掌平,秋千蹴鞠趁清明。未论日远长安近,且喜南山天际横”的诗句等。

在宋代,社会上还出现了将蹴鞠技艺作为一种维持生计的手艺的蹴鞠艺人。据记载,北宋汴梁城和南宋临安城,在皇宫宴会上表演踢球的名手,就有苏述、孟宣、张俊、李正等;而黄如意、范老儿、小孙、张明、蔡润等则是市井瓦子里的蹴鞠艺人。宋代的蹴鞠和唐代的踢法一样,有用球门的间接比赛和不用球门的“白打”,但书籍介绍的基本上都是“白打”踢法。“白打”对于比赛花样和技巧比较注重,亦称比赛“解数”,每一套解数都有多种踢球动作,如拐、蹑、搭、蹬、捻等,古人还给一些动作取了名字,如转乾坤、燕归巢、斜插花、风摆荷、佛顶珠、旱地拾鱼、金佛推磨、双肩背月、拐子流星等。所谓“脚头十万踢,解数百千般”,就是对踢球花样动作和由几个花样组成的成套动作的具体描绘,即用头、肩、背、胸、膝、腿、脚等一套完整的踢技,使“球终日不坠”。由此看来,宋代的蹴鞠,射门比准已不再是比赛重点,而是向灵巧和控球技术方面发展。

至少在南宋时期，宋代的踢球艺人自发组织起来形成了一个团体——“齐云社”，又称“圆社”。这是专门的蹴鞠组织，专事负责蹴鞠活动的比赛组织和宣传推广，这是我国最早的单项运动协会，与现在的足球俱乐部很相似；也可以说，它就是世界上最早的足球俱乐部。

(四)元、明、清时期

到了元代，在关汉卿等人的散曲中，出现了记述男女对蹴情景的内容。但这种男女对蹴，已不是双方寻求自身的娱乐，而是以妇女蹴球作为一种伎艺供他人欣赏。这从萨都刺《妓女蹴鞠》散曲中就可以看出来：“毕罢了歌舞花前宴，习学成齐云天下圆”。

由此可见，蹴球已经演变成了一种宴会上和歌舞一样的伎艺。后来，“占场儿陪伴了英豪”的妇女，大都是“谢馆秦楼”“鸣珂巷里”的“绝色婵娟”，蹴鞠成了妓女娱客的手段。蹴球娱乐的社会性已远远不如从前，它不再是节日的活动内容，也不再是宴会上的节目，而成为了一种具有放荡行为色彩的娱乐活动。如据《明史》记载，拥兵三吴、称兵割据的吴王张士诚的弟弟张士信，“每出师，不问军事，辄携樗蒲(一种赌具)、蹴鞠，拥妇女酣宴。”

所以，朱元璋称帝之后，传下圣旨，严禁蹴球在士兵中传播。朱元璋的圣旨只能禁止军人蹴球，但对于蹴鞠娱乐性质的改变却基本上没起到什么作用。被称为明代社会百科大全的小说《金瓶梅》中，有一段描写西门庆在丽春院看妓女李桂姐踢球的事：西门庆吃了一回酒，出来外面院子里先踢。又教桂姐与两个网社踢。“一个捎头，一个对障，拗踢拐打之间，无不假喝彩奉承。”上述描写，就是对明代踢球的娱乐性质的具体体现。

古代蹴鞠方法几乎少得可怜，只有在踢石球、夹包、花建等游戏中还可以看到蹴鞠二十五法的一些影子，踢石球只是其中一法而已。在古典小说《红楼梦》第二十八回中，就有对于踢石球的描写：“焙茗往东边二门前来，可巧门上小厮在甬路底下踢球……”这里写的踢球，就是踢石球。

清末《北京民间风俗百图》第六十四图《踢石球》写了踢球之法：二人以石球二个为赌，用些碎砖瓦块铺地，用一球先摆一处，二球离七八尺远，每人踢两次。输赢的判断标准为看其是否踢中。关于清代踢石球的方法，有人曾向爱新觉罗·溥任先生(即清末代皇帝溥仪的四弟)请教，从小在醇亲王府中生活，他曾看到太监踢石球，所踢的球是老人们用以活动筋骨的手握健身球，踢的方法是先用脚尖踩住球，然后用力向前踹，以击中对方为胜。无论是图画记载，还是老人的描述，均是用脚踹球，与现在类似足球运动的踢球有着明显的差异。

(五)蹴球运动的形成以及在我国的开展情况

1954—1955 年，我国考古工作者在对西安西坡村进行的两次挖掘中都发现了一些大小不等的石球。这种石球磨得光滑浑圆，最大的直径有 6 厘米，最小的有 1.5 厘米。1984 年，西安半坡文化遗址再次出土一批石球，这些石球主要用于古时候儿童踢球，距今已有四五千年的历史，属于新石器时代晚期物品。从 1984 年起，北京市民族传统体育协会通过对众多史书的学习研究以及多方面的探询了解，对蹴球项目开始进行正式的挖掘整理工作。根据古代图画的记载及爱新觉罗·溥任的描述，古代踢石球的方法是先用脚尖踩住球，然后用力向前踹，击中对方就意味着取得了胜利，踢石球实际上是踹球。因此踢石球游戏经过挖掘整理，成为正式比赛项目时，用了"蹴鞠"的"蹴"字，定名为"蹴球"。

在第四届和第五届全国少数民族传统体育运动会上，蹴球被列为表演项目，北京市所表演的民族体育项目就是蹴球，反响较好，但是表演过程中没有统一的规则，场地器材也没有统一的要求。1996 年，在国家民委和国家体委的指示下，北京体育大学对蹴球项目进行了仔细的研究和整理，北京体育大学科研处组织有关专家对蹴球项目进行了为期 3 年的研究和整理，通过大量的实践和比赛，使蹴球项目的运动规则逐渐地建立和完善起来。1998 年 6 月，第六届北京市少数民族传统体育运动会首次将蹴球列为正式比赛项目，并于 8 月在北京举行了全国蹴球教练员、裁判员培训班。多次实践后，国家民委和国家体育总局做出了将蹴球列为全国少数民族传统体育运动会的正式比赛项目的决定。1999 年 9 月，北京成功举办了第六届全国民运会，来自全国各省、自治区、直辖市和解放军的 22 个代表队参加了比赛，在这次民运会上蹴球成为了一项正式的比赛项目，成为最引人注目的竞赛项目。北京有首儿歌："小孩儿小孩儿，跟我玩；踢球、打嘎儿、逛逛闸儿。"由此可见，北京市民生活中的三大乐事就是踢石球、打嘎儿和逛逛闸儿。而河北省翼县北关村也有一首顺口溜："小小蹴球真可爱，场上比赛人人踹；你蹴我来我蹴你，各族兄弟皆欢喜。"可见蹴球已深入群众的日常生活，其普及前途一片光明。蹴球运动有着悠久的历史和显著的民族文化特征，是中华民族传统的瑰宝。这项运动是民间体育游戏经过挖掘整理而推向运动比赛的民族传统体育项目，它不仅具有娱乐性和运动性，还具有智力性与竞赛性，是一项文明、高雅、细腻、灵巧的体育运动。经过十几年的发展，蹴球运动已经形成了比较完整的规则。蹴球运动只需小面积的场地就可以开展，器材简单，既是竞技项目又是健身项目，对于任何性别、任何年龄的人群都比较适合，是全民健身运动的一个理想项目。

经过十几年的挖掘整理和实践检验，现代蹴球的规则更加完善。蹴球自产生之日起直到现在，蹴球经历了历史的考验，宋代理学思想的冲击，元朝统治者的限制，明太祖朱元璋的禁令和清代的文字狱，而蹴球并没有因此消失在历史的长河中，依然傲立于民族传统体育之林，可见其有着存在的必然性和强大的生命力。

在新中国成立之初，蹴球运动的开展情况很不乐观，仅在个别少数民族中流传。由于少数民族地区的人们民族文化和生活习惯的不同，导致蹴球运动并没有形成统一的竞赛规则。在第四届全国少数民族传统体育运动会上是以表演项目出现的，由于没有统一的竞赛规则，导致比赛场面比较混乱，蹴球运动的魅力没有得到充分的展现。经过不断地总结和完善，在第六届全国少数民族传统体育运动会上成为正式的竞赛项目。有了统一的规则和比赛器材，参加蹴球运动的人数急剧增加，以前只有几个省组队参加蹴球比赛，而现在全国各省市均组队积极参加。在保护和挖掘少数民族传统文化，传承和发扬民族传统体育和全面健身的大环境下，蹴球运动作为一项具有优秀文化内涵的少数民族传统体育项目，受到了各级政府的大力支持，一些学院还将蹴球运动引人到了课堂教学中。现在有一些民族院校和职业技术学院都开设了蹴球课程，如湖北民族学院、中南民族大学、浙江丽水学院等等。每年还定期开展全国民族院校蹴球比赛，2008 年全国民族院校蹴球比赛在西南民族大学老校区举办，中央民族大学、湖北民族学院、浙江丽水学院等 20 所本科院校积极参加了这次比赛。经过激烈的比赛，男子单蹴一、二、三名分别由西南民族大学的温泉、湖北民族学院的覃州、浙江丽水学院的李政晓获得。而西南民族大学的吴京彦、中南民族大学的田梅、西藏民族学院的张馨予分别获得了女子单蹴的第一、二、三名。男女混合双蹴一、二、三名分别由云南民族大学、西南民族大学、中央民族大学获得。河北省衡水学院举办了"衡水学院杯"蹴球邀请赛，得到了兄弟省市的大力支持，各地也相继成立了民族训练基地，对蹴球运动的发展起到了极大的促进作用。

蹴球之所以在历史上起起落落，一个主要的原因就是其没有统一的竞赛规则。随着经济全球化的发展，我国民族传统文化受到了世界人民的喜爱，世界上很多的国家和地区都开办了孔子学院，这也给蹴球运动的发展带来了契机，而完善的规则是推广的前提，因此，为了使蹴球运动逐渐实现世界化，必须对其规则进行不断的完善。当然，随着蹴球项目竞赛的开展和广大体育工作者对蹴球运动项目研究的深入，相信蹴球运动规则的完善将指日可待。

蹴球运动虽然成为全国少数民族传统体育运动会的正式比赛项目，但是，在我国民间蹴球运动比赛开展的还比较少。每四年一届的全国少数民族传统体育运动会的影响较大，但是对于蹴球运动来讲周期太长，缺乏民间组织的短周期的单项比赛；蹴球运动是我国少数民族传统体育项目，少数民族文化特征表现的比较突出，在大力弘扬和传承民族文化的今天，对蹴球运动的宣传较少，宣传力度不大，很多地方特别是汉族聚居地，几乎没有人知道蹴球运动；学校是个能够很好的推广蹴球运动的场所，虽然很多少数民族聚居地的学校已经根据自身特点在学校体育课中开展了蹴球运动教学，但是，从全国范围来讲，把蹴球运动纳入学校体育课程的比例不高；蹴球运动虽然在全国少数民族传统体育运动会上开展的较好，但是蹴球运动员的主体通常是在校学生，而学生由于学习压力较大，就限制了蹴球运动的整体技术水平，因为运动员的来源较为单一，所以蹴球运动的后备人才缺乏。

二、蹴球运动的特点与作用

同其他一些近似的球类项目相比，蹴球运动有一个最为突出的特点，那就是融竞技与娱乐于一体。而蹴球运动在古代与现代却有着不同的社会作用。本节对此进行了详细阐述。

（一）蹴球运动的特点

1. 户外性

蹴球与门球运动较为相似，其取胜的技术都是球的碰撞，对抗是以球的对抗方式出现，选手间并没有直接的身体接触，场地都设在沙质土地的户外球场上。不同的是门球以手持球棒击球，而蹴球则直接用脚踹击球。户外活动可以使运动员吸入新鲜空气，接受阳光的照射，改善人体的血液循环与新陈代谢，故自然条件对它的限制也就比较大，如风雨天就无法进行，过于寒冷或炎热也将难以进行。

2. 自娱性

蹴球是非身体对抗的运动项目，人们之间的竞争主要是通过球的碰撞和位置变化来表达的，以智力性和战术性为特色，无需身体的剧烈活动。不像足球、曲棍球、手球那样通过身体的直接对抗来吸引观众，属表演性运动项目，可观赏性较强；而蹴球属于参与性运动项目，自娱性是其主要的特点。

3. 简便性

与足球、台球、高尔夫球以及门球等相比，蹴球则简便多了。技术上由于非身体直接对抗，属于休闲性运动技能，也不要持杆持棒来击球，而是抬腿即蹴，简便易学，也不需要消耗很多的体力，几乎经过短期练习，便可披挂上阵，正因为如此，蹴球运动才能够得到广泛的普及与推广。

4. 大众性

由于蹴球运动具有自娱性、简便性等特点，所以其活动起来"趣在旨中，妙在言外"，它不像足球、篮球运动那样需要运动员具备较高的身体素质，也不像台球、保龄球那样属于高消费的活动；同时蹴球运动又有别于麻将、电子游戏机等不良的休闲娱乐方式。作为一种既高雅又普通的锻炼方式，蹴球要成为我国广大群众体育消费的普及项目是很有可能的，将会在广大百姓的认可下焕发无限生机。

（二）蹴球运动的作用

1. 蹴球在古代社会的功用

从人类历史的发展进程可以看出，蹴球的发展演变与社会生活之间有着十分密切的关系，在生产、生活物资缺乏的社会初期是从踢硬质球开始的，随着生产力的发展，生活物资的富足，软质球逐渐代替了硬质球。现代蹴球运动是由最早的玩石球逐渐发展成蹴鞠游戏，最后经过体育工作者的挖掘整理发展而成的。在整个中国古代体育史上，蹴球运动的作用都是不可忽视的，涉及社会生活的方方面面。

(1)占卜祭祀

从出土的石球文物可以看出，石球最早的用途是占卜。殷商时期，有卜辞："庚寅卜，贞，乎品舞，从雨。"考古学家将其与少室石阙画像拓片结合起来进行分析之后得出结论："这里的舞，就是殷商时期的蹴鞠舞，有舞球，有蹴鞠室，有两队人的比赛"。这里的"品"字，唐豪先生认为是足加球的复文，足在后而球在前，在后面的两足均指对着球，传达的是两人争逐一球的意境，而品和舞像结合为蹴球舞或鞠舞。殷商时期，求雨时人们不论男女，边唱边跳蹴鞠舞，以祈求上天下雨。因而可以说，蹴鞠舞具有十分浓烈的宗教性质，这里的用球应该是石球。

(2)娱乐表演和健身

河南南阳县石桥出土的《舞乐百戏》画像石，一人高髻舒长袖，正在一足蹴一鞠。《鼓图》上有一人双臂舞蹈状，半膝蹴鞠，鼓面右面也有一人击鼓，用左脚蹴鞠，旁边还有三个人演奏乐曲。另外，河南方城县出土的"白打"式蹴鞠画像石、陕西出土的《击鼓蹴鞠》画像石等，都对当时的蹴鞠表演情形进行了生动形象的展示。可见，蹴鞠作为一种较为普及的活动，也具有浓厚的娱乐表演性质，在人们的娱乐生活中占有重要位置，很受各个阶层的欢迎。蹴鞠在百戏中的表现形式也有不同，有的蹴鞠者有音乐伴奏，伴随音乐的节拍表演自己的蹴球技巧，以展现其精湛的球艺为主要目的；也有的没有音乐，直接用精湛的球技娱乐。河南南阳和江苏徐州等地出土的汉代画像石中出现了单人蹴鞠或者双人蹴鞠，应该是以健身为主兼有娱乐的活动。在《东京梦华录》中，孟元老就曾多次提到，春游、给皇帝祝寿、官员过生日、民俗节日等都有蹴球活动开展。一般的人都是“康庄驰逐，穷巷蹴鞠。”权贵则是专门养了一批人以“蹴鞠斗鸡”为乐。汉代膘骑将军霍去病远征塞外时，在缺少粮草的情况下，把蹴鞠当成一种鼓舞士气的手段。到了宋代，蹴球作为一种娱乐活动，已经得到了十分广泛的普及，深受皇宫贵族的欢迎，在百姓中也广泛开展，其中以“筑门”和“白打”开展最多，“筑门”是皇宫贵族宴会的保留比赛项目，而“白打”则在广大人民群众中得到了广泛普及。

(3)竞技比赛

汉代已经有了专门的蹴鞠活动场地，称为鞠城或者鞠域。鞠城是正规的面积很大的固定的蹴鞠比赛场所。在《鞠城铭》中，汉代李尤对其的描述是：“圆鞠方墙，仿像阴阳。法月衡对，二六相当。建长立平，其例有常。不以亲疏，不有阿私。端心平意，莫怨是非。”鞠城是由围墙围成的长方形，两端设有六个向下挖成的半月形的球门（也称鞠室），每个球门前都有一个守门员把守，全场一共有十二个守门员。但对于参加比赛的运动员的数量则没有限制，可以十几个人一起玩，最多可容纳一百多人一起游戏。鞠域则是临时搭建的比赛场地。蹴球多为皮革制成的里面塞满了鬃毛的实心球。有了场地——鞠城，比赛器材球、裁判和判断比赛胜负的方法，以及健全的竞赛规则，蹴球很快就发展成为了一项专门的强对抗的竞技比赛项目。

在古代开展最为普遍的是白打蹴鞠，比赛时不要球门，只需要一块平坦开阔的场地即可，一场比赛的参见人数一般限制在五到十人。在汉、唐时期，白打蹴鞠出现了有球门的比赛形式，根据球门的多少可以将蹴鞠比赛分为“双球门”的直接对抗性质的比赛和“单球门”的间接对抗性质的比赛。

随着社会的发展，在宋代开始出现了以踢谋生的职业球员，另外，这一时期还出现了很多职业蹴球社团，如齐云社、圆社、打球社等。据《武林旧事》记载，齐云社是当时规模最大、级别最高的球会，其有一套选拔球员和参加比赛的规定，并且球会之间还定期进行比赛，这与现代国内联赛存在相似之处。可见在我国古代，蹴鞠运动开展得如火如荼、有声有色，蹴鞠在这个阶段已经发展到了很高的水平。

2.现代蹴球的功用

基于蹴球运动的各种特点，经常参加蹴球运动具有以下作用。

(1)强身健体

作为一项户外运动，蹴球可以使人们有更多的机会来呼吸新鲜空气、享受阳光照射，吐故纳新，加强新陈代谢，增强人体的免疫力。这一点对老人、儿童及那些长期从事室内或地下工作的人来说是必不可少的。蹴球运动强度不大，其动作主要是通过眼睛与腿脚的配合来完成的。人的视觉同中枢神经有着密切的联系。在蹴球运动中，人们通过眼睛来判断方位，设计击球角度，瞄准击球点，因而有利于人们视觉功能的改善，增强眼睛对外界的判断能力。可以有效地缓解伏案工作引起的视觉疲劳、预防老年性脑血管硬化症。蹴球活动主要靠腿的力量击球，蹴球时形成的一腿支撑、一腿上抬前摆的动作，需要腰部、腿部的力量较大，同时还需上体及上肢力量的配合。因此，可以使腰、髋、膝、踝等部位的关节和肌肉得到一定程度的运动，起到利关节、活筋骨的作用，能够对一些老年性关节疾病进行有效的预防，对某些器质性损伤如骨折、韧带拉伤、肌肉损伤、脑血栓后遗症都具有康复疗效。另外，长期从事蹴球运动还可以提高肌肉的弹性和力量，使身体平衡能力得到增强，增进健康。

(2)悦心寄情

从本性上来讲，人是不断追求自由与创造性的。自由、创造性的生活使人的精神充实，有所寄托。一旦生活中失去了自由、创造的条件，人们就要寻求某种"替代物"。无疑，这样的"替代物"中也必然少不了体育运动。人们寄情于体育，从而在竞争的游戏中克服各种心理和生理的障碍，使人自由、创造的本性复归。心灵的建构，是人性塑造的重要课题，蹴球作为一项愉悦身心的体育项目，对于心灵的构建具有极为重要的作用。

(3)开发智力

与同样是以撞击得分取胜的台球运动相比，蹴球包含着复杂的战术意图和对各种战机的把握、对战术组合的选择等智力因素。而这是台球运动所没有的，门球运动与蹴球倒有许多相似之处。经常从事蹴球运动可以使人思维敏捷果断，开发智力。它能够有效地促进人的直觉力、领悟力以及理解力的培养。所谓直觉力就是一种直观感受反应的能力，在蹴球运动中，对方位的判断、战机的捕捉、战术的应用，都是通过直观感受做出的。经常练习可以增强人某一方面的感受力的敏锐度，能够迅速地对外界做出较为准确的反应。所谓领悟力，实际上是通过情感方式对外界的一种整体的把握。蹴球比赛是按顺序轮流上场蹴球的，蹴球动作在一瞬间即完成了，控球的时间是非常短的，能否实现预期目的，除了直觉力外，还受到情绪的选择与指向的影响。蹴球训练和比赛在调整人们情感的同时，也培养了人的领悟力和理解力。蹴球运动具有一定的规则，因此，训练和比赛中要正确地运用规则，理解各种战术的特点，了解本方和对方的优势和劣势，并能根据临场实际迅速地作出有效的战术方案的选择，从而打败对手取得胜利。理解力是重要的智力因素，通过战术性特征明显、以巧取胜为特色的各种体育锻炼可以得到强化，从而起到开发智力的作用。

(4)寓教于乐

蹴球是融竞技与娱乐为一体的运动项目，其中隐含着深刻的教育功能，主要表现在以下三个方面：

①在竞争中强化进取意识和奋斗精神。

②作为非身体接触直接对抗的运动，由身体对抗所引起的亢奋对其的影响较小，使人的智、勇、技等方面的竞争与对抗以间接的方式表现出来，人的情绪受到理智的控制，可以帮助人们在进取、拼搏中建立一种理性的态度。

③其以智取胜，以技取胜，以巧取胜，而不凭借体力夺标的特点，使人们通过训练和比赛，培养出一种高尚、文明的情趣，使人们对自然生命力的崇拜程度降低，建立一种新型的健康快乐的生命价值观。

第二节 高校开展蹴球运动的相关研究

一、我国高校开展蹴球运动的依据

(一)我国高校开展蹴球运动课程的健康依据

任何运动其出发点都是为了维护身体健康，蹴球运动也不例外，蹴球运动也是根据健康的标准(心理健康、身体健康、道德健康、社会适应性)为目的来实现自身的价值。所以我们要根据世界卫生组织对健康的标准，对学校体育的内容进行认真的研究和制定。要担负起这一重任，对于体育教育专业的培养目标设置方面的分析和研究要给予足够的重视，使其更适应社会的发展，更加注重学生的健康情况，从而将"健康第一"的主导思想贯彻落实到其中，这样才能起到促进人文教育和科学教育发展的作用。也就是说，将蹴球课程化不但是将中华民族的传统体育发扬光大，而且对健康教育也是有益的、必要的补充。

(二)我国高校开展蹴球运动课程的实践依据

关于体育教育专业人才的培养要求，其中最重要的是对实践能力、自学能力和社会适应能力以及创新精神的强调，不难发现，这些能力都与实践有着十分密切的联系。蹴球课程属于体育实践类课程，也有其很强的实践性，因为蹴球运动经过专家的挖掘和整理并赋予大量的实践，从而才逐渐被人们普遍接受，被越来越多的人认可和喜欢。再经过反复的研究、整理以及实践后，并结合其它民族传统项目进入课堂的启示和运动训练、体育教学及健康教育教学等实践性的工作。蹴球课程一旦课程化，就要通过积极的活动使它的实践性与未来的社会发展和体育教育实践的要求逐步适应，高校体育院系也要积极的进行社会需求调查，制定出适合当今社会体育发展以及中小学体育与健康教育需要而设置相应的实践内容，使学生的健康意识、实践能力、创新精神和社会适应能力逐渐的建立起来，并不断增强。

二、我国高校开展蹴球运动课程的必要性分析

在高校开展蹴球运动，可以使学生在进行蹴球练习的过程中逐渐认识和了解到蹴球运动的文化内涵与健身价值，同时通过它还可以结识朋友和团结互助，培养学生的顽强、勇敢、抗挫折能力、团队合作的意识和进取精神，发展学生个性。自 1999 年蹴球被列为全国少数民族传统体育正式比赛项目以来，蹴球运动得到了较好的发展，不仅成为人们十分喜爱的传统体育项目和全民健身项目，而且已登上了竞技体育的舞台，并以代表队训练、竞赛的形式进入了许多学校和社区。我们相信，在不久的将来，蹴球运动一定会有进一步的发展，成为高等学府普遍开设的体育项目。

(一)我国高校开发与设置蹴球运动课程能够有效地推动体育教学改革

教育部基础教育课程改革有条不紊的推进时，着重强调要增强对地方、学校和学生的适应性，也就是说新一轮基础教育课程改革的重点是地方课程的管理与开发。在我国很多地区，目前的经济现状和体育健康意识还不是十分先进，因此，将地方课程或民族传统项目作为特色课程进行开发，对于课程资源和教学内容的丰富具有十分重要的作用。我国各高校体育教育专业开设蹴球课程，具备这些课程的资源优势，换句话说，就是将蹴

球课程化不仅是学校体育教学改革的一个有益补充，激发和调动学生参与练习的积极性，而且将原生态的体育项目和文化内涵纳入课堂中，为学生了解民族文化、感受民族大家庭丰富多彩的文化生活提供了更多的机会。从而将健康教育中的快乐体育和终生体育很好的贯彻到体育教学中，使学生形成良好的终生锻炼的习惯。为此，教师对现有的民族传统体育的发展势头进行充分的利用，引导学生走出教室，到户外去、到阳光下、到大自然中，充分利用一切可用的资源，在社会的大环境里感受、健身和学习。与此同时，将蹴球课程化还有利于促进学校体育与社会发展相适应，推动学校体育的改革。

（二）蹴球运动对场地、器材、年龄、性别等要求不高

蹴球运动其动作文雅，智体结合，强调配合，充分体现了中华民族的和谐文化。当然开设蹴球课程是需要具备一定的条件的，诸如场地、器材等，由于目前大学基本上都在扩招和扩建，大量的运动场地可以说是应有尽有，蹴球运动不像篮球、足球、排球等项目那样要求比较严格，只要有一块10米×10米的平地就可以练习；练习蹴球者在年龄与性别上是没有限制的，练习者可以是一个人也可以是集体；可以是男人也可以是女人；可以是大人也可以是小孩；因此练习者可以同不同年龄段的人一起享受蹴球运动带来的乐趣，使彼此之间形成和谐的关系。蹴球练习的运动量大小可根据需要调节，只需根据健身或比赛需要适当用力即可。它适合男、女、老、少，有时女子蹴球比男子甚至还要好。在如今飞速发展的社会里，职业、任务和爱好这些曾一度被视为男性或女性各自专有的东西，现今它们之间的界限已经没有那么明显了，蹴球是老少皆宜的一种娱乐健身项目。

三、对我国高校蹴球运动课程的定位分析

（一）蹴球课程目标的设置

以课程目标的理念为指导，在认真总结其它课程目标的基础上，要结合教育部高校教学要求认真理解和分析本校的课程设置，再结合当地的实际情况，设置有地方特色的课程是当务之急。在当今社会，随着社会经济的不断快速发展，社会对于人才的需求越来越呈现出多样化的特点，所以高校在课程价值取向上要日趋多元化，蹴球作为中华民族的体育明珠必将作为普通高校体育专业课程体系的一部分。为了弘扬民族传统体育，为了将蹴球运动继续流传下去，将蹴球课程化不仅是对它的继承和发展，而且更重要的是让学生了解其文化内涵，达到一种健身健心、爱家爱国的民族精神的形成，所以在确定蹴球课程的目标时一定要与实际的社会需求结合起来，即要遵循课程目标的复杂化和多样化，更要遵循课程目标设置的原则及要求。

认知领域、情感领域和技能领域是课程要达到的最基本的目标，而蹴球课程目标要根据以上要求，通过认真分析和研究，确定比较适合蹴球的课程目标，并将其完整化。要

根据课程目标设置的特点考虑蹴球课程设置，力争做到科学发展、与时俱进。在进行了仔细的分析与研究之后，我们认为蹴球课程具有以下一些总体目标：使学生了解蹴球的相关知识、特点、文化内涵，认真学习并掌握蹴球课程的基本技、战术，学会科学锻炼的方法，增强体能水平，使学生的体能、心理、知识和合作都达到良好状态；正确处理竞争与合作的关系，同时对学生的抗挫折能力、团队合作的意识和进取精神进行培养，并不断发展，发展学生个性；具备社会指导和体育教学的能力等。

（二）蹴球课程的内容设置

根据课程内容的概念解释，课程内容在组织和选择以及课程评价与课程目标上是相互联系的，在设置蹴球课程基本内容时需要对蹴球课程设置的基本价值进行仔细的考虑，遵循课程设置原则与要求来初步确定，也就是说蹴球课程内容的选择要注意课程内容的基础性，蹴球课程内容的选择要适应现代社会，同时还要与学生体质发展的特点相适应。蹴球课程在内容设置方面应该借鉴其它民族传统体育项目进入课堂的成功经验，比如：武术等。在查阅了大量资料后我们认为蹴球课程的内容是由理论部分和实践部分组成的。其中理论部分的知识应该包括蹴球运动简介与欣赏、蹴球运动功能与特点、蹴球运动教学（包括特点、过程、方法等）、蹴球术语、蹴球的自我练习与评估、蹴球比赛的组织与裁判。而对于实践部分，其内容主要包括蹴球运动的基本技术、蹴球运动的组合技术或战术、蹴球的防守与反攻技术、蹴球的训练与比赛、基本能力的培养等。

随着教育部高校教学改革的不断深入，特别是高校体育专业的招生范围由以前的只招收理科生到现在的文、理科都招收，我们认为蹴球课程在不同专业中的设置大体相同，因为蹴球运动量并不大，也没有身体对抗，而且动作简单易学，因而对于身体素质相对较弱的学生来说更加适合，如社会体育专业、运动人体专业等，所以要根据本专业的实际情况和人才培养目标以及要求，相应的要在蹴球课程设置上做出适当调整。

（三）蹴球运动课程的性质

蹴球在我国是一项古老而又崭新的项目，1999 年被列为全国少数民族运动会的正式比赛项目，因此，我国各高校体育教育专业开设蹴球课程是与社会发展的需求相适应的，不仅弘扬了民族的传统体育、加强了学科建设、拓宽了学生的视野，而且是对濒危传统体育项目的保护、完善和推进。目前我国已经培育出了一大批的蹴球运动员和裁判员，他们大都是在近几届的全国少数民族运动会和地区蹴球邀请赛中培养出来的。而对于蹴球课程设置的方式，可以根据不同地区的学生特点来选用特色课、选项课、专修课（体育专业）、训练课等；当然也可以扩大到全校学生，选用选项课或选修课等课程设置方式。蹴球运动近十年发展速度相当快，但是作为一门课程来说还是比较新的，目前有些高等院校和中小学已开设蹴球课程了，但还没有现行的《蹴球》教材，也没有现行的教学大纲，其课程基本上都是根据竞赛或训练队的要求而进行的，在教学目标、方法、模式上都还不成熟，有待进一步完善。但是由于我国拥有着大量的蹴球方面的人才，在高校体育教育专业开设蹴球课程困难相对来说是比较小的，因此，根据实际情况，加强蹴球方面的知识文化的研究，对其它民族传统项目课程化的经验进行认真总结，切实把蹴球课程化作为加强民族传统学科建设和对其有益的补充。

（四）蹴球运动课程的教学方法与考核

根据教学方法的概念解释，同时结合其它传统体育项目课程化的经验总结，蹴球课程在教学中要根据学生的身体素质、技术动作的难易程度等条件采用不同的教学方法，这和其他体育项目都是一样的。具体来说，就是在蹴球教学中一定要抓住重点，使用恰当的教学方法，而且根据对象的不同和技术动作的不同合理的组织教学。在考核方面要注重将理论与实践结合起来进行，这样即重视了对蹴球基本文化知识与方法的了解，又注重了学习能力与态度。各学校根据培养目标和本地区、学校的实际情况，参考其它民族传统体育项目（比如武术）的考核办法，对考核的内容、比例与办法等进行自主确定。尤其是在民族地区开设蹴球课程对此更应该重视，考核方面：理论知识占 30%，技术部分知识（包括教学比赛等）占 40%，规则与裁判法占 20%，平时（包括考勤等）10%。在考核中对于学生在教学过程中对蹴球知识的掌握以及学习的态度要特别的重视，加强民族精神等方面的培养，使其达到良好的效果。

四、我国高校在开发与设置蹴球运动课程中存在的问题及解决策略分析

（一）我国高校在开发与设置蹴球运动课程中存在的一些具体的问题

①目前还很少有高校开设蹴球课程，此外，蹴球教学大纲与《蹴球》教材也不完备，当然就很难完成蹴球课程的计划。

②随着我国全国少数民族传统体育运动会的不断开展，蹴球运动也相应的得到了很好的发展，但是在高校还是缺乏蹴球课程教学方面、科研方面的师资力量，这就对于我国蹴球课程的普遍开展造成了很大的阻碍。

③领导重视程度不高，人才培养目标不明确。目前，蹴球方面的人才大都是在某一比赛时集中学习或训练培养的，高校培养蹴球专业人才的作用还没有得到很好的发挥。

（二）我国高校在解决蹴球运动课程开发与设置过程中的问题时采取的具体措施

①加强研究室的作用，对于认真研究民间体育的相关研究人员进行积极的鼓励与支持，特别是有关蹴球方面的史料的研究，以便从中取得重要经验和精髓。

②积极培养蹴球方面人才，重视现有的蹴球方面的人才。要积极参加蹴球研讨会和各种大、小型的蹴球比赛，对蹴球规则的发展变化有一个清晰的了解与认识，学习和借鉴

国内先进的蹴球教学训练方法。

③对于蹴球的市场导向进行认真研究，加强对优秀蹴球运动员的指导性训练，积极引导社区或民间蹴球爱好者进行交流，学习宝贵经验。

④重视全国、地区少数民族传统体育运动会以及其他大赛对蹴球运动的弘扬与发展。

第三节　我国开展蹴球运动的意义

一、推动全民健身运动的开展

蹴球运动有着悠久的历史和显著的民族文化特征，是中华民族传统体育的瑰宝。蹴球运动是在对民间体育游戏进行挖掘与整理后形成的一项运动比赛，是我国的一个传统民族体育项目，它融娱乐性、运动性、智力性、竞赛性为一体，是一项文明、高雅、细腻、灵巧的体育运动。经过长时间的演变与发展，蹴球运动已经形成了比较完整的规则。自1999年蹴球被列为全国少数民族传统体育运动会的正式项目以来，就成为全国少数民族体育运动会中参加人数、比赛场次较多、最引人注目的项目。

发展到现在，蹴球运动已经在全国范围内奠定了一定的群众基础。它所需的场地面积小、器材简单，既是竞技项目又是健身项目，适宜男女老少不同人群，极具健身价值。经常参加蹴球比赛可以促进人的平衡、力量、耐力等身体素质的提高，起到强身健体的作用，同时还有利于人们坚毅、果敢、勇于战胜困难的意志品质的培养与形成。蹴球运动也具有很强的观赏性，一局精彩的比赛，不论是参加者还是观看者都能得到巨大的享受。因此，蹴球运动是全民健身运动中的一个理想项目。

二、弘扬优秀民族传统文化

中华民族体育文化以内容丰富、层次较高的传统体育活动形式，为人类民族体育文化的发展作出了杰出的贡献。我国伦理型文化对于民族传统体育也造成了很深的影响，重人伦、重道德。传统体育将体育视作一种培养人遵从礼仪、修持情操的手段和体现“仁”“礼”的方式。对于中国传统体育而言，遵从礼的规范、实现道德的升华是其竞赛的首要任务。在蹴球运动中比赛双方依次轮流上场进行蹴球，彼此间不会发生直接的身体接触，具有固定的上场顺序，所有运动员比赛机会均等，在对方运动员进行蹴球时本方运动员总是退于场外，这与我国民族传统体育“仁”“礼”的精髓一脉相承，将中华民族传统美德发扬光大。

蹴球运动沿袭了中国少数民族体育关注审美性、共娱性、参与性的本质精神。无论输赢，都被看作是对人生的磨砺，对生活的热爱，对人格的完善。而这是与中国少数民族体育文化以和为贵的和谐原则相适应的，先人后己、先社会后个人的集体主义，重视人伦的责任意识，天人合一的生态观念，与自然环境协调、与日常生活均衡的发展观。人类社会进入后工业社会以后，中国传统体育在缓解人类精神紧张、抵御现代“文明病”、维护人类固有的相对稳定的生理功能和增进健康方面，将会发挥更大的作用。

三、促进全国各民族大团结

中华民族的体育文化资源是非常丰富的，《中华体育志》中收集到 55 个少数民族的传统体育项目就有 676 项，此外还有 301 项汉族的民间体育项目。蹴球这项运动历尽几千年的起伏跌宕，不管其形式、规则如何变化，仍以其独特的方式在中华民族传统体育中占有一席之地，说明它有着强大的生命力，也极具推广价值。

体育竞赛是不受社会意识形态、文化传统以及语言的限制的，它可以将不同观点、不同宗教信仰、不同肤色和种族的人们聚集一堂，进行公平、友好的竞技角逐。对于蹴球运动而言同样如此，它既是文明高雅、观赏性强的竞技项目，又是科学合理、娱乐性强的健身项目，它是我国 56 个民族共同的财富。我国每四年举行一次的全国少数民族传统体育运动会，能够促进全国各民族之间的团结，是民族体育与文化的交汇融合，56 个民族相约相聚、各少数民族兄弟姐妹欢聚一堂，共享和谐的盛大节日，蹴球同其他体育项目一样在这个舞台上展示了少数民族传统体育文化的动人魅力，能够积极有效地促进全国各民族之间的大团结。

“民族的才是世界的”，在经济日益全球化、文化日益本土化的今天，我们要对蹴球运动规则进行进一步的完善，通过学术性的研究赋予它更加科学的训练手段和方法，扩大蹴球运动的推广普及，使之真正成为一个科学的健身项目，发挥弘扬优秀传统文化、促进各族人民大团结的作用，促进其成为世界人民的共同文化的进程。

第四节　蹴球运动的发展路径

一、民族传统体育运动会中的发展路径

（一）民族传统体育运动会传承现状

在蹴球运动从小到大，从简单到复杂、从旧到新的较长时间的维度上，国家民委、国家体育总局和相关科研人员投入较大的人力、物力、财力来整理、挖掘蹴球运动，使蹴球

运动成为一项具有统一的场地器材、完善合理的竞赛规程、标准裁判员的一项体育项目。蹴球承载着中国古代不同历史时期社会意识形态、价值功能和丰富的中华传统文化思想，通过民运会的舞台被人广泛得知，使蹴球这一古老的少数民族传统体育项目得以传承下来，蹴球项目也从民运会由最初的8个代表团组队参赛，发展到今天有29个代表团上千名运动员参赛的重要项目，逐步成为个省区市自治区民运会的正式竞赛项目。蹴球运动作为全国少数民族传统体育运动会竞赛项目，受到了西方体育竞技性的影响，蹴球的竞技性更加突出，竞争与胜负也变得更加残酷与现实，众多参赛选手们会通过专业的集中训练来提高自身的蹴球技战术水平从而达到比赛时获得优异成绩的最终目的，教练员会采用不同训练手段来真对选手的特点进行科学的指导与连续。在集中的专业训练中专业指导员把自身蹴球技能传授给运动员，就此形成了新的师徒传承机制。民运会蹴球项目代表着本地区蹴球运动的最高水平，通过民运会这样的传承方式也主导着蹴球运动的发展。

（二）影响蹴球运动竞赛发展的因素

1. 赛事开展缺乏系统性

蹴球项目作为全国民运会和各省级民运的竞赛项目，主要是在每四年一届的全国少数民族传统体育运动会中得到开展，其影响力均停留在民运会时期，但是对于蹴球运动的发展来说，这样的的循环周期太长，缺乏系统性赛事和周期性训练。以第十一届全国少数民族传统体育运动会贵州代表团为例，其参加蹴球项目的4名选手，两名为在读体育专业大学生，一名为体育教师，一名为行政单位工作人员，两名体育专业的大学生是在全国民运会之前的贵州省民运会中选拔出来的，在参加省民运会之前受老师要求临时学习了蹴球就参加了比赛，另外两名选手同为贵州省体育运动学校的学生，其主项均不是蹴球，在体校学习期间间接的接触了蹴球并连续两届代表贵州省参加全国民运会蹴球项目的比赛，在非民运会备战周期，基本上很少从事蹴球的相关活动。在非省内民运会和全国民运会时期，基本上很少从事蹴球的相关活动。据了解大多参赛选手均存在类似情况。

我国目前蹴球赛事整体数量偏少，主要是全国民运会、各省区市级民运会，学校运动会、社区民俗游戏活动等，在不同地区开展蹴球竞赛情况均有不同。数量有限的参与者在有限的业余空闲时间，可供选择参与的蹴球赛事也是有限的，据调查，蹴球赛事开展的时间普遍设置在寒暑假期间，这一期间不同地区人口流动较大，参与者需要放弃本身对假期的规划，来参与到蹴球活动中，造成赛事开展间隔周期较长，在参与日常的闲暇时间内没有参与蹴球赛事的机会。一些赛事在筹备之初，没有合理的规划赛程时间，没有具体的举办时间，必然会降低一些赛事的参与度。各个级别蹴球比赛的赛事水平、规模、功能不尽相同,面向的社会大众群体也存在不对应关系明显,受众人群十分有限的问题。赛事开展的竞技水平虽自上而下,但参赛选手存在着较大竞技水平的差异,参加了全国民运会的优秀运动员也可以参加较低级的民间蹴球赛事,比赛实力的悬殊,对水平不高的参与者的自信心和积极性带来影响。由于一些赛事的组织不规范、组别设置不合理、竞赛规程的不完善,赛事缺乏系统性的长期规划限制了蹴球赛事自身的良好发展,同时也消耗宝贵的社会资源,导致丰富的赛事资源不能合理整合利用,服务于我国蹴球运动的整体发展。

2. 竞技化、政治性突出

传统蹴球作为民俗游戏以最初始最广泛的形态,具体而又深刻地反映当时人们的物质生活水平,思想意识和精神价值取向,参与者通过蹴球达到身心与精神健康的目的。由于传统蹴球的大众性、稳定性使其成为了满、回、蒙等北方少数民族之间进行民族文化交流传承、促进民族认同、加强民族团结的重要途径之一。在现代体育为主导的世界体育发展模式下,竞技性特点尤为突出的民运会竞赛项目,现代蹴球赛事常常成为有商业因素和政治目的的复合体。在商业利益的影响下,选手们为了获得更高的名次奖金,其参与的目的已经变为追求最大利益的现实目的,同时选手也代表不同的群体或是不同的地区,一些蹴球赛事的比赛场地上已经成为展示运动员团队或展示运动代表的当地政府实力的秀场。民运会是一个增进各民族之间交流,增进民族团结的舞台,不应该成为政府干预指导下带来政绩,也不是个人追求名利的地方,这种在竞技化、政治性与民族传统体育的发展背道而驰。蹴球原本的"娱人"、"育人"功能的逐渐淡化,取而代之的是最后对比赛的关心只停留在比赛结果,忘记了参加这项活动的初衷是加强民族与民族、人与人之间的情感联系,使其功利性、竞技性的目的过于突出。

(三)对民族传统体育运动会发展路径的思考

1. 扩宽竞赛渠道,建立运动等级制度

各类蹴球竞赛是展示蹴球运动最好的平台,是检验运动员训练竞赛水平的重要途径,是培养蹴球后备人才提高蹴球项目社会影响力的重要途径。当前我国蹴球竞赛的开展缺乏明确的发展目标,在赛事开展的整体上存在组织不规范、组别设置不合理、竞赛规则不够完善,赛事的发展缺乏系统性和层次性。要扩宽蹴球的竞赛渠道需要依靠国家级地方相关部门的主导引领,结合不同地区的实际情况制定针对性的政策、法规。组建高效科学的赛事管理运营团队,加快建立蹴球运动员、教练员、裁判员等级制度标准设定,积极地与高校、科研机构开展合作扩宽蹴球竞赛渠道。为推动蹴球进校园,全民健身等国家发展战例做出贡献。

2.避免竞技异化，增强人文关怀

蹴球作为民运会竞赛项目人们一味地追求其竞技体育价值，导致蹴球运动竞技性、政治性、功利色彩增强。作为少数民族传统体育球类项目的重要单项，要避免单一目的性竞技体育的异化，在追求多元的竞技体育价值取向的同时，要发展更加多元的竞赛方式。坚持民族传统体育中以人为本、秉承尊重自然的价值内涵，淡化竞技体育的功利色彩，认同个人的价值地位。在规则制定、运动员的心理培养以及训练体制等方面，真正从人的全面发展的角度出发，回归民族传统体育的价值理性和工具理性。

二、群众体育中的发展路径

蹴球运动在群众体育现状分析来看，目前蹴球项目通过群众体育的开展过程中，由于不同时代、年龄、族群对待蹴球相关文化活动所表现出在思想、情感、行为、价值观念等方面存在分歧。一类参与主体对蹴球的态度是保守传统传承，具有一定的文化自信和相对老旧的观念；一类参与主体把蹴球运动看做我国民族传统体育传承与发展中的一种责任，在政府和社会的影响下将蹴球运动的传承与发展作为自己的一份责任；另外参与主体对蹴球活动的认知尚且被动，被许多现代体育项目所吸引，缺乏文化自觉与主体自觉性。在这三类参与主体中相互直接缺乏交流与沟通，更多的是各执己见，反映出蹴球活动在群众体育中开展冲突化的特点。

(一)影响蹴球运动文化传播的因素

蹴球运动在其发展的过程中，我们不难发现通常所学习练习的都是蹴球运动技能技法，虽然蹴球是一项单一项目的体育运动，但其拥有悠久的发展历史和与中国民族传统文化思想的相关性并且蕴含散发着深厚的文化内涵。蹴球文化固然是蹴球运动的核心内容，在群众体育的代际互动中，青年人群作为蹴球运动传承的核心群体对蹴球运动产生了认同危机。在长期现代文化与外来文化的冲击下，逐渐开始对原有传统文化的认同弱化，致使蹴球运动在发展传播过程中文化传承的缺少。事实上，相比于蹴球所蕴含的核心的精神文化价值，表面现象与动作技能会更容易被参与者所接纳，这样简单的认知直接的对蹴球运动产生思维定式会造成蹴球文化在传承过程中的缺失，这种重形式轻意义，重技术轻文化的传承现象很大程度的制约了蹴球向更高的舞台发展和文化传承。

(二)对群众体育中发展路径的思考

1.提升文化自信与影响力

蹴球文化的形成与演变经历了时代的考验，蹴球不仅是传播传统体育文化的载体，也是中国传统文化哲学思想的高度浓缩，是蹴球运动在民族传统体育文化交往中赖以生存的生生不息的生命力，是中华民族传统文化的重要组成部分。在社全球化进程和现代体育文化的冲击下，其传统价值功能逐渐弱化，其文化传承日渐示弱。蹴球文化的传播需要在各民族文化的交流与融合中，形成自身文化特色，提升文化自信，增进文化认同，扩大文化影响力。

2. 走进大众生活，夯实群众基础

随着自媒体时代的到来，为我国民族传统体育文化的传承与传播提供了新的途径，对于少数民族传统体育文化走进社会大众生活起到积极作用。蹴球运动在群众体育中发展要加快蹴球运动的信息化，网络化布局，扩大蹴球相关图书、影像等媒介的发行与出版。在宽广的传播渠道中，更加高效，便捷的走进社会大众的生活中，夯实群众基础。

三、学校体育中的发展路径

（一）学校体育传承现状

学校体育作为蹴球运动最稳定的传承方式，是对蹴球运动传承与发展最为必要的途径。青少年儿童是祖国的花朵，是民族发展的未来。当前我国儿童青少年体质健康状况不容乐观，青少年儿童缺乏民族使命感，传统文化意识淡薄。学校体育是健康教育工与儿童青少年体质健康体系的重要组成部分，传承与弘扬中华民族传统文化是中华民族儿女的民族使命。

蹴球运动在学校体育现状分析来看，目前我国蹴球运动包括高等院校、体育运动学校以及地方特色民族中小学得到开展。由于我国教育体制的影响，不同的教育阶段与教育功能所表现出开展特点也不尽相同。

（二）影响蹴球课程资源开发的因素

1. 课程教材的不完善

蹴球运动在经过多年的发掘与整理得到了良好的传承与发展，蹴球理论研究隶属于民族传统体育的研究内容也符合体育人类学的研究范畴，目前我国有关蹴球的理论研究是以历史学和社会学为框架导向，对蹴球的历史起源和社会现状进行分析，大多停留于对其必要性的理论阐述，对蹴球的文化人类学研究尚少而无力。应用性研究趋向于专业性较强的民运会竞赛标准，更多的服务于全国高校体育类专业和民族体校的课程教材。

2. 学生对蹴球运动的兴趣程度不高

兴趣是爱好的老师，也决定了学生能否全身心的投入与蹴球运动的课堂教学。学生日常生活，学习中受到现代竞技体育的耳濡目染，接受现代体育的教学内容与教学模式，往往只在民俗活动或民运会的相关报道中才能了解到民族传统体育的相关信息。在现代体育项目的冲击下，我国民族传统体育项目在学校体育中的开展，受到了诸多因素的限制，学生缺乏传承民族传统体育的使命感，对民族传统体育项目的兴趣程度不高。

(三)对学校体育中发展路径的思考

1.丰富深化理论研究

蹴球运动的实践内容不仅丰富多彩而且具有文化资源的独特性从物质特征层面,认识论认为"实践是认识的来源,实践是认识发展的动力",任何一项实践活动都离不开科学理论知识的支撑,事物的进步发展同样也离不开科学系统丰富的理论基础。民族传统体育文化是一种实践哲学,注重主体的外在价值,诸多民族传统体育项目都趋向于经验性的技艺精髓,由此可见全面深入蹴球的技术应用体系研究和理论研究,深化全面系统的蹴球理论体系,注重以理论为依托是推动蹴球发展的重要保障。结合我国素质教育特点、学生的运动需求和学校体育实际发展规律出发,在已有理论基础上创编符合中小学生的蹴球教学大纲,规范系统科学的在学校体育中广泛的推广与普及。

2.创新项目趣味性

蹴球运动需要不断创新、丰富项目形式与内容。在学校课程的开展中,可把参与、合作、创新精神作为培养学生兴趣的重点,让学生在参与中体验蹴球项目的民族特色与文化内涵,向学生传递相关蹴球知识,运用多媒体等手段促进学生了解感知蹴球项目知识,创新出符合学生兴趣爱好的蹴球游戏与竞赛模式以满足学生对多元化、生活化、个性化的体育精神价值追求。

第四章　蹴球运动技战术与心理训练

第一节　蹴球的基本动作

蹴球运动的技术动作基本属于单一动作结构，其技术可根据比赛需要而使用不同的力量，但基本的技术动作是一致的。蹴球技术的基本要求可概括为“姿势要稳，瞄球要准，出脚要有控制”。

一、蹴球时的基本站位

蹴球时的站位很重要，它关系到运动员是否能进行一次成功有效的进攻，因而在教学和训练中应该强调站位，并多花时间在练习基本动作上。

蹴球时正确的站位：运动员应在瞄好线后，站在攻击球的后方，面向目标球的方向，与将要进攻的路线保持在同一方向。

二、蹴球时的身体姿势

蹴球时必须要保持身体姿势的正确，如果没有正确的身体姿势，就会导致身体重心不稳，进而影响进攻的效果。

蹴球时正确的身体姿势是：两脚一前一后站立，两脚间的距离视运动员个人的情况而定，但必须要保证身体重心的稳定。站在后方的脚适当外开，与身体中轴约成 30 度角，前方脚的方向与进攻方向保持一致。两手可以自然下垂，可以叉腰，也可以背手，视个人习惯而定。

第二节　技术与战术能力训练的基本内容

一、技术与战术能力的基本理论

（一）运动技术

1. 运动技术的概念和特征

运动技术是运动员竞技能力的重要因素，为一既定目标而合理、有效地完成体育动作的方法。运动技术与体育动作不可分割，这是运动技术区别于其他技术最显著的特征。运动员的动作技术只能通过身体动作表现出来，所以，运动技术又被称为"技术动作和动作技术"运动技术一般具有以下四个方面的特征。

第一，运动员的运动技术一般会表现出相对稳定的动作结构，但在比赛中，运动员可能会根据比赛环境和对手的变化对动作技术有所调整，也就使运动技术表现出一定的即时性。

第二，随着科学技术和营养手段的提高，运动器械设备改进和运动员的身心素质不断发展，运动技术也处在动态发展过程之中。

第三，运动技术是运动员运动能力的综合体现，一个运动员的运动技术需要生理、心理等各方面能力的配合才能有效发挥。

第四，由于个体在身体形态、运动素质等方面的差异性，不同运动员的运动技术也会表现出不同的水平特征。

2.运动技术形成的条件

各运动项目中的运动技术复杂多样，难度大、要求高，对其形成的条件要求也高。

影响运动技术形成的条件是多方面的，基本包括：运动员、教练员、训练条件及运动技术自身四个方面。

运动员方面主要包括：运动员的身体条件，运动素质发展水平，对训练所持的态度，各种感觉能力，神经系统控制肌肉和各器官系统的水平，智能发展水平以及心理状态。

教练员方面主要包括：教学训练的经验，工作态度，训练的科学知识和方法，对运动技术的研究和掌握程度及对训练对象的了解。

训练条件方面主要包括：训练的环境，场地器材设备以及适宜的气候温度。

运动技术自身方面主要包括：技术的复杂性，难易程度以及是否符合生物力学原理。

只有上述各方面的条件具备，并通过科学的训练，才能使运动员掌握运动技术，达到精益求精、娴熟、运用自如的程度。

3.运动技术原理

(1)心理学原理

目前，运动技术的心理学机制受到人们广泛关注。如运动技术的形成所需要的心理能力、认知心理的形成与发展，表象的形成与运用等对学习和掌握运动技术起着重要作用。

(2)生物力学原理

运动生物力学认为，运动技术的生物力学原理是以下基本要素合理适宜匹配的结果，即身体姿态，关节角度；身体及肢体的位移、运动时间、速度及加速度；用力大小及方向，用力的稳定性及动态力的变化速率；人体各环节的相互配合形成的方式；增大动力的利用率及减少阻力的技巧。

(3)社会学原理

运动技术服从的社会学原理主要是美学原理。技术美、动作美构成“运动美”。在体操、花样滑冰等以表现难美类项群的技能主导类项目训练和比赛中，对技术美的要求是极为严格的。

4.运动技术分析

技术训练的首要问题是技术分析。每个教练员、运动员在实施技术训练之前都应对动作技术进行深入的研究与分析，明确动作的技术要领与方法，掌握其规律性。在技术训练过程中也要不断地对运动员掌握技术的情况进行研究与分析，及时地判定运动员完成动作的情况，通过与正确技术的对比，预防与纠正错误，使技术向理想化方向发展。

(1)技术动作特征

技术动作特征基本上可分为两大方面，即动作的数量特征和质量特征，这两方面的特征是相互密切联系的，但却可以分开来单独进行测量和研究。

(2)技术分析方法

①生物力学分析法

这种方法是以生物力学、人体解剖学的原理为依据，对技术动作特征进行分析的方法。这种方法要对技术动作进行必要的测量、计算，并以精确的定量数据进行分析，具有准确、可靠、说服力的优点。但是，它需要大量的人力、物力及时间，而且需要分析者具有生物力学、解剖学、数学等方面的知识。此外，还需要实验的地点与必要的实验条件。因此，目前在训练实践中还难以广泛利用。但是，作为科学研究或对个别优秀运动员进行技术诊断却是十分必要的。

②简单的观察方法

这种方法要求教练员、科学研究人员对运动员实地练习中完成技术动作的情况进行观察，然后与正确技术模式进行比较对照，从中找出错误，并分析产生的原因。它虽然只能进行粗略的估计与分析，但是由于它可随时运用，简单易行，不需过高条件，因而被广泛使用。这种方法运用的准确性，在很大程度上取决于分析者的经验和知识，有经验和水平较高的教练员利用这种方法也可取得令人满意的结果。

简单观察方法分析技术动作有两种做法，即在运动员完成动作时直接观察分析和借助电影、录像等技术间接观察分析。

除了常用的简单观察法和生物力学分析法外，还有从神经生理和对技能的感知与心理方面的描述进行的分析。这是从神经、心理对技能控制的角度进行的分析，是一种超越单纯的生物力学因素，而从深刻的技能控制源上去分析和探索运动员的技能表现，及其产生错误技术的原因的分析方法。

（二）运动战术

1. 战术的类型

依据不同的标准可以将现代运动的战术分为不同的类型。

(1)依据在比赛中执行战术的人数分类

依据在比赛中执行战术的人数，可将现代运动的战术分为个人、小组和集体（全队）战术。

个人战术是指个人所完成的各种战术行动。在技能类一对一的对抗性项目中表现尤为明显。例如，拳击、摔跤、网球的单打等都是通过个人的战术与对手较量的，这时运用的战术就是个人战术。

小组战术是指全队在比赛中两三个运动员之间的协同配合所完成的战术行动。无论是体能类还是技能类的集体项目（包括双人）都存在着小组战术。例如，羽毛球、乒乓球、网球等双打项目一般采用的都是小组战术，运动员彼此间的体力、技术和战术以及心理因素协同配合形成了他们的战术行动。

集体（全队）战术是指由集体中的每个人的战术行动，按统一的方案所进行的合理配合所组成的战术行动。在集体对抗性项目中集体战术显得非常突出，合理有效的集体战术往往是取得胜利的关键。

在集体项目中，个人、小组、全队战术是紧密联系在一起的，个人战术是小组战术和全队战术的基础。只有当一个队是团结的集体，队里的分工既符合全队的任务，又符合每个运动员的个人能力和特长时，集体战术才能有效。同时，有效的集体战术还必须合理地运用预先掌握好的战术配合，并对比赛过程中突发的情况迅速做出果断的决定。

(2)依据战术表现的特点分类

依据战术表现的特点，可将现代运动的战术分为阵型战术、体力分配战术、心理战术。

阵型战术是在集体性项目中以一定的阵型，使每个运动员有一个相对的位置分工，并按一定的要求相互配合，从而构成一个完整的阵营形式去战胜对手的战术行动。例如，篮球运动中的二三联防阵型等。

体力分配战术是指通过体力的合理分配而取得胜利的战术行动。例如，在马拉松比赛中对运动员各个时间段的体能消耗的分配就属于体力分配战术。

心理战术是通过一些特定的方式和措施，造成对对手心理上的影响，而争取比赛胜利的战术行动。对一些技术性强的项目，心理战术更显得重要，如考虑体操比赛运动员出场的顺序时，第一名上场队员在比赛中的成功与否对后面队员的心理状态影响很大。

(3)依据战术的攻防性质分类

依据战术的攻防性质，可将现代运动的战术分为进攻战术和防守战术。

进攻战术是指利用掌握主动权的机会，通过个人的努力和集体的巧妙配合，对对方发动主动进攻所组成的有目的的战术行动。

防守战术是指在个人或全队退守的情况下，通过个人、小组或全队的努力与协同配合，为达到阻碍对方进攻，夺回主动权所采取的有组织有目的的战术行动。

进攻与防守战术主要运用在命中类的设防项目、制胜类项目和得分类项目中。在这些项目中，由于竞赛有着强烈的对抗性，因而，无论是个人项目还是集体项目在整个比赛中，始终处于发挥与反发挥、限制与反限制的激烈竞争之中。这样就迫使比赛的双方尽可能采用进攻战术达到以己之长，攻彼之短，或运用防守战术来限制对方之长，争取主动，夺取比赛的胜利。

2. 战术在运动训练过程中的地位

战术是根据比赛双方的情况，正确地分配力量，充分发挥己方特长，限制对方特长，为战胜对手而采取的合理有效的计谋与行动。

战术训练是运动训练的重要内容。运动员的战术训练水平是构成其整体竞技能力的不可缺少的因素。一个运动员(队)的比赛成绩，除了取决于身体训练、技术训练、心理训练、智能训练和思想作风训练水平外，还取决于其战术训练水平。通常在运动训练过程中，把运动员根据项目特点，个人训练水平和比赛条件合理地调控竞赛过程的能力理解为战术训练水平。比赛过程中战术的作用就在于把运动员已获得的身体、技术、心理、智能等训练水平，根据比赛双方的具体情况合理运用，充分发挥。

在技能类对抗性项目中，如篮、足、排球，比赛双方始终贯穿着发挥与反发挥、制约与反制约的激烈竞争。比赛双方为了力争主动，总是一方面力图发挥自己的特点，弥补自己的弱点；另一方面又要努力去限制对方的特长，扩大其弱点。这些意图的实现都是通过战术的合理行动而达到的。与技能类对抗性项目不同的周期性项目，其战术的主要部分则是选择和实施合理的比赛全过程的个人战术方案，如中长跑运动员在比赛过程中如何合理地分配自己的体力等。

战术训练水平同身体、技术和心理智能训练水平有着密切联系。如同场对抗类篮球项目中的全场紧逼战术，对于提高运动员机体的无氧代谢能力起着有益的作用。战术运用也是一个“斗智”的过程，有利于促进运动员智能的发展。

3. 运动员战术意识培养的途径

战术意识的培养和提高有各种途径，最基本的应该是加强战术的教学和训练，让运动员比较系统地了解和掌握自己所从事运动项目的战术特征和竞赛的基本规律，在训练和比赛反复实践的基础上，不断积累经验。运动员战术意识的培养，具体可以从以下几个方面着手。

第一，对运动员进行战术理论的传授，使他们深刻地理解和掌握较多的专项战术知识。

第二，通过各种形式的训练和比赛，启发运动员对各种复杂情况的分析、判断和决策，培养他们的战术思维能力以及分析问题和解决问题的能力。

第三，使运动员明确处在不同情况下（如有球、无球、进攻、防守等）和不同位置的具体职责（包括任务、移动路线、与同伴配合的方式和时机等）。

第四，战术意识的培养与运动员的思维活动有着密切的关系。一个运动员思维活动的灵活性、预见性和创造性必然决定他的战术意识水平。

第五，使运动员熟悉本队队员及对手的特点，以便在比赛中能更好地准确判断出同伴的行动和对手的战术意图。

第六，通过比赛战例的分析和讨论，学习和了解专项战术的基本形式，比赛中战术变化的规律，以及当前战术发展的趋势，对变化情况及时恰当地处理。

二、技术与战术能力训练的基本要求

运动技术和战术训练有一定的准则和要求，要遵循这些要求才能达到更好的效果。运动技战术训练的过程是很复杂的，在训练的过程中要把握和处理好各种关系。

（一）运动员技术训练的基本要求

1. 处理好基本技术与高难度技术的关系

基本技术是从事各个运动项目的基础，扎实的基本技术训练是运动员保持常高峰年限的重要条件。每个优秀运动员都进行过长时间的、系统的基本功训练。基本功训练到一定阶段，就要调整目标，向高难度技术进行挑战。高难度类主导项目，对高难度技术要求更高。例如，我国跳水队在奥运会上取得成功的经验之一是，在训练中发展难度动作；在国际竞技健美操的比赛中，我国选手的难度动作的难度系数是相当高的，完成的质量高又体现出运动员扎实的基本功底。扎实的基本功可以让高难技术的发展速度更快，形成独有的绝技与风格。根据各个运动项目的技术特点、对象和训练阶段的具体情况，长期系统地抓基本技术训练，努力掌握高难技术，让基本技术和高难技术有效结合，才能不断提高技术的训练水平，创造优异的运动成绩。

2. 要考虑到运动员个人特点

在技术训练中，除了要求运动员按统一的技术规格要求外，还应考虑到运动员的个人特点，因人而异地提出不同的要求。一般技术模式只是从生物力学的角度规定了各个技术动作的要领方法，反映各项运动技术带有共性的普遍规律，而每个运动员在身体上、素质上、心理上有各自的特点，对他们实施技术训练也就不应按照一个不变的技术模式进行。在有一些情况下，运动员的某些动作技术看起来不符合技术规格要求，但对该运动员来说，也可能是适合的。只有这样才能使训练更符合实际，才能扬长避短，充分发挥每个运动员的技术特点。

3. 处理好特长技术与全面技术的关系

不同的运动项目存在着特长技术和全面技术。其中，特长技术是运动员相对其他人掌握的具有一定优势和个人特点的技术，全面技术是组成专项运动的各个动作技术，其之间有着内在的联系，相互促进，相互影响，同时要求运动员要全面掌握组成专项运动中的各个技术动作。

特长技术虽然有助于提高运动员在比赛中获胜的几率，但全面技术则可以为运动员获胜提供一个良好的运动基础，对发展运动素质，提高运动成绩有重要的意义。所以，两者的有机结合可以有效提高训练的效果。

具体来看，首先技术全面更不能忽视掌握重点技术。在技术全面掌握的基础上，要有针对性地精练几种重点技术。重点技术很好地发挥是要靠全面技术作保障的，相反，能够系统地掌握和发挥全面技术是离不开重点技术的依托的。重点技术应从三方面来确定：第一，根据比赛分工的需要（如足球守门员的扑、打、滚翻、接球等技术）；第二，该项运动中带有关键性技术（如篮球的投篮、足球的射门）；第三，根据运动员个人特点，有利于发挥特长。

其次在掌握全面技术训练的同时应抓重点技术，如抓训练中专项关键性技术、分工技术、运动员特长技术等。在大力着手于特长技术训练的同时，更不能忽略全面地掌握专项运动中的各项技术这一重点。其原因主要有两方面：一是在运动竞赛中，技术是否合理是保证特长技术能否发挥的重要条件。有时运动员运动成绩的取得取决于水平较低的技术而不是较高的（特长）技术。即运动员技术系统（技术群）在竞赛中所能发挥出的整体效应有时要服从“木桶原理”所以说，随着运动训练实践的发展的需要，在平时训练中应要求运动员的特长技术和全面技术两者有机结合；二是在专项运动技术动作群中，各种技术动作之间往往有着密不可分的内在联系，起着相互促进、相互影响的作用，我们把这种作用称之为运动技术的“转移”。对于一个看似没有必要掌握和了解的辅助性技术，反而可能会影响特长技术水平的发挥。因此，在运动训练的实践过程中，教练员必须处理好运动员特长技术与全面技术的关系。

4.科学安排训练时间

技术训练的时间安排一般有两种做法：一种是集中连续式的安排，一种是间隔式的安排。选用何种类型的安排应考虑到以下两方面的因素：

第一，训练任务：如果训练是以掌握技术为主，是对初学者，宜采用集中连续式的安排，以便使运动员在大脑皮层留下深刻的技术“痕迹”，留下牢固的技术记忆。如果训练是以改进、运用技术为主，便可采用间隔式的安排。

第二，技术复杂情况：技术复杂宜采用间隔式的安排，以便运动员逐渐地学习，保持训练的情绪。但是，要掌握好间隔的时间，不可间隔的时间太长，以免头脑中记忆储存消失，影响技术训练质量。

5.循序渐进的同时“难点先行”

现代研究认为，在训练内容安排和训练方法手段的选择过程中，一般都要服从“学习——提高——巩固——再学习——再提高——再巩固”的程序。在各个技术的组成部分之间都有其自身的内在联系，所以要充分认识和利用这种内部存在的固有联系，沿着由低到高、由易到难等顺序练习，从而更有利于运动员打下坚实的基础。同样的，现代运动技术训练实践的发展告诉我们，上述教学顺序也不是一成不变的唯一模式。在某些条件或情况下，“难点先行”，即“先难后易……先深后浅”等模式，同样可以获得好的效果。

“难点先行”也绝不是不注重基本的技术，它只是一种技术训练的程序。这种训练程序的运用，运动员也必须具备一定的基本能力；在有些可能出现的运动损伤的项目中，如若运动员还没有通过基础训练获得较强的自我保护能力，若要练习高难技术，就必须采取有效的措施，防止造成运动中的损伤。归根到底，“难点先行”仍是“循序渐进”的一种特例，只是它是按照新的“序”来训练的。

6.注意技术规范的同时考虑运动员的个体差异

合理、规范和实用是所有运动技术都具有的特性。科学合理的运动技术必须符合力学和生物学的原理和规律。在这个基础上说，运动技术应该具有一定的规范，主体上是统一和一致的技术。

技术规范是一种理想模式的技术规格，是人们在技术训练时依据科学原理技术而总结的必须遵从的模式化要求。要符合技术规范提供的某些共性的标准，所以强调技术合理、规范和实用是所有运动技术都具有的特性。科学合理的运动技术必须符合力学和生物学的原理和规律。在儿童少年的学习技术训练的初级阶段，必须强调技术的规范化，还要重视个体的差异。因为某些特定的时期，一些运动员并不能同时具备一些特征，运动员的技术动作也很难完全符合技术规范的要求。因此，技术规范也只能为技术训练提供一些准则，指明一个基本的方向，而不可能深入到每名运动员的技术细节中去。

技术规范的模式并不是一成不变的，各种技术要素之间互为依托和相互补充，运动员不同的个体条件也对专项技术产生极大的影响。由于运动员在技术训练中存在着个人的特点即个体差异，在技术的掌握过程中，也许不符合技术规格的动作但对其本人的练习与进步确实是有效的。所以，在技术训练中除必须要求运动员按技术规格练习外，还应注意运动员的个人特点。

（二）运动员战术训练的基本要求

1. 树立正确的战术指导思想

战术训练不单纯是使运动员掌握几套比赛中运用的战术，而要使运动员首先树立正确的战术指导思想，才能使战术训练具有明确的目的性，使运动员更透彻地理解和掌握战术训练的内容。对集体项目来说，只有在正确的战术指导思想下进行训练和比赛，才能使全队思想统一，行动一致，形成一个坚强的战斗集体。要使运动员树立正确的战术指导思想必须把握以下几点：

①各运动项目竞赛过程发展变化的规律。

②国家、民族的特点。

③运动员参加竞赛的经验。

④运动员参加竞赛前的准备程度。

⑤全队的训练水平（包括身体、技术、心理训练水平等）。

⑥竞赛的条件和特点（包括竞赛的场地、裁判、观众等）。

⑦主要对手的情况。

2. 处理好“学习”因素与“训练”因素的关系

战术训练和战术学习是现代运动员战术训练过程的起点和基础，对整个战术训练过程产生重大影响。从特定角度认为，战术训练过程的实质是运动学习的过程。在这个过程中，包括接受信息，形成动作表象，建立动作程序；发出指令，完成动作；反馈和调整动作三个环节：

（1）接受信息，形成动作表象，建立动作程序

在战术学习时，运动员通过感觉器官从多种信息源上将所学的战术信息传到大脑皮层进行一系列加工，从而形成战术表象。由于人的信息加工能力的有限性，神经中枢只能同时处理一组信息，对在这一时期接踵而来的战术，机体对它的反应就会相应推迟或者根本不作任何反应。所以，运动员在学习的过程中掌握重要战术信息的多少、认知能力的大小及学习时机和情绪的控制与把握，对运动学习起着十分重要的作用。

（2）发出指令，完成动作

大脑皮质按照形成的动作方案，向有关运动器官发出指令。运动器官按此活动，完

成动作。由于种种原因，开始完成的动作不可能与预定方案完全符合，这就要通过下面的反馈、调节过程进行修正。

(3)反馈和调整动作

反馈信息来自两个方面：一是运动员本身的各种感觉、知觉；二是外部他人给予的信息。反馈信息传到中枢神经系统与原来的动作方案对照，据此调整动作方案，再次发出指令，实施动作。经过多次循环往复才能形成战术能力。

从一定意义上来说，"学习"效果将直接决定战术训练的效果。所以，在战术训练中，首先，教练员要有选择、有重点地向运动员提供有关动作的信息、详细研究战术的实质及要领，围绕关键战术，结合运动员个人特点和所练战术的掌握情况，确定给予信息的内容、顺序及频率，以使运动员对战术较易形成清晰的认识。其次，注意给予信息的时间。按在运动中给予运动员信息的时间特征，可将它们分为同步信息、快速信息和滞后信息。同步信息应在动作完成过程中给予(如教练员的呼喊)；快速信息应在动作后 25～30 秒钟给予；滞后信息则是在练习或比赛后给予。

3. 做好运动员的战术意识培养

培养运动员的战术意识，是战术训练中十分重要的课题。比赛中战术运用要靠赛前对全面情况的了解、判断和制定周密的作战计划，同时，教练员根据临场情况的变化，做出相应决策的临场指挥。但是，更重要的是要靠运动员有较强的战术意识。因为无论赛前情况了解得多么周密，临场指挥得多么及时正确，都不可能把运动员的个人和相互配合的每一行动、攻防中的每一位置的移动等在事先都加以预计和详细部署。而且比赛场上的情况是瞬息万变的，运动员在比赛场上既要按预定的战术行动，又要善于观察临场情况果断地采取相应措施。因此可以说，运动员在比赛过程中的每一行动，都应具有战术的性质。而这就要依靠比赛过程中运动员具有较强的战术意识。

在比赛过程中运动员战术意识的强弱，通常表现在以下几方面：

第一，在任何情况下，是否能保持战术思维的清晰、独立、敏捷和灵活性。

第二，能否经常使自己的行动与全队预先确定的比赛计划一致起来。

第三，能否在很短的时间内预见比赛进程的发展。

第四，能否使对手对自己的能力和意图产生错误的判断。

第五，能否及时准确地预见到同伴和对手的行动。

4. 基本战术同多种战术相结合

在战术训练中，要使运动员精练几套基本战术，这样，运动员才能在临场比赛中，根据已掌握的基本战术，随着情况的发展，灵活变化运用自如。基本战术的确定应以最大限度地发挥每个运动员的特长和高度协同配合，发挥全体力量及体现本队的战术风格为依据。但战术的运用是极其复杂多样的，一场比赛只靠一两种战术往往是不够的。比赛开场、中场和终场等不同情况，领先、相持、落后等不同局面和临场各种因素的变化，都需要随之有战术的相应变化，而不能墨守成规。因此，在战术训练中，除了要掌握基本战术外，还应逐步建立起对待不同对手的多种成套的战术体系，以适应各种不同比赛对手。在战术训练中既不能华而不实，只求多而不求精，也不能把战术训练过于简单化。

5.战术训练要同身体训练、技术训练、心理训练、智能训练相结合

战术是在身体、技术和心理及智能训练水平不断发展的基础上形成的。因为运动员竞技能力的各部分之间是相互影响、相互联系、相互制约、综合反映在运动员本体上。所以运动员竞技能力各方面水平的提高对战术的形成、发展具有积极的意义。而在战术训练的同时也有利于运动员身体、心理和智能训练水平的提高。因此，把战术训练与身体、技术、心理、智能训练结合起来，能收到更加积极的训练效果。

三、技术与战术能力训练的常用方法

运动员要取得优异成绩，需要采用合理的技战术训练方法。选择技战术训练方法要具有针对性。随着运动技术的不断提高，常规的训练方法已经渐渐不能满足运动员运动竞技能力的快速提高。借助符合创新教育理念的新方法，在明确的目的性和针对性的前提下采用先进的训练方法，常用方法和特殊方法相结合，以提高运动员在运动技战术练习中的行为动机和学习兴趣，为有效提高运动员的竞技能力作铺垫。

（一）运动员技术训练的常用方法

1.语言法

语言法是指在运动技术训练中，运用各种形式的语言，指导运动员学习和掌握技术动作的训练方法。其主要作用在于帮助运动员借助语词明确技术动作概念，纠正错误动作，提高技术水平。

教练员在运用语言法时，一方面要注意使用正确的专业术语来讲解技术动作的名称、过程和要领，帮助运动员建立正确的技术概念；另一方面要注意尽量精讲多练，深入分析动作技术的要领，加深运动员对技术动作的理解，以有效增加运动员练习的次数。此外，还要注意讲解的时机。在运动员的初级阶段，尽量较少使用讲解，让其多实践练习。在中高级阶段，运动员在大脑内对动作技术有了一定的意识、概念，加强讲解，便可以提高运动员对技术动作的感性认识。

2.直观法

直观法是指利用运动员的感觉器官，使运动员建立对练习动作技术的直观表象，获得对练习动作的感性认识，从而帮助运动员达到正确思维、掌握和提高运动技术水平的

一种常用训练方法。在运动训练的过程中，运用直观法也需要注意三个方面的问题，一是要运用直观法和启发运动员的积极思维相结合；二是要根据每个阶段的具体条件和可能，广泛利用各种直观手段；三是要对低水平和年龄较小的运动员在训练时，做好各种示范工作。

3. 分解法

分解法将单个的技术动作分解成若干个环节或部分，然后对各环节或部分分别训练的方法。这种方法一般用于较复杂的技术动作的练习，可以有效缩短运动训练的时间，集中精力完成专门的训练任务、提高学生学习的自信心，从而获得更高的训练效益。

教练员在运用分解法进行运动训练时需要注意以下几方面的问题。

第一，在技术动作复杂并且有危险性时采用分解法。

第二，在技术动作对身体能力要求比较高时可采用分解法。

第三，一般情况下，运动员运动技术水平越高，分解练习的运用就越多。

第四，对于复杂动作，在采用分解法时应注意阶段的划分，保证技术动作的结构特点和各部分的联系不被破坏。

4. 完整法

完整法是指从运动技术动作的开始姿势到结束姿势完整地进行练习，从而掌握技术的训练方法。其优点在于一开始就能使运动员建立完整的技术动作概念，不影响动作的结构和各部分间的联系。完整法多用于学习简单的技术或不能分解练习的较复杂的技术动作。

教练员运用完整法时应注意对比较简单的技术动作，在安排练习时应注意练习形式的多样性和竞争性，培养运动员之间的良性竞争意识。而对较为复杂的技术动作，则需要在采用完整法时应降低整个技术动作的难度，使运动员在保持正确的基本动作结构的基础上，完成整个技术动作，确立自信心。同时，还要注意在运动员进行复杂技术动作的训练时，做好保护与帮助，使运动员建立完整、正确的技术动作的本体感觉。

5. 减难法

减难法是在技术训练中，以低于专项技术要求的难度训练的方法。这种方法常用于低水平练习者的技术初学阶段。它主要是为了使运动员掌握基本技术动作。

教练员在运用减难法应注意，应将其运用在初学者的训练中，以帮助初学者尽快建立完整技术动作的本体感觉，促进技术动作的掌握，提高练习的效率。另外，对于某一个技术动作，保持核心环节方面正常训练水平要求的同时，可以在次要环节方面适当降低难度要求，以便更快地掌握技术动作的核心环节。

6.加难法

加难法是在技术训练中，以高于专项技术要求的难度训练的方法。这种方法常在优秀运动员训练中使用。它主要是为了提高运动员对技术动作掌握熟练程度和在比赛中的技术运用能力。

教练员在运用加难法应注意，应将其运用在一些较简单的技术动作训练过程中，以不断提高运动员掌握技术动作的熟练水平和比赛中的应用能力。

(二)运动员战术训练的常用方法

1.模拟训练法

模拟训练是用一种模型去模拟另一系统，并借助模型，通过训练实践进行方案比较的一种“逐次逼近”最佳化的训练方法。要求在获得准确情报信息的基础上，通过与模仿重大比赛中主要对手的主要特征的陪练人员的对练，及通过在与比赛条件相似的环境中的练习，使运动员获得特殊技战术能力的一种针对性极强的训练方法。

2.虚拟现实训练法

虚拟现实训练法是指运用高科技设备，将未来可能出现的比赛场景提前在电脑屏幕上“虚拟”出来，从而帮助运动员提高预见能力以及在各种情况下灵活有效地运用战术的能力的训练方法。该训练方法对训练器材有较高的要求。目前，运动体能训练仍然较少使用，但是未来这种心理方法应该会发挥出越来越重要的作用。

3.比赛训练

(1)教学性比赛

在运动教学中，在体育教学规律或原理的指导下，以训练条件为基础通过组织专项比赛的基本或部分规则，进行训练的方法即为教学性比赛法。

(2)模拟性比赛

通过对真实比赛环境(包括对手状况、教练员、场地环境、观众情况等)的模拟，营造真实的比赛环境，使运动员严格按照比赛规则进行比赛训练。一般来说，技能主导类对抗性的运动项群中，模拟性比赛训练方法被经常采用。

(3)检查性比赛

在模拟或真实的比赛条件下，对运动员的比赛严格要求，训练的重点在于检验运动员在赛前训练的训练质量。该训练方法主要用于重大比赛前，适用于各种训练内容，对运动员在赛前的体能素质、运动技术水平、比赛承受能力以及专项运动成绩水平进行检查。

(4)适应性比赛

适应性比赛训练的比赛环境是真实的，是在正式比赛的环境下进行的。目的在于使运动员尽快适应重大比赛环境。例如，在重大比赛前组织的邀请赛、访问赛、对抗赛、表演赛等均属于适应性比赛。

四、现代运动技能训练的方法创新

保证高质量运动技术训练水平的根本，在于能否结合运动技术形成的各阶段特点、创设符合某一专项运动的技术训练方法。而现代运动项目的快速发展，也使得运动技能训练的方法必须不断予以创新，以符合运动项目发展的需要，尽可能地提高运动员的技能水平。

(一)将语言作为提示信号融入运动技能训练中

当运动员基本掌握运动技术(改进提高运动技术阶段)后，教练员的讲解相对减少，运动员自己练习的情况便会大大增加，在这种情况下，一些教练员是放任运动员自己进行训练，实际上若教练员能以语言作为提示信号，对运动员的技能训练进行引导，将会在很大程度上带动运动员训练的科学性。

运动员大多经过长时间的训练，已经全面掌握了运动项目的基本技能。在这种情况下，运动员的技能训练常常变为运动员自主进行的训练活动。事实上，这种情况很容易使运动员出现茫然、彷徨、无所适从的感觉，并对训练方法、训练内容失去兴趣，有的甚至出现了错误的技术动作也没有注意到，进而使运动员陷入一个十分被动的训练状态，这种情况会直接影响运动员在训练中掌握的技术动作、战术能力的效果。因此，在这种情况下，教练员要注意通过语言给运动员一定的提示，使他们始终感到练习的结果总是有良好的进展而更有练习兴趣，这样才有利于运动员完整、规范的技术动力定型的建立。

具体来看，当运动员在目标非常明确的技术训练过程中，因为教练员及时准确地将练习中的不足指出来提示练习者不断回忆规范的技术动作和投篮技术要领，让其易于联想，这实际上是使练习者在练习运动技术的过程中注意分配得到集中，在不断获得的良性引导环境下去主动分析和比较，将比较、分析后的结果及时用来修正自己所练的运动技术动作。这样，经过一个阶段的训练，定能比单纯使用常规的技术训练方法较大幅度的提高其技术练习效果。

(二)创设符合初学运动技术阶段人体生理适应过程的“比较分析”训练法

除了运动员，运动训练也常发生在一些对运动项目并不熟悉，或者掌握程度不深的初学者身上，他们的运动技术训练“只有通过比较，才能有所鉴别，真正达到认识事物的目的”；也“只有在分析研究上下功夫，才能在实际训练工作上享受到甜头”初学运动技术动作实际上就是训练理论中“粗略形成运动技术动作的阶段”，这个阶段的生理特点是大脑皮质兴奋过程广泛扩散，处于泛化阶段！动作表现不协调、吃力、缺乏自控力，伴随着较多的多余动作，动作质量很低、只能粗略掌握动作的主要过程。在这个阶段，技术训练的主要目的便是帮助初学者形成动作表象、学习动作。因此，在技术训练方法上，除了常规的训练方法之外，教练员还可以通过运用“分析比较”的方法来将他们的技术动作进行比较、分析，进而有效指导初学者的技术训练。

具体来看，比较是运动技术训练中对所学技术动作中同异关系进行确定的思维过程所必需的，分析则是运动技术训练中揭示技术动作科学原理的唯一手段。在实际技术训练的初级阶段，教练员应该把初学者在训练过程中的所有表现作为他们的技术展现，并以其为对象，通过对他们不同技术动作的比较和分析，帮助初学者掌握正确的技术动作。因此，对初学者，教练员如果不是以他们所练技术动作的关键结构和主要环节为比较分析重点，而是对整个技术动作(或整套技术动作)泛泛而谈，就不可避免地会使他们在训练的过程中，表现出顾此失彼、抓不住重点的现象。实际上教练员在技术训练过程中，应以准确、规范的技术示范为前提，每当初学者完成一次技术练习后，立即告知他们在下次练习中需要改进的关键技术结构和主要技术环节，目的就是帮助他们尽快建立所练技术动作的肌肉感觉、形成基本的动作表象、掌握该技术动作的主要过程。

第三节　蹴球运动技术与战术训练

一、蹴球运动技术

(一)蹴球技术的基本理论

1. 蹴球技术的概念

蹴球技术是指运动员在比赛规则允许的条件下采用的各种合理击球动作的总称。它是蹴球运动的基础和重要组成部分。

2. 蹴球技术的分类

规则规定：蹴击球时以脚跟先着地，由脚掌触及球面将球向前蹴击、挤压或推送出。因此，蹴球的基本技术，从蹴球的动作方法分可分为前蹴球和挤压球两种；从本球的滚动形式分可分为上旋球和下旋球(回旋球)两种；从本球撞击目标球后球的运行状态可分为正撞球和分球两种。

(二)蹴球基本技术与要领分析

1. 前蹴球

依据前蹴球动作顺序将前蹴球技术分为准备姿势、蹴球脚瞄准、支撑腿站立、蹴球脚触球、向前蹴球五个部分。

(1)准备姿势

运动员距离本球后50厘米处自然站立,全身放松,凝视目标球。

(2)蹴球脚瞄准

以左腿为支撑腿,右腿向前跨一步,脚掌距离本球后2厘米处,使右脚、本球、目标球处于一条直线上,瞄准目标球,左膝自然弯曲。

(3)支撑腿站立

左腿向前移动,右脚后外侧站定,脚尖稍外展,左膝微屈,重心落在左腿上,右腿放松。

(4)蹴球脚触球

蹴球脚提起,脚跟在球正后方15厘米处着地,脚掌前部在球上方距球2厘米左右,脚的方向瞄准进攻方向,方向调正后,即以脚掌轻轻压住球,不能使球发生任何移动,凝视目标球。此时,支撑腿膝关节微屈,支撑全部体重,维持身体平衡;蹴球腿膝关节自然弯曲,脚尖勾起,脚掌压在球上。

(5)向前蹴球

腰腹发力,抬右腿,球经脚底滚动向前踢出。支撑腿保持身体平衡。

2.挤压球

依据挤压球动作顺序将挤压球技术分为准备姿势、蹴球脚瞄准、支撑腿站立、蹴球脚触球、脚尖挤压球五个部分。

(1)准备姿势

运动员距离本球后50厘米处自然站立,全身放松,凝视目标球。

(2)蹴球脚瞄准

以左腿为支撑腿,右腿向前跨一步,脚掌距离本球后2厘米处,使右脚、本球、目标球处于一条直线上,瞄准目标球,左膝自然弯曲。

(3)支撑腿站立

左腿向前移动,右脚后外侧站定,脚尖稍外展,左膝微屈,重心落在左腿上,右腿放松。

(4)蹴球脚触球

蹴球脚提起,脚跟在球正后方15厘米处着地,脚掌前部在球上方距球2厘米左右,脚的方向瞄准进攻方向,方向调正后,即以脚尖轻轻压住球的三分之一处,不能使球发生任何移动,凝视目标球。

(5)脚尖挤压球

前脚掌快速用力向下挤压,使球以回旋(下旋)的形式向前滚出。

3.蹴球碰撞分析

(1)主球与目标球

轮及队员蹴球时,根据规则规定,队员可以蹴本方两球中的任何一球,队员选蹴的那一球即为本球本球以外的球,包括本方另一球和对方两球,统称为目标球,蹴球比赛中运动员要么将本球蹴出去撞击目标球,要么将主球蹴出推送到有利本方的位置上去。

（2）蹴球的形式

①非撞击球

球蹴出后，不以撞击目标球为目的，而是将球送往预定区域完成规则要求或做战术配合。如发球、回避、由停球区向外蹴的球、前进1米的进攻球等。

②撞击球

本球蹴出直接碰撞目标球。这是蹴球竞赛中最常见的蹴球形式，通过碰撞实现得分和获连蹴权，继续蹴球撞击再得分，造成一次进攻连续得分的局面。

（3）正撞与分球

撞击是指经发球进入场内成为有效球后，再用本球撞击目标球，并使本球停在场内，对方目标球击出场外。

撞击技术是蹴球最重要的技术之一。规则规定只有本方球撞对方球后才能得分，并获连蹴权。如果一蹴直接撞击两球，则可用此球连蹴两次。在蹴球时，除了要求撞中1～2个目标外，还要求将本球与目标球送到有利于下一蹴的好位置，或使主球停在场内，对方球滚出场外。因此，撞击技术好，可以使本队在比赛中从劣势变优势或者继续扩大优势，为全场比赛的胜利创造有利条件。

撞击可分为正撞与侧撞。正撞是指主球撞击目标球正后中部，撞击后，目标球沿主球原来的运动方向前进，而本球上旋以较小速度继续前滚一小段距离后停住。回旋球则撞击后沿原来路线滚回。侧撞是指本球一侧撞击目标球中心外一侧的某一点，侧撞后，本球与目标球按各自不同的方向滚动，出现分球的现象：按分球的不同情况可将其分为半球、厚球、薄球三种。比赛中应根据不同的球势、不同的战术需要蹴出不同的撞击球。

①正撞

正撞蹴球时，要求用本球的球心瞄准目标球的球心，使脚跟中心点、脚的中轴线、本球球心、目标球球心处在一条直线上，球蹴出后沿着这一直线滚动触及目标球正后中部。根据不同球势，正撞可分为7米以上的远距离正撞，3～7米的中距离正撞，3米以内的近距离正撞，10～50厘米的超近距离正撞等几种。撞击后，目标球沿本球原来的运动方向以接近本球原来的速度前进，以上旋形式滚动的本球则由于自转的前冲力继续跟进目标球前进一段距离，即所谓的跟球。前进速度的快慢、距离的大小，由撞击前的自转速度决定，自转速度快则跟进速度快，跟进距离大，反之则跟进速度慢，跟进距离小。

而以回旋形式滚动的主球则由于自身产生逆旋的力量沿着原来的路线退回，即所谓的缩球。退回的速度快慢、距离大小亦由撞击前回旋自转的速度决定，回旋速度快则退回的速度快，退回距离大，反之则退回速度慢，退回距离小。

②半球

与正撞的情况不同，蹴半球时，主球撞击目标球半只。要用主球的球心瞄准目标球的一侧边缘，使蹴球脚脚跟中心点、脚的中轴线、主球球心、目标球一侧边缘处在一条直线上，这样主球与目标球相撞时，正好是目标球的一半球，因此就叫作半球。半球是分球的典型形式。

在半球蹴法中，本球撞击目标球后，按碰撞规律，本球按半球的正常分球角度45°自然运行。如果第二目标球与第一目标球及本球的球势如图那样，那么运用半球的蹴法，就能达到主球直接击中两个球而获两次连蹴的机会。懂得蹴半球的原理后，就能利用半球的性能创造多得分和连蹴两次的机会，更重要的是半球的分球角度可为下面要介绍的厚球和薄球蹴法提供参考。

③厚球与薄球

本球撞击目标球半只以上直至全只的，都称为厚球。主球撞击目标球少于半只直至擦一层皮的，都称为薄球。实战中，凡是分球角度小于半球的分球角度 45°的球，就应选择用厚球或薄球的蹴法，至于是用厚球蹴法或是用薄球蹴法，则要根据厚球与薄球撞击后主球与目标球的前进速度特点及当时的球势情况来决定。

蹴厚球时，要用本球的球心瞄准目标球一侧边缘至球心之间的某一点，这样本球就会撞击目标球的半只以上直至全只（即半球与正撞之间）。撞击愈厚，分球角度愈小，目标球前进速度愈快，主球分球跟进速度愈慢。

蹴薄球时，要用本球的球心瞄准目标球一侧边缘至边缘以外球的半径的距离之间的某一点，这样本球就会撞击目标球的半只以下直至擦至一层皮（即半球与擦皮球之间）。撞击愈薄，分球角度愈小，本球的前进速度愈快，目标球的前进速度愈慢，有时目标球只稍动一下，这就是擦皮球。

这两种蹴法，在同一球势下，可产生两种不同的效果，因此，实战中应根据不同球势和战术需要，适当选用。

由于判定分球角度是凭运动员的肉眼，不可能像仪器仪表那样精确，特别是当目标较远时，更是如此。瞄准点的选择也是凭运动员的肉眼进行，只能确定大致在什么地方，很难精确到几点几厘米。因此，判定分球角度和选择瞄准点的精确程度，是人们在运动实践中体验出来的，经验丰富的运动员，精确程度相对高一些。

利用半球的 45°分球角度作参考是较为理想的确定分球角度与瞄准点的办法。因为半球的瞄准点正好是目标球的一侧边缘，这个瞄点最明显，最好找，只要接近 45°的球势，都可以瞄准目标球的边缘，分出的球一般离第二目标不远。在明显小于 45°的球势中，则要根据战术需要首先确定是蹴厚球或是蹴薄球。蹴厚球则将瞄准点向边缘内侧移一点，蹴薄球时则将瞄准点向边缘外侧移一点。在实践中反复练习、反复体会、反复思考，逐渐积累经验，提高分球效果，才能在实践中多使用双球战术，提高攻击威力。

4. 蹴球力量分析

在评定蹴球技术质量的指标中，除了出球方向准确外，出球力量也是重要的指标之一，高质量的球应该是符合战术要求的既有准确的方向又有适当的力量的到位球，到位包括非撞击形式的球的到位和撞击形式的球撞击后主球与目标球的到位。由于球是否能准确到位不仅受出球方向的影响，还受到出球力量的影响，现将蹴球力量分析如下。

(1)蹴出距离

球被蹴出的开始位置到球停止的位置，球心到球心之间的长度叫蹴出距离，控制蹴出距离对比赛的战术布局有非常重要的作用，在方向准确的情况下，球是否能准确到位主要取决于蹴出距离的大小。蹴出距离是由蹴球腿抬腿前踹力量决定的。这个力量主要表现为抬腿前蹴的速度和脚掌压住球面的力量。

(2)非撞击球的力量

比赛中非撞击球主要有发球、由保护区开出的球、回避球、向2米以外对方球方向前进1米的球等。控制好这类球的力量,使技术运用符合战术要求,抑制对方的进攻,为本方赢得有利的局面。在蹴出方向准确的情况下,本方进攻不利,如对对方有利则更糟。比如发球战术,用力重了球出界,给对方加2分;轻了未触及中圈线,给对方加1分,球不到战术需要的位置。这类球的到位情况直接由蹴出距离决定。因此掌握蹴球力量与蹴出距离的关系至关重要,一般蹴球力量与蹴出距离成正比关系,力量愈大,蹴出距离愈远,反之则近。

(3)撞击球的力量

与非撞击球情况不同,撞击球还要求撞击后本球和目标球的到位要准,撞击球的到位不仅与蹴球力量有关,还与撞击形式有关。

①正撞球的力量

正撞后,目标球以略小于本球原来速度的速度沿主球原来方向前进,上旋的本球继续跟进一小段后停住,回旋球按原来方向退回。本球上旋的正撞,撞击后,本球与目标球的距离同撞击前瞬间的球速度成正比,本球速度愈大,则本球与目标球距离愈远,反之则近。本球回旋的正撞,撞击后,本球与目标球的距离除同撞击前瞬间主球前进速度成正比外,还同主球回旋强度成正比。

本球被蹴出时的位置与目标球停止的位置之间的距离略小于相同力量下非撞击球的蹴出距离。实践中应根据这些情况控制蹴球力量。蹴出高质量的到位球,满足本方制胜的战术布局需要。

②分球的力量

侧碰撞击后,主球与目标球按各自的方向前进,这时对球的到位要求不仅包括目标球和主球的到位,有时还要考虑到第二目标球的到位情况,即要考虑三个球的到位情况。这时球的到位情况既受蹴球力量的影响,也受撞击的厚薄情况影响。因此,实践中要应用半球、厚球、薄球的知识来指导蹴球力量控制,根据临场不同球势,采用不同蹴球方法,用适当的力量实现战术目的。

二、蹴球的战术训练

(一)蹴球技术战术训练的基本分析

唯物辩证法认为:对于物质的每一种运动形式,必须注意它和其他运动形式的共同点。但是,在我们认识事物的过程中,更为基础的是对于它的特殊性的关注,就是说,注意它和其他运动形式的质的区别。

蹴球运动是一种球类运动,它必然与其他球类运动有共同点,如它同其他球类运动项目一样,比赛的胜负都是由球员双方得分的多少来决定的,与其他运动项目一样具有竞争性、对抗性,制约与反制约、进攻与防守相结合等共性。但我们更应该清楚的是,蹴球运动与其他运动形式存在着质的区别,掌握其运动的固有规律,才能有目的地、高效地进行教学和训练。经过仔细的研究发现，蹴球运动主要具有以下几个方面的运动特性：

1.蹴球运动的进攻性

蹴球运动是一种以进攻为中心的运动。它的这一特性首先是由竞赛规则所要求的。规则规定，队员在比赛中必须积极进攻，所蹴出的球必须向对方球的方向；即使并不是出于撞击对方球的目的，所蹴出的球也必须向对方球方向前进一米以上。此外，在10米×10米的比赛场地，球与球之间相距不远，不进攻就会被对方进攻，就意味着交出比赛的主动权。因此蹴球运动具有注重进攻的运动特性。这将其与其他他类项目明显区分开来，在其他球类项目攻与防这一矛盾统一体中，攻、防是同等重要的。蹴球运动的这一特性决定了必须注重蹴球基本功的训练，提高蹴球的准确性。在战术教学训练中，必须对进攻的战术组合的作用进行重点强调，重点训练撞击多球；创造连蹴球的机会。

2.蹴球运动的周期性

蹴球队员从上场蹴球到退场称为一个“蹴次”，由1号～4号队员的蹴球构成一个“轮次”一个轮次完后又进入下一个轮次，周而复始，这种循环往复的程序所体现出来的就是蹴球的周期性规律。这不同于其他球类项目的双方多名队员同时上场进行对抗较量的运动规律。由此而产生了蹴球运动的个人与集体、本方与对方、教练员和运动员的主观能动性与场内客观条件等诸多需要正确处理的辩证关系问题。在蹴球教学训练过程中，必须要寻找一定的办法对这些问题加以解决。

3.蹴球运动的有序性

蹴球运动与其他球类运动之间有一个明显的区别，那就是无论是单打、双打、混合双打都是按照4个球号编队，队员依次依号轮流蹴固定的、自己的球，用自己的球去攻击对方的球，每个队员所轮及的一次蹴球都是难得的攻、防协同机会，在这种有序的多人多球、定人定球等特点的要求之下，该项运动产生了一系列的特殊技术、战术。如为了蹴出的球在撞击它球后落在有利的位置，或创造连蹴的机会，可蹴出跟球、停球、回转球、侧击球，会产生搭桥、接应、隐蔽、撞击自己方安全岛内的球等一系列战术。在战略上，还要将进攻与防守的依次转换、主动与被动的相互转化等问题纳入考虑范围之内。

在蹴球教学训练过程中，必须要紧密结合蹴球运动的特性进行，只有这样才能找到有效的技术、战术训练方法，才能达到事半功倍的效果。

（二）蹴球运动技术训练研究

蹴球技术教学与训练是教师向学生传授蹴球运动基本知识、基本技战术和基本技能及比赛方法的实践过程。其目的是为了提高蹴球运动技术水平，使蹴球运动能够在更大范围内得到普及和推广，促进全民健身运动的发展，丰富和发展运动文化，娱乐生活。蹴球教学与训练内容主要包括基本知识教学、基本技术教学与训练、战术教学与训练、身体素质训练、智能训练和心理训练。由于蹴球技术结构简单，学习起来比较容易，因此，实践中教学的因素不多，其主要的内容为技战术训练以及身体和心理训练。

在教学训练过程中应鼓励学生多动脑筋，积极思考，对蹴球运动技战术及规则与比赛方法进行大胆改革与实践，从而增加蹴球运动的竞技性、技巧性和趣味性，吸引更多的人参与蹴球运动而积极奉献。

1.蹴球技术教学训练步骤、内容与方法

在蹴球教学与训练中，技术教学与训练处于核心地位。在重技巧、轻身体素质的蹴球比赛中，技术水平的高低是取得比赛胜利的关键因素。而在评价技术质量的各种因素中，最为主要的就是蹴球准确性和蹴球力量。因此，教学训练的目的是提高蹴球的准确性和掌握适当的蹴球力量。

(1)使学生对蹴球技术有初步的了解

第一，内容规则对技术的要求，技术(含碰撞)原理分析，上旋球技术，回旋球技术。

第二，方法

①通过对蹴球技术的示范、讲解及观看录像等方法，让学生对蹴球技术有一个初步的了解与认识。

②对蹴球比赛的场地、器材及比赛方法进行简单的介绍。

③介绍评价蹴球技术质量的方法和标准。

④对教学训练提出一些具体的要求。

第三，注意事项

①必须使学生对蹴球技术有概括性的认识。具体来说，就是要让学生对蹴球技术有三个方面的了解，即了解技术原理与技术结构，了解规则对技术的基本要求，了解评价技术质量的方法与标准。

②讲解要有针对性，突出技术特点。与此同时，还要对蹴球技术各环节给出球准确性和出球力量造成的影响进行分析。

(2)学习上旋正撞技术

第一，内容

①上旋球的性能与蹴法。

②上旋正撞撞击后主球与目标球的运行特点。

③上旋正撞技术。

第二，方法

①正撞瞄准方法练习：瞄准线对准目标球球心。

②抬腿前踹练习：抬腿方向对准目标球球心。

③近距离(3米以内)蹴一般球正撞练习。

④中远距离大力球正撞练习。

第三，注意事项

①蹴球技术教学训练中的一种比较主要的方法就是近距离一般球，反复练习对于瞄准方法的掌握、熟练以致精确瞄准有极大意义，是形成抬腿方向与瞄准方向一致的用力习惯和动力定型主要练习。

②中远距离大力球对于蹴球比赛获取胜利有着决定性的影响作用，在蹴球动作基本熟练后，应多做中等距离3～7米的蹴球技术练习。

③非撞击球的推位练习应在掌握基本技术后结合场地进行，此时要对力量与位置的关系给予高度的关注，提高控制力量的能力。

(3)学习分球技术

第一,内容

①分球的种类与战术意义。

②分球的瞄准方法与撞击后分球角球及速度特点。

③分球技术。

第二,方法

①半球瞄准方法练习:瞄准线对准目标球一侧边缘。

②2 米以内的半球练习,击球撞击第二目标球。

③2 米以内的厚球练习。

④2 米以内的薄球练习。

第三,注意事项

①首先要保证学生弄明白这样一项内容:分球的战术意义及应用条件。

②厚球与薄球的瞄准点不易精确掌握,实践中参考的大都是半球的瞄准点,厚球往内移一点,薄球往外移一点。因此,练习好半球技术是首要任务,在精良的半球技术基础上再练习厚球与薄球技术,并要多动脑筋,多思考,多总结,从而使厚球与薄球技术得到更多经验的指导。

(4)学习回旋球技术

第一,内容

①回旋球的性能与蹴法。

②回旋球技术应用条件。

③回旋球撞击目标球后的运行特点。

④回旋球技术。

第二,方法

①回旋球的脚掌压住球面部位与上旋球的不同。

②非撞击回旋球练习。

③回旋球撞击目标球练习。

第三,注意事项

①首先要保证学生对蹴回旋球的作用及应用条件已经十分清楚。

②回旋球撞击目标球后沿原来方向快速滚回,因此,蹴球脚应及时提起给回滚的球让位,同时还要保持身体的平衡。

③蹴回旋球是用脚掌用力下压,将球挤出,这样才能保证球以回旋的形式向前移动。如以脚掌后拉,则不能使球前进,并且这样做也是违反规则的。

(5)改进和提高蹴球技术

第一,内容

①非撞击球的到位技术(中、远距离)。

②上旋正撞技术(大力球、一般球、轻球)。

③上旋分球技术(2 米以内分球到位、双球)。

④回旋球技术(30厘米左右正撞、侧撞)。

第二,方法

①赛场内的蹴球技术练习。

②改进技术细节。

③技评和达标测试:撞击精确、到位好。

④结合战术的蹴球比赛。

第三,注意事项

①在改进和提高蹴球技术阶段,可根据个人情况,在不违反规则的情况下,对技术细节进行自我发挥,以形成不同的个人风格特点。

②在整个教学训练过程中,对基本动作必须严格要求,同时按照蹴球准确性和力量适当性标准对蹴球技术的质量进行评价。

③在比赛性训练中,是不允许出现撞击落空的现象的,各项技术的应用基本能实现战术目的。

2.蹴球技术练习易犯错误及纠正

(1)脚掌压住球面后,抬腿蹴球前使球滚动

造成这种错误的主要原因有:由于重心未落在支撑脚上,蹴球脚也承担了部分体重;踝关节柔韧性不好,完成动作时僵硬;压球动作不果断,压住球后对于瞄准方向还想再改动;鞋底或球面带沙太多。

纠正方法:强调重心落在支撑脚,膝关节微屈,让蹴球脚"轻装上阵";对于踝关节柔韧性要进行重点练习;瞄准好后再将脚掌压住球,稳定后即抬脚蹴出;改进鞋底性能。

(2)蹴球时,球几乎被卡住,出球无力

这是由于支撑脚站位离球太近,动作拘束;蹴球腿没有充分地向前上方抬起,以下踹动作为主;抬腿无力。

纠正方法:对支撑脚站位位置进行调整,使动作舒展大方;蹴球腿向前上方抬起,不要急于伸直蹴球腿膝关节;加强屈大腿的力量练习。

(3)蹴球时,上体向后仰,出球无力,身体不平衡

这是由于支撑脚站位离球太远,动作松散;以上体后仰来补偿抬腿速度。

纠正方法:对支撑脚站位位置进行调整,使动作舒展大方;抬腿蹴球时保持腹部紧张或做小幅度的收腹动作。

(4)击球不准

包括撞不中目标球、正撞变侧撞、分球不理想等。造成这种错误的原因有:瞄准点不精确;抬腿方向偏离了瞄准线。

纠正方法:加强瞄准方法练习;加强抬腿方向与抬腿力量练习;练习由近到远,逐渐增加难度;对于分球的练习,要以半球的多次练习为基础,多动脑筋,多总结经验。

(5)蹴球不到位

造成蹴球不到位的原因有两个:一个是在方向准确的情况下用力过大或过小;一个是方向不准确。

纠正方法：加强击准练习；加强蹴球力度练习；与击准相比，蹴球的力度更加难以掌握；如果说击准撞击是打一条线的话，那么击球到位对力度的要求则是打这条线上的某一个点；点的难度要远远大于线的难度。因此，加强蹴球力度练习，根据各种不同球势需要，在非撞击球中使球运行到预定位置，在撞击球中，使主球和目标球的运行控制停留在最佳的战术位置上，为下一次本方的连蹴创造良好的机会，或者给对方进攻造成障碍。

(6)回旋球未撞击到目标即滚回

这是由于球前进速度太小、回旋速度太大等原因造成的。

纠正方法：加强脚掌的下压前挤力量，从而提高球前进的速度；适当控制回旋速度；当主球与目标球之间的距离超过 50 厘米时，不用回旋球技术。

3. 蹴球教学训练建议

(1)加强撞击技术练习

撞击是蹴球运动的基本特征，蹴球比赛中主要是通过撞击技术来获取分数的。因此，在教学训练中应加强各种撞击技术练习，注意动作的正确性，强调撞击的精确度和撞击后主球与目标球的到位要符合战术需要，也就是说，要注意撞击的准确性与撞击力量的适当性。

(2)培养蹴双球意识

双球是蹴球比赛中威力强大的技战术手段。因此，应对分球技术练习给予高度的关注，使运动员逐渐形成蹴双球的意识，在比赛性训练中鼓励队员大胆应用。

(3)分球技术练习要以半球为基础

在熟练掌握半球技术的基础上练习厚球和薄球技术，并注意多动脑思考，多总结经验。

(4)重视回旋球技术

如果想要形成与掌握完整的蹴球技术体系，回旋球技术是不可忽略的一个重要的组成部分，关键时刻应用得当是取得优势的重要手段。教学训练中决不能忽视。

(5)注重发球技术考核

非撞击球的到位技术是实现战术目的的重要手段，尤其是发球技术，看一个运动员是否熟练地掌握了蹴球技术，一个重要的标准就是看其能否将球发到符合战术需要的位置上。在教学训练的技术考核中，非撞击球技术考核应以发球技术考核为主。

(6)结合比赛进行技术训练

在基本掌握蹴技术后，应结合比赛进行技术训练，使技术训练融于战术训练之中。

(三)蹴球运动战术训练研究

队员的技术、智能、心理等集中体现在比赛时战术的应用中，这三个因素对于战术的质量和效果有着十分重要的影响。因此，战术的教学与训练是战术、技术、智力、心理等诸方面因素的综合训练。

1. 蹴球战术的分类

蹴球战术可分为三类。一类是直接技术性战术，它主要靠队员技术上的发挥，如擦边球、回旋球、上旋顶冲球等。这种战术简便、奏效快、威力大、对方无法防守，难以招架。

但对于球员的蹴球技术和心理素质要求比较高，否则，很难达到目标。第二类是配合性战术，它的主要方法有结组、接力、创造连蹴球，占领要隘地等战术，这种战术的特点是攻守兼备，可攻可守，稳妥可靠。但这类战术对于队员之间的配合程度、打法的精细程度以及蹴球的准确性都提出了较高的要求。第三类是主动失分战术。在竞技运动中，主动失分极为罕见，因此蹴球运动种最具特性的战术便是这种战术。如撞击已方安全岛内的球失分，使之变为有直接攻击权的球；撞击已方球出线失分，从而为已方球入场后在有利的位置进行攻击创造有利条件，或与对方球成远距离，避开对方的攻击，使对方蹴球失误；如果在上半场已方分数领先的话，根据情况，在下半场的最后时刻，或将本方球击出界，或主动出界，或与对方球共同出界，造成本方失分而结束下半场比赛，从而获得整场比赛的胜利。失分战术要求教练、队员头脑清醒，同时还要对比赛场上局势的变化以及得失分情况的变化有一个清楚准确的掌握，主动失分战术的运用是蹴球比赛中斗智斗勇的集中体现。

2. 战术教学训练的内容、步骤、原则与方法

(1)战术教学训练应遵循由简到繁、由易到难的原则

对初学者进行战术教学训练，主要以 5 分球战术为基础，掌握各种蹴球技术的战术意义。在此基础上，逐渐展开对双球进攻战术和各种违例战术的学习，在比赛中根据临场球势灵活应用各种战术方法。

(2)注意蹴球技战术及其规则基础知识的学习

在战术教学训练中适时给队员介绍一些技战术和蹴球规则的基础知识，组织队员观看比赛，并在此基础上对比赛情况进行分析与探讨，在比赛性训练后，要求队员对赛中的战术应用进行分析评价，从而多方面地提高队员的智力和战术意识。

(3)多进行练习比赛

对蹴球战术进行练习的一种比较好的方法就是教学比赛和练习比赛，队员在基本掌握基础技战术后，应多安排练习比赛，在实战中提高技术、战术水平。

第四节　蹴球运动员的心理能力训练

一、蹴球运动的身体素质训练

(一)蹴球运动身体素质训练概述

1. 身体素质及其构成要素之间的关系

蹴球运动是一项竞技性很强的智力型、内在对抗性的竞赛项目。一场实力相当、紧张的蹴球比赛，一般大约需要半个小时，长的则需要近一个小时。由于蹴球项目不同于其他的比赛项目，尤其是大型比赛(如全国民运会)，赛程安排非常紧凑，这对体力消耗是相当大的。要想在一场比赛中取得胜利，取得较好的成绩，使自己保持一种良好的竞技

状态，不仅需要良好的全面技术、合理的战术、良好的心理素质，在身体素质上还需要达到较高的水平。由于运动员身体训练的程度对其临场发挥的好坏具有十分重要的影响，因此，蹴球运动对运动员身体素质的要求也就越来越高。

身体素质和技战术是密切联系、互相促进的，较好的身体素质训练水平对于技战术的提高与发挥具有直接的促进作用。因此，在系统地进行蹴球技术的训练中，应安排适当的身体训练内容。忽视身体训练或利用加大技术训练的密度来代替身体素质训练都是片面的。

身体素质分为速度、耐力、力量、灵敏、弹跳、柔韧等，它们之间是紧密联系在一起的，在进行某项素质的练习时，其他素质也可能得到相应的发展，它们之间总是相互促进的。例如通过力量训练可增强腿部力量和腰部力量，同时对于运动员的速度和弹跳能力也具有增长作用。要提高蹴球技术水平，必须有较高的身体素质作为物质基础，这是比赛取得胜利的重要条件之一，所以蹴球运动训练中，要把身体素质训练放在重要的位置，教练员和运动员均应重视起来。

总之，良好的身体素质是学习和掌握技战术并在比赛中充分发挥的基础。它对提高运动能力，延长运动寿命，防止和减少运动损伤有着重要的作用。而运动员身体素质的提高与发展，离开了有计划、有目的、科学的训练是不能够实现的。通过身体素质训练不仅能提高蹴球运动所需的身体素质，还可达到改善中枢神经系统和内脏器官的机能，增强体质和增进健康水平的目的。

2. 蹴球运动员身体素质特点

由于蹴球比赛具有重技术技巧、轻体能的特点，因而，在进行蹴球训练过程中，占据第一位的是对速度、灵敏、柔韧和平衡的要求，其次才是对力量、耐力的要求。

（二）蹴球运动身体素质及具体的训练方法

1. 速度及速度训练方法

（1）速度

速度是基本运动素质之一，在竞技运动中具有极为重要的作用。竞技项目的比赛，可以说是力的抗衡、速度的竞争。例如在球类运动项目中，移动速度、击球速度、进攻速度、反应速度都会对比赛成绩造成十分重要的影响。因此，速度素质的发展水平高低在很大程度上决定着运动成绩的高低和比赛的胜负。它是运动员最佳竞技状态的保证，是取得优异成绩的重要条件，是衡量运动员身体训练水平的重要指标。对运动员速度素质的训练方法与途径进行探讨，是体能训练的一个重要任务。基于速度素质的重要性，人们在身体训练中把它放在较突出的位置。如何发展速度素质，并使之与专项相结合，已成为体能训练的重要任务。

速度是指运动员对各种刺激反应的快慢和一定时间内完成各种运动的能力。蹴球比赛中，如果运动员蹴出界的球是自己的，应在15秒之内用手将球放在与球同号的发球区内，然后按发球的规则将球发入场内；被击出界外的球，应由与球同号的队员在15秒内放入中心圆停球区内。如果运动员同时将两个球都蹴出了界，则第二个球应由与球同号队员在15秒内用手将球放在与球同号的发球区内，然后按发球规则将球发入场内。实际比赛中，运动员奔跑捡球的最大距离在50米以上，且是折线往返跑，要在15秒内捡回球，迅速思考，发入场内符合战术需要的位置。正是由于这个时间规定的存在，蹴球比赛才对速度做出了要求。

蹴球运动员的速度包括反应速度、位移速度和动作速度三个方面。反应速度是指运动员在球场上从接受刺激到作出决定开始行动的时间的长短，如运动员从看到自己球出界到开始起动去捡球的时间越短，那么就说明运动员具有较快的反应速度，反之则说明运动员的反应速度较慢。位移速度是指运动员身体在单位时间内位置移动距离的大小。如运动奔跑去捡球的时间越短，则位移速度越快（距离不变时），反之则慢。动作速度是指运动员完成一个或连续几个动作的时间长短。如运动员抬腿蹴球动作的速度越快，那么球滚动的速度也会随之加快，反之则慢。

提高位移速度，比较合适的时间是运动员正处于神经系统比较兴奋的状态时，这样才能有效地刺激、提高运动员中枢兴奋和抑制的转换能力，提高步频、加大步幅和加快体内能量供给能力。根据蹴球运动员捡球时折线和往返奔跑的特点，练习也应采取折线跑和往返跑的形式。此外，力量（腿部爆发力）和灵敏、柔韧等素质的发展对于速度的提高也具有决定性的影响。

速度在各个运动项目中的作用主要取决于项目的特定要求、运动员的生理类型和项目的专门运动技术。因此，速度练习根据其性质、数量以及比例大小的安排形成了多种多样的形式。速度能够作为运动项目的直接决定因素，如运动员对发令枪声的反应，此外速度还能够作为运动项目的间接决定因素，如提高跳跃和击球动作的动能。速度作为运动项目的直接和间接决定因素之间存在着不同点。对于直接因素来说，我们能够看到最大速度的产生，而对于间接因素来说，则要求速度的最优化，以便能够产生所要求的最大的相应力量。因此，我们必须要认识到，比赛成绩的提高并不是单单依靠增加速度就可以实现的。速度的形式和相应的加速运动必须保持同步，以便所产生的力量能够最优化地分配到人体各个部分的骨骼杠杆系统。例如，在掷铁饼时，当投掷臂的加速过快，甚至比腿和躯干的加速还要快时，将会破坏投掷的超越器械动作；又如，当跳远起跳时水平速度过大，也会导致垂直方向踏跳的时间过短和起跳角度偏小。

运动健身爱好者和运动员的速度训练是根据专项需要，采用适宜的训练手段和方法，开发人体的多方面速度潜力的系统教育和演练过程。由于遗传因素对于人的速度素质发展潜力有很大的影响，因此在运动员各个时期的选材过程中，先天速度能力始终是重要的早期观测指标。

(2)速度训练方法

①自然站立姿势的突然起跑练习(看教练员手势)。

②10 米×4 折线跑练习。

③绕直径为 15 米的圆圈跑练习。

④10 米×2 折线往返跑的练习。

⑤手持球 10 米×2 折线跑练习。

⑥比赛场上的持球奔跑练习。

(3)注意事项

①进行速度训练时，要保证运动员的神经系统是处于兴奋状态的，并且体力较好。

②要根据运动员个体特点进行练习，老年人应量力而行，并注意练习的密度、强度和时间。

③应多采用视觉信号，从而使运动员的视觉反应能力得到不断发展与提高。

④结合发球技术进行练习，特别是战术思维不太灵敏的运动员更要加强这种练习。

2.力量及力量训练方法

(1)力量

力量素质在蹴球运动中占据着十分重要的地位，对其他素质的发展起着重要作用。蹴球力量素质的提高，有助于提高其他素质的水平，同时，还可以在很大程度上促进蹴球技、战术水平的提高。力量素质的发展，对于防止肌肉拉伤和意外事故的发生具有预防作用，对提高运动员的心理素质、增强拼搏精神具有保证作用。总之，力量素质对取得优异成绩的作用是非常突出的。

力量是通过肌肉紧张收缩和放松所表现出来的能力，具有两种形式：静力性和动力性。力量的大小主要取决于这样一些因素：肌肉的生理横断面粗细、肌肉中参加活动的运动单位多少和每一个运动单位同时参加收缩的肌肉纤维数量及主动肌与对抗肌之间的协调关系等。

依据的分类标准不同，蹴球力量素质划分成的种类也不同。这些不同种类的力量，其训练的原理和方法也存在着一些差别。按运动时肌肉克服阻力的表现形式，可把力量素质分成三大类，分别是最大力量、速度力量、力量耐力。

①最大力量

最大力量也称绝对力量，是指无论体重大小，身体或身体某一部分肌肉克服最大阻力的能力。随着肌肉体积的不断增加,最大力量一般也会得到相应的提高。

②速度力量

所谓速度力量,是指肌肉在运动时快速克服阻力的能力。速度力量是力量和速度有机结合的一种特殊力量素质。我们通常所说的爆发力就是速度力量的最典型的表现形式。爆发力要求学生在运动时,在尽可能短的时间内,爆发出尽可能大的力量。肌肉在运动时克服阻力的过程中,速度会随着阻力的增大而逐渐变慢。

③力量耐力

是指运动时肌肉长时间克服一定阻力的能力。阻力越大,运动的时间越短。只有在克服一定的较小阻力的情况下,运动才能得到较长时间的维持,或重复尽可能多的克服阻力的次数。

蹴球比赛中,运动员要不断地克服身体重力和惯性,进行站立、行走、奔跑、转身、急停等并完成蹴球动作的支撑、抬腿等运动。而这就对运动员的静力性力量和动力性力量提出了较高的要求。不过,与足球、篮球、体操等剧烈的运动相比,重技巧、轻体力的蹴球运动对力量素质的要求并不太高,不需要像足球、篮球那样进行系统、严格的力量训练。在训练过程中,最好将训练方法与速度、协调、灵敏的练习结合起来进行。

(2)蹴球力量训练的整体观和系统观

首先,人体力学认为,人体要发挥最大力量和产生最大爆发力,不能只依靠单一环节的力量,它是各运动环节、各种功能和作用肌群间的协调配合、共同用力的综合结果。跑得快、跳得高等都是由一系列肌肉共同参与的,而不是某一肌肉或肌肉群单独工作的结果。因此,在进行力量训练的过程中要坚持整体观,不仅要发展主动肌,而且还要发展小肌肉群的力量。

其次,训练学的理论认为,力量训练应坚持系统性。因为力量的增长与系统训练有关,训练了就增长,停止了就消退。对于系统训练而言,间隔时间是一个十分关键的问题,因此,力量训练的计划性、系统性和连续性(不间断性)是训练中的核心问题。

(3)蹴球力量训练的基础

①确定负荷重量

我们在做任何一项举重练习之前,首先要根据自己的实际情况确定练习项目以及负荷重量。为达到理想的训练效果,就必须首先对自己所能承受的负荷重量有一个准确清楚的了解。蹴球力量训练有实验法、体重百分比法和力量百分比法三种方法,其中后一种方法最为科学。

在这里,实验法具体有以下几个方面的要求:

第一,在练习某块或某些肌肉群之前先举较轻的负荷,以达到热身和预防受伤的目的。

第二，做第一组练习时，选择无需费力就可完成的负荷。

第三，逐步增加负荷，以增加体能。

在使用实验法时，注意要以较轻的负荷开始，然后逐步增加，直至有把握保质保量地完成练习。

②组数和次数

完成的组数和次数与所练习的负荷密切相关。组数指每次训练完成某一练习的数量。次数指每组练习中重复完成某个动作的数量。一般而言，负荷越大，重复次数越少，反之亦然。

由于安全和健康等原因，年轻蹴球运动员在每组练习中要选择较轻的负荷，但要进行很多次的重复(12～15次)。

③宽敞的运动空间

练习时注意要保证有足够的运动空间，不要妨碍别人或设备。地面应保持干燥、光滑，没有杂物。在日常训练中，很多事故都是由于练习者的粗心大意而造成的，所以在练习时要认真，尽量避免由于大意而造成伤害事故。

(4)力量训练方法及示例

第一，训练方法

①正踢腿练习。

②正蹬腿、正弹腿练习。

③单腿原地或行进间连续跳跃练习。

④悬垂收腹举腿练习。

⑤远距离大力蹴球练习。

第二，示例

①上肢力量训练

俯卧撑20次×(3～6)组，根据队员训练水平；

引体向上(6～8)次×(3～6)组，根据队员训练水平；

卧推(杠铃)(6～8)次×(3～6)组，(20～60)千克。

②腰腹肌训练

仰卧起坐20次×(3～6)组，根据队员训练水平；

俯卧挺身20次×(3～6)组，根据队员训练水平；

肋木举腿20次×(3～6)组，根据队员训练水平；

负重腰腹肌练习20次×(3～6)组，(10～20)千克。

③腿部力量训练

立定跳(20～30)米×(3～6)组,根据队员训练水平;

蛙跳(20～30)米×(3～6)组,根据队员训练水平;

单、双腿跳火跳凳30次×(3～6)组,根据队员训练水平;负重半蹲提踵(8～10)次×(3～6)组,(60～100)千克。

(5)注意事项

第一,运动员年龄大小不同,所安排的力量训练的量和强度也应有所区别,对青少年可多安排一些,以作发展素质、增强体质之用,对中老年人要量力而行,一般不必进行专门的力量训练。

第二,力量训练要结合蹴球运动所需的部位、性质和动作形式安排,要有针对性。在对运动员进行身体训练时,最主要的内容就是进行力量训练,通过力量训练,有助于爆发力的增长以及其他素质的提高。

3.柔韧及柔韧训练法

(1)柔韧

蹴球运动是一种综合性活动,要求运动员在做动作时其伸展比较要达到较大的幅度,而且还要能够进行及时地收缩变化;动作既要有力,又要协调。为此,必须注意加强运动员关节韧带,特别是腰、胯、肩、踝关节韧带的锻炼。拉长韧带、加强韧带的弹性,不仅可提高灵活性,而且对提高力量,避免受伤,都有重要作用。实践证明,一些运动员之所以灵活性较差并且容易受伤的一个很重要的原因就是其柔韧素质较差。因此,教练员和运动员必须对提高柔韧素质给予足够的重视,特别是青少年运动员更需要注意。

通常情况下,根据柔韧素质与专项的关系,可以将其划分为两大类,即一般柔韧素质和专项柔韧素质。

一般柔韧素质是指适应各项目一般身体技术、战术训练所需要的柔韧素质。其主要内容有机体各关节的活动幅度和肌肉、韧带的伸展性。

专项柔韧素质是指各专项所特殊需要的柔韧素质。要想掌握和提高专项技术,就必须要具备专项柔韧素质。因为专项柔韧性具有较强的选择性,所以,同一身体部位具有的柔韧性由于项目的需求不同,在幅度、方向等表现上也有差异。

由于人体各关节的活动幅度和各部位肌肉、韧带的伸展性在各专项运动中都能表现出来,只是在活动幅度和伸展性的大小上所提出的要求有很大的不同,人们才根据各专项对柔韧性的特殊需要将柔韧素质分为一般和专项两种。专项柔韧素质是建立在一般柔韧素质基础上的。一般柔韧素质发展得好,对于专项柔韧素质的提高具有极大的促进作用。

柔韧素质从其外部运动状态的表现看可分为动力性柔韧性和静力性柔韧性。

所谓动力性柔韧性，是指肌肉、肌腱、韧带根据动力性技术动作需要，在解剖学所允许的最大限度范围内进行拉伸，随即利用强有力的弹性回缩力来完成所要完成的动作。所有爆发力前的拉伸均属于动力性柔韧性。

所谓静力性柔韧性，是指肌肉、肌腱、韧带根据静力性技术动作的需要，拉伸到动作所需要的位置角度，控制其停留一定时间所表现出来的能力。如体操中的控腿、俯平衡动作、“桥”、劈叉，体育舞蹈中的各种造型，跳水运动员保持体前屈的姿势等就是这种能力的体现。动力性柔韧性是在静力性柔韧性的基础之上建立起来的，但必须要有力量素质的表现。静力性柔韧性好，动力性柔韧性不一定好。

而以完成柔韧性练习的表现为依据，我们又可以把柔韧素质分为主动柔韧性和被动柔韧性。

主动柔韧性是指人主动运动中表现出来的柔韧素质水平。被动柔韧性则是指在一定外力协助下完成或在外力作用下（如教练员协助运动员做压腿练习）表现出来的柔韧水平。主动柔韧性除了可以对对抗肌的可伸展程度进行反映之外，还可反映主动肌的收缩力量。通常情况下，主动柔韧性比被动柔韧性要差，这种差距越小，说明柔韧素质的发展水平越均衡。

从柔韧素质在身体不同部位的表现看，又可分为上肢柔韧性、下肢柔韧性、腰部柔韧性、肩部柔韧性等。

发展蹴球运动员的柔韧性，不仅能拉长韧带，加强韧带弹性和关节的活动范围，同时还能促进运动员对其他蹴球技术的掌握和发展，此外，也可减少运动损伤，延长运动寿命。柔韧是指肌肉、韧带的伸展长度、弹性和关节的活动范围。柔韧素质的发展，除了要受到肌肉、韧带和关节的结构改善的决定性影响外，还决定于中枢神经系统调节对抗肌之间的协调性的改善和对肌肉紧张及放松调节能力的提高。

对于蹴球运动员来说，主要应注意以髋关节、膝关节、踝关节、髋关节韧带和下肢后群肌肉的伸展练习为主。

(2)柔韧训练方法示例

①扶墙或同伴帮助做“展髋”动作练习(类似于跨栏动作)。

②弓箭步压腿和“劈叉”动作练习。

③立位体前屈。

④利用器械，双腿轮流向后高处踢或轮流向外踢练习。

⑤分腿或并腿坐，做体前屈练习或做体绕环练习。

⑥踝关节绕环练习。

⑦脚跟触地、脚掌触墙，上下压踝练习。

⑧蹬腿练习。

⑨弓步压腿、正压腿、仆步压腿练习。

⑩正踢腿练习。

(3)注意事项

①练习前必须做好准备活动，动作幅度由小到大，节奏由慢到快。

②比较适宜进行柔韧练习实践段为课的准备部分后段或基本部分开始。

③身体疲劳和练习部位有伤时，最好暂时停止柔韧练习。

4. 平衡及平衡训练方法

(1)平衡

平衡是指人体运动中维持身体某种姿态的能力。蹴球运动技术的特点是一脚支撑、一脚完成瞄准、压球、抬腿蹴球，这种一脚支撑的运动特点，要求人体具备较高的平衡能力，不仅要求踝、髋有较好的柔韧性，还要有较好的肌肉力量，另外，更是要求运动员神经系统具备较高的调节能力。

蹴球运动员的平衡训练应以相似于蹴球技术的单脚支撑平衡为主。

(2)平衡训练方法示例

①原地提一腿单脚支撑平衡练习。

②原地提一腿单脚跳练习。

③行进间单脚跳练习。

④一腿支撑一腿前后摆动练习。

⑤闭眼做蹴球模仿练习。

(3)注意事项

①支撑腿膝关节微屈调节平衡，脚趾抓地。

②上体稍前屈或保持正立姿势，绝不能后仰。

③蹴球结束后及时放下蹴球腿，恢复双脚支撑。

5. 耐力及耐力训练方法

(1)耐力

耐力是指运动员在技术发挥和动作的准确性上长时间保持不变的能力。这一能力下降的较为普遍的原因就是疲劳，所以增强耐力训练就是延缓疲劳的到来。

耐力训练分为一般性耐力训练和专项耐力训练两种。

①一般性耐力训练

主要以慢跑的形式进行。由于运动员训练水平存在差异，因此耐力训练方法也就有很大的不同。如对训练水平较低的运动员采用慢跑、距离较短的方法。另一种方法是采用定时慢跑的方法，根据其训练水平的高低，采取10～30分钟不等的慢跑训练方法，从而帮助内脏器官提高其抗疲劳能力。

②专项耐力训练

主要是根据毽球技术水平而制定的耐力训练方法。如进行毽球的耐力训练，以一定的频率(按比赛节奏15秒钟)踢击一个球，连续不断地踢球，踢满一定数量，或踢规定的时间(30分钟)，或感觉到在踢球过程中注意力不能够很好地集中，出现疲劳现象时再休息。进行赛前踢击球训练时，按每天打4～8场球练习，这样才能适应比赛所需的踢击量而不感觉疲劳，从而使毽球技术不变形，保证技术的正常发挥。

(2)毽球耐力素质训练中的注意事项

①对于毽球运动中的耐力素质训练，在周期训练计划中，每周一般只安排2～3次强度大或者持续时间较长的大运动量耐力训练。鉴于对负荷的指标要求、运动员的营养状况、睡眠情况、身体的恢复是否适应新的刺激等因素的仔细考虑，避免产生过度疲劳而影响其他素质和技术、战术的训练。

②注意有氧、无氧耐力训练相结合，有氧耐力和无氧耐力虽然在代谢过程中表现出较大差异，但是两者之间的关系其实是非常密切的。有氧耐力是基础，无氧耐力的发展建立在有氧耐力提高的基础上。通过有氧耐力练习能使心脏体积增大，每搏输出量提高，从而为无氧耐力的发展打下坚实的基础。在发展有氧耐力过程中，将一些无氧耐力练习穿插进去，能改善运动员的呼吸能力和循环系统的功能，有利于提高机体输送氧气的能力，可以极大地促进有氧耐力水平的提高。因此，有氧耐力和无氧耐力之间是相互联系、相互促进的。所以，在耐力练习中要注意两者的结合，至于有氧耐力练习和无氧耐力练习的比例，要结合实际的训练情况来确定。

③在发展有氧耐力时，应考虑不同运动员的训练水平，过长时间的连续训练会使耗氧水平下降，组织活动不协调，从而对训练效果造成影响。在发展无氧耐力时，要根据不同的训练目的，安排运动强度的顺序。如发展乳酸供能系统，维持较高值，其运动时间可由短变长。为了迅速地动员乳酸供能系统则相反安排。

④注意疲劳的消除与恢复，耐力练习时间长，消耗的能量大，所以为了使机体能够以更快的速度恢复过来并获得超量能源的储备，在进行训练后要及时进行积极的能源物质补充。另外还要采取有效的措施和手段，使疲劳的肌肉及神经系统得以放松，为下次练习创造条件，这对耐力性项目的运动员极为重要。恢复性措施及恢复性训练，会对系统及大运动量训练的效果造成直接的影响。积极消除疲劳的主要方法包括：训练学恢复方法、医学、生物学恢复方法、营养学恢复方法和心理学恢复方法。

⑤注意耐力训练中的医务监督，由于耐力素质练习时间较长，运动负荷较大，对人体各系统的影响也比较大。如果健康水平不佳或者机能能力有障碍的情况下，进行大负荷的耐力练习，人体各系统的功能就会很容易受到严重的损害，所以在耐力练习时加强医务监督尤为必要。通常来说，耐力练习中的医务监督一般包括两方面的内容：一是练习前的机能评定，包括血压、心率情况以及运动员的自我感觉等；二是练习时运动员对负荷安排的承受情况，如重复动作的变异程度、练习者练习时的面部表情等。一旦发现异常情况就应减量或中止练习，否则很容易出现意想不到的问题。

5.灵敏及灵敏训练方法

(1)灵敏

所谓的蹴球运动的灵敏性素质训练，其实就是对运动员在复杂多变的情况下的反应速度、应变能力等的训练，这就要求在结合技术训练或其他专门训练中，运用各种手段，提高运动员神经系统迅速集中和扩散的能力。通过灵敏素质的训练，使大脑皮层的灵活性及神经过程的转换能力都得到进一步提高。因此，业余训练中，所建立的动力定型应该尽可能地多样化，这样才能使运动员随机应变，迅速作出不同的反应。

(2)影响蹴球运动灵敏性的因素

蹴球运动中有很多的因素都会对运动员的灵敏素质造成影响，其中主要包括解剖、生理、心理、运动经验及其他身体素质发展水平等。

第一，解剖因素

①运动员的体型：由于各种体育项目不同，对于运动员体型的要求也就存在很大的不同，所以从身体形态来看有其显著的项目特点，也就是说专项技能与身体形态相一致。因此很难说哪一种体型的人灵敏素质好，哪一种体型的人灵敏素质差，但通常情况下，过高而瘦长的，过胖的或梨形体型的人，其灵敏性相对来讲是比较差的，“O”型腿、“X”型腿的人缺乏灵活性，肌肉发达的中等或中等以下身高的人，往往有高度的控制力而表现得非常灵活。

②运动员的体重：“体重＝脂肪＋水＋矿物质＋肌细胞”，其中以脂肪和肌细胞的增长最为显著，脂肪的增长是每日进食超过一天所需能量，其多余部分转变为脂肪，而肌细胞的增长则是通过锻炼来实现的。脂肪过多影响肌肉收缩效率，增加了不必要的体重等于增加了运动时的阻力，从而影响了身体的灵活性，因此必须进行合理的训练增加肌肉比重，再配以低热量进食逐渐减少脂肪。

第二，生理因素

只有拥有了较为稳定的运动技能，才能表现出高度的灵敏素质，也就是说，灵敏素质是在大脑皮层综合分析能力高度发展的情况下体现的。大脑皮层的分析综合能力是在时间和空间上紧密结合进行的,因此必须严格按照一定的顺序进行蹴球动作的学习,大脑皮层概括动作的难易度所给予的刺激也按一定顺序正确地反映出来,多次重复会形成熟练的动作。通过大量的各种动作练习形成许多熟练的运动进行技能,把这些动作进行变换,并在变化的环境中完成,加强大脑皮层兴奋和抑制的转换能力,从而提高大脑皮层神经过程的灵活性。这样,在任何条件下、任何环境中都能熟练地把这些动作表现出来。

人体在完成做动作时,肌肉产生收缩,肌肉肌梭(感知肌纤维长度、张力变化)、腱梭(感知牵张变化)产生的兴奋传入神经中枢,神经中枢对其进行分析综合活动,从而实现对身体的空间位置、姿势以及身体各部位的运动情况的感知,并与视觉、位觉、触觉以及内感受器相互作用,实现空间方位感觉。在肌肉感觉及空间方位感觉基础上,大脑皮层才能随环境变化调节肌紧张,从而确保各种协调精确动作的顺利实现。运动分析得越完善,则运动员对肌肉活动用力大小、快慢的分析能力越高,完成动作时间的判断越精确。一些运动员即使闭上眼睛也能完成某些动作,就充分体现了运动分析的作用。

第三,年龄、性别

①年龄

从幼儿开始学习走路到6、7岁平衡器官得到充分发展。从7岁到12岁灵敏素质稳定提高,在这个年龄段,人的动作频率、反应速度及单个动作速度都会得到较大程度的提高,因此,此时期体操运动员应尽量多体会一些难度较大的翻转动作。13岁到15岁为青春期,身高增长快,灵敏素质相对有所下降以后随年龄增长又稳定提高至成人。

②性别

在儿童期,男孩女孩灵活性差不多,在青春期,男孩灵活性要稍好于女孩,青春期以后,男子的灵敏素质要比女子的灵敏素质高。女子进入青春期,由于体重增加,有氧能力下降,内分泌系统变化,灵敏素质会一度出现明显的生理性下降趋势。根据这一变化规律,在青春期以前就应加强女子的灵敏素质练习,以便使其得到较好发展。

第四,疲劳程度

疲劳是中枢神经系统灵活性与机体活动能力降低的又一个重要的因素。由于大脑皮层的能源供应不足(缺乏 ATP),从而产生保持性抑制,使肌肉力量不能发挥,反应迟钝,速度下降,动作不协调等,灵敏性显著降低。因此,在进行灵敏素质练习的过程中要注意能源的补充与供应,及时消除疲劳。一般来说,在人体兴奋性较高、体力较充沛时发展灵敏素质效果最好。

第五,情绪

随着人的情绪的不断高涨,其灵敏性也会得到不断增强,而情绪低落时,灵敏性也会降低。由于练习比赛环境的变化及其他生理、心理原因会导致情绪的变化,可能会过度兴奋，使兴奋扩散不能集中，造成身体失控；也可能过度抑制，精神不振，造成动作无力不协调，因此对于一个优秀的运动员来讲，学会自我情绪调节是十分重要的，使自己在竞技状态中具有相适宜的情绪。当处于这种状态时，运动员头脑清楚，身体充满力量，对完成动作充满信心，身体觉得轻快灵活。但有时候通过人的意识并不能对这种状态做出合理的计划与安排，应加强心理训练，提高对环境的适应能力并学会调节自然情绪等方法。

第六，其他身体素质发展水平

灵敏素质是人体的力量、速度、耐力、柔韧以及协调性等能力的综合表现。在神经中枢调控下的肌肉活动能力与灵敏素质有密切关系，其中任何一种身体素质较差，都不利于灵敏素质的提高。

第七，运动技术的熟练及运动经验的丰富

实践发现，一个人掌握基本技术越多、越熟练，不仅可以以更快的速度来学习新的运动技能，而且技术运用也显得更灵活，更富有创造力，表现出的灵敏素质也就越高。由于长期学习、运用各种技术动作和提高运动技能，可以丰富人的运动实践经验，增加身体素质和技术动作"储备"，因而对于灵敏素质水平的不断提高具有极大的促进作用。

第八，气温

通常情况下，气候阴雨潮湿，天冷温度太低，对于关节的灵活性与肌肉韧带的伸展性也是不利的，造成灵敏性下降。

(3)灵敏训练方法示例

①体操运动的各种翻滚及各种跳跃练习。

②两人一组，根据信号做起动、后退跑、变向跑等反应练习。

③采用自己惯用的大小或重量不同的球进行蹴球训练(培养运动员凭经验和脚心的感觉来体会细小的变化，如蹴铅球练习)。

④要不时地对蹴球训练场地进行变换，以使运动员在短时期内能够适应性能差异很大的场地，培养运动员脚的细微感觉。

⑤用"弱脚"蹴球(如果运动员平时用右脚蹴球，则用左脚练习蹴球)。在这种情况下，中枢神经跟通过视觉所得到的信息是一样的。因为"弱脚"没有经过训练，其协调性比较差。这样运动员就会克服"弱脚"所没有经过训练的缺点，就会适应这种配合，从而提高技能的灵敏性与准确性，从而对蹴球脚掌握动作也有很大的促进和提高。

二、蹴球运动的心理素质训练

(一)蹴球运动心理素质训练概述

1.蹴球运动心理素质训练的概念与目的

蹴球运动心理素质训练有广义和狭义之分。广义上讲，心理训练是有目的、有计划地对运动员的心理过程和个性心理施加影响的过程。狭义上讲，是采用特殊手段使运动员学会调节和控制自己的心理状态并进而调节和控制自己行为的过程。对蹴球运动员的心理素质进行训练的最主要的目的，就是培养和发展运动员在紧张的比赛和训练中所必需的心理品质及个性心理特征，使运动员学会控制和调节自己的心理状态，争取在比赛中长时间保持最佳竞技状态。

在各项运动竞赛中，我们常常可以看到这样的现象，一些在训练中表现出色并具有较高技战术水平的运动员，在关键的比赛中，常常由于紧张、胆怯等消极情绪和心理障碍的影响，而发挥失常，导致比赛失败。也有一些运动员，平时训练成绩平平，毫不起眼，在关键时刻却能勇于拼搏，威风八面，成为出尽风头的“黑马”。通过对大量运动训练与竞赛实践的观察发现，运动训练中技能的获得和比赛时技战术水平的发挥，都不同程度地受到心理因素的影响。在与对手的技战术水平相当的比赛中，运动员的心理素质发展水平往往会成为决定胜负的关键因素，如运动员的情绪、斗志、信心等心理因素。心理训练的目的就是为了提高运动员的心理素质，发挥运动员的内在潜力，提高运动员在各种困难、复杂、紧张条件下心理的稳定性和适应性，提高运动员对自己的心理活动的控制能力，获得最佳的心理状态，在训练和比赛中，有效发挥技战术水平。

2.蹴球运动心理素质训练的分类

心理训练与身体技战术训练紧密联系在一起，并由此构成现代运动训练的主要内容。通常情况下，心理训练包含两种形式，即一般心理训练和个别心理训练。两者既有区别又有密切联系。一般心理训练又称长期心理训练，是针对所有运动员均应具备的心理素质所采取的训练。它在身体、技术与战术训练过程中始终存在着，主要培养运动员的参赛动机、感知能力、反应能力、挫折耐受力、情绪调节能力、意志力、战术配合能力和集体责任感等，此外，对运动员个性心理倾向的矫正和培养也是其必不可少的内容。个别心理训练，又称短期心理训练。主要任务是使运动员具备蹴球运动所必需的特殊心理品质，或是使运动员针对具体比赛形成最佳的心理准备状态。

（二）蹴球运动心理素质具体的训练方法

蹴球运动具有技巧性强、精确度高，比赛以轮流上场蹴击的形式，情况变化复杂，比赛中双方得分领先与落后频繁交替等特点，在这些特点的影响之下，运动员出现各种不同的心理障碍的情况就比较容易发生，因此，要求运动员具有积极而稳定的情绪，勇敢顽强的意志，机智果断的品质和较高的自我控制能力等。其训练方法有放松训练法、模拟训练法、表象训练法和集中注意力训练法。

1.放松训练法

放松训练法是指通过他人或自己的语言暗示，调节神经系统，使心理和肌肉得以放松的方法。其主要具有这样一些作用：消除疲劳，恢复体力，克服恐惧，消除紧张，为训练和比赛积蓄身心能量，养精蓄锐。

暗示要用一套程式化的语句。通过一些简洁、有针对性的肯定式的语句结合肢体的放松和呼吸的调节来达到身心放松的催眠状态，从而使身心得到充分的休息，进而将临场心理上的紧张、不安和恐惧排除。

2. 模拟训练法

模拟训练法是根据比赛对手、环境、条件等方面的了解分析，做出适应这些情况的训练。

模拟训练实际上是一种适应性训练或脱敏训练。在遇到强敌或在复杂的、陌生的环境中比赛时，运动员常感到不安和紧张，进而使技战术水平不能得到正常发挥。模拟训练就是人为地制造或模拟引起运动员情绪紧张的刺激物或比赛环境，让运动员在这种情境下训练或比赛，使之逐步适应这种情境，对这种情境产生抗干扰能力，以便在正式比赛时保持比较稳定的情绪，对主要对手做到心中有数，使心理处于放松的状态，提高比赛适应能力。模拟训练稳定情绪的作用机制：一方面加强了神经活动的耐力；另一方面因为刺激物多次重复出现，司空见惯，习以为常，不再引起注意和探究反射。

模拟训练可以划分为语言形象的模拟训练和实景情况的模拟训练两种形式。语言形象的模拟主要是通过语言描述，配合图画、声像来描绘比赛时的情况和对手及自己的行动，如能应用电影、电视、录音等现代电教手段，则模拟的形象和情景更为逼真，效果更好。实景模拟是在训练过程中，参照实际的比赛境况，设计和创造一些相似的条件，让运动员在这种条件下进行训练，使其产生身临其境的感觉。语言形象模拟训练较为简单、廉价、易行，实景情况模拟训练要为运动员提供各种条件，如对手、观众、场地等，因而需要较大的花费，但效果更好。

设计出来的模拟条件的逼真程度以及引导运动员进入角色的程度对于模拟训练的效果具有决定性的影响作用。因此，训练中要根据对比赛的性质、规模、时间、地点、对手、比赛方式等的了解和分析结果来设计模拟条件，在比赛环境、条件的设计中，应主要考虑场地、气候、观众情绪等情况，特别是大型比赛观众的起哄、鼓倒掌情况。在对比赛对手进行设计时，应选择特定比赛中可能遇到的对自己威胁最大的对手作为模拟对象，特别是对较强的东道主队的模拟。

3. 表象训练法

表象训练法是运动员有意识地、积极地利用自己头脑中已形成的运动表象进行训练的一种方法。这种心理技术是通过语言的暗示或回忆将过去成功的动作表象重新唤起，进而借助这些表象进行动作演练的。

表象训练的主要作用：

第一，巩固技术动作。在头脑中进行动作和技术演练的表象训练可以使学习过的动作技术牢固地记在头脑里。

第二，有助于临场比赛，增强对比赛的适应性。

第三，提高动作和技术的精确度。

第四，稳定情绪，激发斗志。表象训练的作用机制是头脑中的表象与动作反射性的联系，运动员头脑中进行动作表象演练时，其完成动作的质量是与动作表象的清晰度成正比的。如果运动员不能在头脑中唤起学习过的动作的表象，则就不能重做这个动作。

唤起表象可以由自己的用语词进行自我暗示，也可以由别人暗示。因为语词可以代替各种具体事物，用表示某具体事物的语词可以唤起其表象。在唤起运动表象和比赛过程时，表象要具体、生动、详细和稳定，另外，还要注意对唤起表象数量的控制。取得成效的关键是把注意集中在一个完整的动作形象上。

4. 集中注意力训练

这种训练是通过把心理活动较长时间地集中于某一对象上，可以使运动员主动、持久地集中注意的能力得到训练与提高。如集中注意看目标的某一点。

运动员由于某种原因注意力不能集中时，不但表现出左顾右盼的表情，而且内心也处于宁乱不静、精神乏散的状态。这会给训练和比赛带来极大的消极影响。集中注意力训练的目的就是要增强运动员主动集中注意的能力，从而有助于迅速掌握动作要领和集中精力参加比赛。

在要求运动员训练集中注意力时，有关的大脑层处于优势兴奋状态，其他皮层区域因负诱导规律作用而呈抑制状态，因而也就限制了对注意以外的其他事物刺激的感受性。俗话说“视而不见，听而不闻”，就是因为注意力集中在其他事物上，从而降低了对所“视”、所“闻”事物刺激的感受性，以致“不见”“不闻”。随着主动集中注意力训练次数的增多，运动员主动集中注意力的能力逐渐增强，即使在训练和比赛中存在多种复杂因素干扰，运动员也能够很好地对注意目标进行调整，排除干扰，发挥正常技战术水平。

5. 心理训练注意事项

(1)长期坚持，持之以恒

良好心理品质的形成需要很长的时间，它和技战术及身体素质一样需要经过反复的训练才能获得。要让运动员理解心理素质的意义，明白心理训练的作用及训练的长期性、艰苦性，使运动员坚定心理训练的信心，对困难做好必要的思想准备。在训练过程中，教练员应善于发现运动员取得的细小进步，并对其进行及时的肯定与鼓励，从而进一步增强运动员训练的信心，使其更加积极与主动地投身到心理训练中去。在不同的训练阶段，应根据不同的水平，确定不同的训练任务、内容与方法，进行有所侧重的训练。

(2)注重实践，战练结合

心理训练的最终目的在于保证运动员在比赛中技战术水平的充分发挥。因此，必须要从具体的实战需要出发，选择合适的训练的任务、内容与方法，注重实战性。既要将心理训练与技战术、身体素质的训练结合起来，互相促进，更要将心理训练与比赛实战结合起来，在近似正式比赛的条件下进行，特别是在一些正式的比赛中，更要有意识地加强训练。

(3)因人而异，区别对待

在实施心理训练的过程中，当需要确定心理训练的任务、内容与方法时，除了要对全队的共同需要进行考虑之外，更要考虑运动员的个体差异。对于全队共同需要发展的心理品质，可统一训练内容和时间，采用一般心理训练的方法。由于运动员的年龄、性别、训练水平、比赛经验、个性心理特征等存在很大的不同，因而造成了明显的个体差异，所以，在训练过程中要区别对待。

第五章　蹴球运动常见损伤

第一节　运动损伤概念界定

一、运动损伤概念界定

（一）运动损伤的概念

人类身体是一个有机的整体，包括骨骼、皮肤等器官组织在内，都起到保护这个有机整体完整性的作用。但在外界各种力量作用下，人体器官可能产生一些功能性或者器质性上的损坏，并引发一系列的身体反应，包括全身反应和局部反应，我们统称为损伤。体育运动由于具备一定的对抗性和重复性，容易造成身体的损伤，这就是本书要讨论的中心内容——运动损伤。

运动损伤不同于日常生活中的损伤。日常生活中的损伤往往具有一定的随机性，如车祸损伤、高空跌落损伤等。与此同时，运动损伤与工作中的损伤也存在一定的相似性，它与所从事的运动项目的技术特征具有十分紧密的关系。很多运动损伤是由于某一特定动作的不断重复引起的，有些损伤则与项目本身所要求的一些动作有关。因此，很多运动损伤的名称是以其运动项目来命名的，如“网球肘”（肱骨外上髁炎）、“跳跃膝”（髌腱末端病）等。运动损伤也常与运动训练水平、运动环境与条件等因素相关。

通常，人们对运动损伤发生原因的常识性理解包含如下几个方面：运动损伤的发生源于对运动成绩的过度追求，如很多职业运动员训练过度，在退役后伤病缠身，大多与在运动训练过程中对运动成绩的过度追求有关。还有就是在运动过程中的激烈碰撞，如篮球运动中运动员之间的身体碰撞，有些碰撞造成的损伤很有可能是不可逆的，经治疗后虽然达到康复但仍会留下一些后遗症。另外还包括运动训练水平不够导致的损伤，如青少年和儿童掌握的训练技术欠缺而过度训练等。

综上所述，了解运动损伤、运动损伤产生的原因和影响因素，是提升运动损伤预防能力的重要途径，也可影响运动科学研究的方向。本节内容旨在为了解运动损伤与预防梳理一条新的研究思路。我们在总结前人研究成果的基础上，将运动损伤的相关概念、运动损伤的影响因素、运动损伤的病理、运动损伤的处理方法等内容进行了系统化整理，并针对身体不同部位的解剖学特征和我们在运动损伤领域的研究成果，为大家提供一些实践性的操作方法。

（二）常见的运动损伤类型

为了更好地研究运动损伤，我们对常见的运动损伤类型进行了总结。因为运动损伤学科发展的动态性，本节总结的未必完整，仅是从研究角度对其进行了罗列。试图将与健身相关的一些运动损伤，整理出来供大家参考。健身人士的常见损伤大部分涉及骨骼、软组织系统和神经系统。

1. 骨折

骨折表现为骨、软骨或两者之间的连续性完全或部分中断。骨折是指骨结构的连续性完全或部分断裂。多见于儿童及老年人，中青年人也时有发生。患者常为一个部位骨折，少数为多发性骨折。

经及时恰当处理，多数患者患处能恢复原来的功能，少数患者可遗留有不同程度的后遗症。骨折是最常见的运动损伤之一，特别是在对抗性较强的运动中，如足球、篮球等，运动员发生骨折损伤概率较高。

(1)骨折的类型

可以分为以下三类：第一类根据骨折处皮肤或黏膜的完整性分类，可分为开放性骨折和闭合性骨折，开放性骨折患者发生感染的概率要明显高一些；第二类是根据骨折的程度和形态进行分类，可分为不完全性骨折和完全性骨折，完全性骨折又可以根据骨折线方向和形态分为横形骨折、斜形骨折、螺旋形骨折、粉碎性骨折、嵌插骨折和压缩性骨折；第三类是根据骨折端的稳定程度进行分类，可分为稳定性骨折和不稳定性骨折，不稳定性骨折根据移位情况分为成角移位、侧方移位、短缩或分离移位以及旋转移位5种。

(2)造成骨折的原因

造成骨折的原因主要有三种，即直接暴力损伤、间接暴力损伤和积累性过劳损伤。

①直接暴力损伤：暴力直接作用于骨骼某一部位，使该部位发生骨折，并常伴不同程度软组织损伤。如在足球运动中，运动员小腿遭受碰撞，导致胫腓骨骨干骨折；跳跃类运动中着地身体部位不当，也容易导致锁骨骨折。体适能训练往往不具备过高的对抗性，这类运动损伤概率较低，但也不排除因为器械的使用不当导致意外，产生直接暴力损伤。

②间接暴力损伤：间接暴力作用是通过纵向传导、杠杆作用或扭转作用使身体发生骨折，如从高处跌落足部着地时，躯干因重力原因急剧向前屈曲，胸腰脊柱交界处的椎体发生压缩性或爆裂骨折。在体适能训练中，小器械训练容易导致该类损伤。

③积累性过劳损伤：长期、反复、轻微的直接或间接损伤可导致肢体某一特定部位骨折，又称疲劳骨折，如远距离行走易致第二、第三跖骨骨折。这类骨折损伤常见于体适能

训练，与体适能训练强度的安排和普及科学性等息息相关。

(3)骨折的全身体征

骨折的全身体征主要体现在以下两个方面：

①休克：对于多发性骨折、骨盆骨折、股骨骨折、脊柱骨折及严重的开放性骨折，患者常因广泛的软组织损伤、大域出血、剧烈疼痛或并发内脏损伤等而引起休克。

②发热：人体骨折处有大量内出血，造成血肿，会导致体温略有升高，但一般不超过38℃，开放性骨折体温升高应考虑感染的可能，其病理原因存在明显差异。

(4)骨折的特有体征

骨折还有很多局部性特征，具体如下：

①延长：严重畸形往往伴随着开放性损伤，这类损伤易于观察，表现很明显。

②异常活动：正常情况下肢体不能活动的部位，骨折后出现不正常的活动表现，如手臂的弯曲范围明显扩大等。

③骨擦音或骨擦感：骨折后两骨折端相互摩擦撞击，可产生骨擦音或骨擦感。这类表现受伤者感受十分明显，也易于观察。

以上体征是诊断骨折的充分而非必要条件，只要发现其中之一即可确诊，但未见此种体征者不能排除骨折的可能，如嵌插骨折、裂缝骨折。一般情况下不要为了诊断而检查上述体征，因为这会加重损伤。

2.脱臼

脱臼也称关节脱位，是指构成关节的上下两个骨端偏离了正常的位置，发生了错位。关节脱位大多数为暴力作用所致，以肩、肘、下颌及手指关节最易发生。

关节脱位一般表现为关节处疼痛剧烈、关节的正常活动丧失以及关节部位出现畸形。临床上可分损伤性脱位、先天性脱位及病理性脱位等几种情形。关节脱位后，关节囊、韧带、关节软骨及肌肉等软组织也有损伤，另外关节周围肿胀，会有血肿，若不及时复位，血肿肌化，关节粘连，使关节不同程度丧失功能。

关节脱位具有一般损伤的症状和脱位的特殊性，表现为受伤后，关节脱位导致疼痛、活动困难或不能活动，脱位通常见于活动较多的关节，如踝、膝、髓、肩、腕、肘关节，但最常见的是肩关节。那些一般情况下活动度差的关节，如在骨盆的关节，当与关节固定在一起的韧带被牵拉或撕裂时，也能被暴力分开而导致脱位。脊柱椎骨的脱位如果损害神经可能危及生命。如果脊柱脱位损伤脊髓有可能导致瘫痪。

(1)脱臼的一般症状和体征

①疼痛明显，脱臼伴随着明显的疼痛感，且疼痛明显存在于关节位置。

②关节明显肿胀，由于关节脱臼，产生了相应的软组织损伤，会形成很明显的肿胀，

有经验的医生,可以通过关节部位肿胀的状态和相应的形态,迅速判断伤者是否关节脱臼。

③关节失去正常活动功能,出现功能障碍。脱臼导致了关节力量传导的失效,使得脱臼部位牵引的肢体失去正常的活动能力,必须立即进行治疗。

(2)脱臼的特殊表现

①畸形:关节脱位后肢体出现旋转、内收或外展和外观变长或缩短等畸形,与健康的一侧不对称畸形是脱臼后比较严重的状态,主要是由于外力所致。脱臼后,外力造成了患处逆向的旋转或弯折,由于脱臼使得关节力量无法维持,产生畸形状态。

②弹性固定:关节脱位后,未撕裂的肌肉和韧带可将脱位的肢体保持在特殊的位置,被动活动时有一种抵抗和弹性的感觉。

③关节窝空虚:当关节失去正常的对合关系以后,原来正常的关节窝常常可以触及空虚感。

3.肌肉拉伤

肌肉拉伤指的是软组织过度牵拉、过度用力或过度使用,对肌肉的损伤程度不如扭伤严重,肌肉拉伤可能由轻微的外伤或不适应的重复创伤导致。肌肉拉伤是肌肉在运动中急剧收缩或过度牵拉引起的损伤。这在引体向上和仰卧起坐练习时容易发生。肌肉拉伤后,拉伤部位剧痛,用手可摸到肌肉紧张形成的索条状硬块,触痛明显,局部肿胀或皮下出血,活动明显受到限制。

(1)造成肌肉拉伤的原因

在体育运动中,造成肌肉拉伤的原因有:准备活动(热身)不当,某些部位肌肉的生理功能尚未达到适应运动所需的状态;训练水平不够,肌肉的弹性和力量较差;疲劳或过度负荷使肌肉的机能下降,力量减弱,协调性降低;错误的技术动作或运动时注意力不集中。动作过猛或粗暴;气温过低或湿度太大;场地或器械的质量不良等。

人们在完成各种动作时,肌肉主动猛烈的收缩超过了肌肉本身的负担能力,或突然被动的过度拉长,超过了它的伸展性,都可发生拉伤。如举重运动员弯腰抓提杠铃时,竖脊肌由于强烈收缩而拉伤。在做前压腿、纵劈叉等练习时,突然用力过猛,可使大腿后群肌肉过度被动拉长而发生损伤;横劈叉练习可使大腿内侧群肌肉过度被动拉长而发生拉伤。在运动训练中,大腿后群肌肉的拉伤最为常见。此外,大腿内收肌、腰背肌、腹直肌、小腿三头肌、上臂肌等都是肌肉拉伤的易发部位。

(2)肌肉拉伤处理方法

肌肉拉伤后,要立即进行冷处理——用冷水对局部进行冲洗或用毛巾包裹冰块冷敷,然后用绷带适当用力包裹损伤部位,防止肿胀。在放松损伤部位肌肉并抬高伤肢的同时，可服用一些止痛、止血类药物。24～48h 后拆除包扎。根据伤情，可外贴活血和消肿胀药物，适当热敷或用较轻的手法对损伤局部进行按摩。

4.韧带扭伤

韧带扭伤通常是由于剧烈的压力、牵拉或撕扯造成。拉伤和扭伤一般分为轻度、中度、重度 3 个等级，韧带扭伤是指四肢关节或躯体部的软组织（如肌肉、肌腱、韧带、血管等）损伤，而无骨折、脱臼、皮肉破损等情况。主要临床表现为损伤部位疼痛、肿胀和关节活动受限，多发生于腰、踝、膝、肩、腕、肘、髓等部位。

(1)影响韧带扭伤的身体条件

①年龄：青少年骨骼发育尚未成熟，因此对外力的抵抗防御能力较弱。发育中的骨和软骨与成人相比也显得较弱。骨的生长与骨周围肌腱发育相比，前者显得较慢，所以在骨的突起部和肌肉肌腱附着部都容易发生损伤。

关节由骨和周围的关节囊、韧带所组成。在韧带受暴力损伤时，骨和软骨往往先出现损伤。年龄偏大的人脊柱和关节的柔韧性降低，加之维持稳定的力量下降，因此，运动损伤并不少见。青少年运动损伤最多的是骨折，其次是扭挫伤，而高年龄组软组织钝挫伤占运动损伤首位，骨折占第二位。

②性别：黄种男性身体内脂肪含量平均是体重的 13%，而女性高达 23%。肌肉含量女性相对男性明显偏少，所以膝关节的运动损伤发生率女性比男性高。此外，雌激素呈周期性分泌，若月经紊乱，会造成雌激素分泌低下，这也是造成疲劳骨折的原因之一。

③体格：体内脂肪多、体重偏重会影响肌肉发达度，故身体的灵活性、耐久力相应也较差，更易造成损伤。尤其在抵御造成创伤的暴力时，体重偏重的人处于不利地位。屈肌群与伸肌群肌力之比是一个很重要的因素，失衡会造成肌肉撕裂伤。

④其他：在身体状况不良，如慢性疲劳、贫血、感冒、痛经、睡眠不足等情况下，运动者对意外事件缺乏敏锐的判断和快速准确的保护反应，就可能导致运动损伤。

(2)影响韧带扭伤的心理素质

从事冲撞性较强的运动（足球、篮球）时，如果注意力不集中或集中持续时间较长，发生损伤的危险性增加。情绪不稳定、易急躁、急于求成，或在运动中因畏难、恐慌或害羞而犹豫不决也容易造成运动损伤。

(3)造成韧带扭伤的因素

①“质”的因素：有些体育锻炼者由于不顾自身的条件而选择不适宜的运动项目，结果损伤的发生率提高。例如，年龄偏大的人进行足球运动，或试图采用蛙跳增强腰腿部肌肉力量时，就会出现膝关节损伤；柔韧性练习时，韧带肌肉被动训练过度会造成肌肉撕脱，所以体育锻炼要科学，并选择适合自己身体条件的运动项目。

②"量"的因素：运动时间过长、运动量过大、运动频率过高等极易导致过度训练，过度训练是运动损伤的主要原因之一。过度训练是由于锻炼者接受的负荷地太大，使机体未得到充分恢复所致，其症状表现为：静息心率（RHR）加快、血压（BP）升高、睡眠不佳（失眠、多梦、易惊醒等）、食欲下降、体重减轻、无训练欲望、心情烦躁、易怒、记忆力下降等，如过度训练不被及时纠正，就会使人体免疫功能下降，增加感染和慢性疲劳的发生率。

5.腱鞘炎

腱鞘是套在肌腱外面的双层套管样密闭的滑膜管，是保护肌腱的滑液鞘。它分两层包绕着肌腱，两层之间有一空腔即滑液腔，内有腱鞘滑液。内层与肌腱紧密相贴，外层衬于腱纤维鞘里面，共同与骨面结合，具有固定、保护和润滑肌腱，使其免受摩擦或压迫的作用。肌腱长期在此过度摩擦，即可发生肌腱和腱鞘的损伤性炎症，引起肿胀，称为腱鞘炎，若不治疗，便有可能发展成永久性活动不便。

肌腱发炎会导致瘢痕或钙沉着——临床上分转移性钙沉着（MC）、营养不良性钙沉着（DC）和特发性钙沉着（IC）三大类。

（1）腱鞘炎的种类及形成原因

关于腱鞘炎的形成原因，主要有以下几个方面：

①桡骨茎突狭窄性腱鞘炎：腕背侧第一个骨纤维性鞘管内有两条肌腱通过，即拇长展肌腱和拇短伸肌腱，两肌腱穿出狭窄的鞘管后与鞘管形成一定的角度，分别止于第一掌骨基底及拇指近节指骨基底，当腕与拇指活动度很大时，肌腱的折角加大。久之，局部的滑膜产生炎症、增厚，肌腱变粗，纤维鞘管壁也增厚，在桡骨茎突处出现皮下硬结节，使得肌腱不易在鞘管内滑动，产生疼痛等症状。

哺乳期及更年期妇女因内分泌的改变导致滑膜受累是该症常见于女性的主要原因。除上述原因外，从国内外文献报道来看，还有许多解剖变异容易引起该症的发生，如拇长掌肌或拇短伸肌的部分肌腹进入鞘管；鞘管内因有较多的迷走肌腱出现，使肌腱的数目明显增多，有的达十余条；腕背第一鞘管内还有质硬而厚韧的纤维隔，使得原来不宽敞的鞘管更加狭窄，肌腱极易被嵌顿。这些解剖学上的变异使患者发病年龄偏小，且保守治疗很难奏效。

②肌鞘炎：腕背韧带近端桡侧腕伸长、短肌位于深侧，其浅侧有拇短伸肌及拇长展肌在浅侧形成一定的夹角。当肌肉过度活动后，肌肉、肌腱及其周围的筋膜和腱周组织充血、水肿、滑膜纤维素性渗出增多，出现局部红、肿、痛等症状。

（2）腱鞘炎的临床表现

①桡骨茎突狭窄性腱鞘炎：桡骨茎突狭窄性腱鞘炎的表现特征是腕关节桡侧疼痛，

疼痛程度与拇指活动有密切关系。此症状多发于 40 岁以上的女性，在哺乳期妇女也有发病。

②屈指肌腱狭窄性腱鞘炎：屈指肌腱狭窄性腱鞘炎常发生在拇指、中指、环指发病年龄一般在 40 岁以上。发病初期在手指屈伸时产生弹响、疼痛，故又称“扳机指”。患者常自述关节活动不灵活，关节肿胀，严重时关节交锁在屈曲或伸直位，关节不能伸直或屈曲，此症状偶见于小儿，双侧拇指处于屈曲位，不能主动伸直。轻者在经局部按摩后拇指可以伸直，重者被动也不能伸直拇指。

③肌鞘炎：肌鞘炎又称轧砾性肌鞘炎。在腕部活动增多时，腕背近侧出现红肿、发热、局部压痛，压之可产生捻发音或踏雪音。

④尺侧腕伸肌腱鞘炎：尺侧腕伸肌腱鞘炎是引起腕关节尺侧痛的原因之一。尺侧腕伸肌腱和周围的鞘管对远端桡尺关节和腕三角纤维软骨复合体起重要的支撑作用。在腕部活动度过大时，因反复牵拉或扭伤，可诱发腕尺侧痛，尤其在用力时腕部酸痛无力。

6.肌肉或肌腱的撕裂

肌肉肌腱损伤，外力引起肌肉断裂称肌肉断裂，肌腱起止点断裂称肌腱断裂。长期反复轻伤或磨损，日久引起肌腱断裂，称为肌腱自发性断裂。肌肉或肌腱部分撕裂时，当肌肉对抗阻力伸展或收缩时会有痛感。完全撕裂时，肌肉将不能发挥作用。

(1)造成肌肉或肌腱撕裂的原因

若肌腱长期反复经受轻微外伤，或肌腱本身有慢性磨损，导致腱纤维变性、变细，日后轻微扭伤即可造成肌腱断裂，谓之肌腱自发性断裂。肌肉过度疲劳或急性期治疗不当，不良姿势和畸形引起肌肉平衡失调，称为慢性肌肉劳损。

(2)肌肉或肌腱撕裂的临床表现

肌肉肌腱损害常见的有颈肌扭伤、急性腰肌扭伤、慢性腰肌劳损、冈上肌腱断裂、肱二头肌腱断裂、股四头肌腱断裂以及跟腱断裂，一般症状为局部疼痛、肿胀、压痛，功能减弱或丧失。

①颈肌扭伤：颈肌扭伤多因颈部肌肉突然收缩、扭转或睡眠时姿势不良，使颈部部分肌肉处于过度紧张状态，导致部分肌纤维损伤。其中以肩胛提肌扭伤为多见，该肌的功能为提肩胛，肩胛固定时可使头后仰或向对侧仰头；睡眠姿势不良可致该肌扭伤，俗称落枕。表现为患侧颈肌胀痛，主要在肩胛骨内上方有明显压痛。严重时可引起颈肌痉挛并有硬韧感，头颈部向一侧倾斜，当颈部前屈及向健侧弯曲旋转时疼痛加重。其他肌肉扭伤时也可出现不同部位的压痛，以及该肌的活动受限。本病发病急，病程短，无骨质病变，且无感觉和肌力减弱等症状。

②腰肌损伤：腰肌损伤可分急性扭伤和慢性劳损。

1)急性腰肌扭伤:急性腰肌扭伤常见为突然扭转腰部或负重而引起的腰背筋膜等软组织扭伤或部分肌纤维撕裂。扭伤当即出现腰部剧烈疼痛,不能直腰,而强直于某一体位,腰部屈伸和旋转均感困难,甚至不能坐立与行走,腰髋部及腰部一侧或两侧髋棘肌疼痛且有肌肉痉挛性僵硬。髋后上棘、髓椎或腰椎横突附近有明显压痛,损伤严重时有深部出血,出现局部肿胀。

2)慢性腰肌劳损:本病比较多见,多因急性腰肌损伤未能及时治疗或治疗不当,致使组织周围的渗出液纤维化,使肌肉、韧带及筋膜等互相粘连,而遗留慢性腰痛;或由于职业关系长时间弯腰工作,使腰肌处于紧张的不良姿态,引起累积性轻微损伤,而形成慢性腰肌劳损。患者一般会感到腰部酸痛沉重,腰部活动稍受限制,在紧张地工作时,这些症状不易引起注意,而工作后又重新出现腰痛,特别在工作劳累后或阴雨天更觉腰痛加重。急性发作时,可出现腰肌紧张及明显压痛。

③冈上肌腱断裂:冈上肌为斜方肌和三角肌所覆盖,为组成肩袖肌的一部分,功能为使上肢外展。冈上肌腱断裂多见于40岁以上的重体力劳动者。肌腱断裂时仅有轻微疼痛,有时可听到响声,同时肩部无力,肩峰下有局限性压痛。做肩外展动作时感到困难,常表现为耸肩现象,外展最多达70°,如果以外力帮助使肩外展超过90°,则上臂又可继续上举。

(3)肌肉或肌腱撕裂的治疗方法

肌肉或肌腱损伤的治疗,应根据损伤的程度、该肌与肌腱对肢体所起的功能而决定。如单纯扭伤,一般卧床休息,予以按摩、理疗,必要时内服镇痛及舒筋活血药,并做功能锻炼等,均能逐渐恢复。对部分肌肉或肌腱断裂,原则上以非手术疗法为主,应用石膏或夹板等将患肢固定在损伤肌肉松弛位,并服镇痛消肿药物,3周后再进行理疗和锻炼。肌肉或肌腱完全性断裂,则必须早期手术修复缝合,用石膏外固定4～6周,而后进行按摩、理疗,并主动和被动地练习关节功能。

7.筋膜炎

(1)筋膜炎的病因

目前筋膜炎的病因尚不明确,可能与受寒、创伤、免疫因素和血管炎症有关。风寒侵袭、疲劳、外伤或睡眠位置不当等均可以诱发筋膜炎的急性发作,相关研究工作有待进一步深入。有学者对全球范围内的筋膜炎发病情况进行长期的观察,但由于没办法进行历史回溯,对发病影响因子的权重也未获得显著的结论。

(2)筋膜炎的临床表现

筋膜炎多表现为发病部位疼痛,多为酸痛不适、肌肉僵硬板滞或有重压感,晨起或天气变化及受凉后症状加重,活动后疼痛减轻,常反复发作。急性发作时,局部肌肉紧张、痉挛，活动受限。由于在急性期没有得到彻底的治疗而转入慢性，或者由于患者受到反复的劳损、风寒等不良刺激，会反复出现持续或者间断的慢性肌肉疼痛、酸软无力等症状，体检时可在患处触摸到固定压痛点，位置常固定在肌肉的起止点附近或两组不同方向的肌肉交接处，压痛点深部可摸到痛性硬结或痛性肌索。

(3)与运动有关的筋膜炎

以下介绍与运动有关的颈背部筋膜炎和足底筋膜炎：

①颈背部筋膜炎：又称颈背部肌纤维组织炎，主要发生于肩背部肌肉、筋膜，因有肩背和颈部症状，易与颈椎病相混淆，表现为颈、肩、背部疼痛不适，持续存在或反复发作，劳累后加重，颈部活动时有牵扯感和不适，但多无明显活动障碍。冈上肌筋膜炎可反射至肩关节，斜方肌筋膜炎反射至颈部。体内慢性炎症病灶如慢性胆囊炎、上呼吸道感染，或其他引起发热的炎症如气候改变、寒冷潮湿及身体过度劳累等均为诱发因素。

②足底筋膜炎：大家常说的足底筋膜炎是发生在足部的炎性疼痛，医学上称为跖筋膜炎。足底筋膜炎多为长时间走路(如登山、徒步、逛街等)引起的足底慢性损伤。此外，鞋跟太硬、常穿高跟鞋等也会造成对足跟压迫，加重足底损伤，多是单脚发病，除了足跟疼痛外，另有10%的患者感到足弓或前足疼痛。晨起当脚刚接触地面准备站起来的瞬间，疼痛非常剧烈，稍加活动可减轻，行走一段时间后又加重。

8. 滑囊炎

滑囊炎是指滑囊的急性或慢性炎症。滑囊是结缔组织中的囊状间隙，是由内皮细胞组成的封闭性囊，内壁为滑膜，有少许滑液。少数与关节相通，位于关节附近的骨突与肌腱或肌肉、皮肤之间。凡摩擦力或压力较大的地方，都可能有滑囊存在。许多关节的病变都可以引起该病。

(1)造成滑囊炎的原因

滑囊炎可以由损伤引起，部分是直接暴力损伤，有些是关节屈、伸、外展、外旋等动作过度，经反复、长期、持续的摩擦和压迫，使滑囊劳损导致炎症，滑囊可由磨损而增厚。另外，感染病灶所带的致病菌可引起化脓性滑囊炎，痛风合并肘关节部位的鹰嘴和膝关节部位的膜前滑囊炎，滑囊炎还可能与肿瘤有关。

(2)滑囊炎的临床表现

①急性滑囊炎：急性滑囊炎的特征是疼痛、局限性压痛和活动受限。如为浅部滑囊受累，局部常红肿，化学性或细菌性滑囊炎均有剧烈疼痛，发作可持续数日到数周，且多次复发。

②慢性滑囊炎：慢性滑囊炎是在急性滑囊炎多次发作或反复受创伤之后发展而成。由于滑膜增生，滑囊壁变厚，滑囊最终发生粘连。因疼痛、肿胀和触痛，可导致肌肉萎缩

和活动受限。

③肩峰下滑囊炎:肩峰下滑囊炎表现为肩部局限性疼痛和压痛。尤其在外展50°～110°时更加明显。

④损伤性滑囊炎:损伤性滑囊炎较多见,呈慢性,常在骨结构突出部位,因长期、反复摩擦和压迫而引起。它常在慢性滑囊炎基础上突发,损伤力量较大时,可伴有血性滑液渗出。

⑤感染性滑囊炎:感染性滑囊炎由于感染病灶带来的致病细菌,可引起化脓性滑囊炎,并可引起周围组织蜂窝织炎,破溃后常残留窦道。

⑥痛风性滑囊炎:痛风性滑囊炎易发生于鹰嘴和髌前滑囊,滑囊壁可发生慢性炎症性改变,并有石灰样沉淀物沉积。患者多有慢性损伤史和与致病相关的职业史。关节附近的骨突处有呈圆形或椭圆形、边缘清楚、大小不等的肿块。急性者疼痛、压痛明显,慢性者疼痛则较轻,患肢可有不同程度的活动障碍。若继发感染,则可有红、肿、热、痛表现。

9.滑膜炎

滑膜炎是滑膜发生炎症,关节内过度分泌滑液,通常由于创伤造成。膝关节滑膜炎是一种无菌型炎症,是由于膝关节扭伤和多种关节内损伤而引起。滑膜的功能异常会导致关节液无法正常生成和吸收,膝关节就会产生积液。滑膜的形态改变还会侵袭膝关节软骨,不及时治疗会导致膝关节骨性关节炎,存在很大的致残危机。

(1)造成滑膜炎的原因

①急性外伤:青壮年滑膜炎多因急性创伤和慢性损伤所致,急性外伤包括有:膝关节扭伤、半月板损伤、侧副韧带或交叉韧带损伤,关节内积液或积血,表现为急性膝关节外伤性滑膜炎。

②骨质疏松:老年人多发滑膜炎,主要是由于软骨退变与骨质增生产生的机械性刺激,继发滑膜水肿、渗出和积液等。

③膝关节劳损:有时也可因单纯膝关节滑膜损伤或长期慢性膝关节劳损所致,可使膝关节逐渐出现肿胀和功能障碍,进而形成慢性膝关节滑膜炎。

④感染:其中常见的是滑膜结核感染。一般来讲,滑膜内血管丰富,血液循环良好,对细菌抵抗力较强,但在感染结核菌的情况下,病情进展较缓慢,其症状表现时好时坏。

(2)滑膜炎的临床表现

膝关节滑膜炎并没有年龄的限制而是在任何年龄阶段都会发生。对于年轻人来说,通常会有较大的运动量,因此在运动中容易因为膝关节受到打击、扭转、运动过度后,发生肿胀、疼痛、活动困难、走路跛行、局部皮肤温度高、皮肤肿胀紧张或关节穿刺出血性液体等情况。

10.挫伤

挫伤指的是直接击打的淤伤，导致毛细血管破裂、出血、水肿和炎症。挫伤是由钝性物体直接作用于人体软组织而发生的非开放性损伤，棒打、车撞、马踢、跌倒是最常见的原因，头部、关节、胸壁、骨盆部和腰髋部等为多发部位。临床症状差别很大，轻度挫伤一般为毛细血管溢血，毛细淋巴管流出的淋巴液积聚于肌肉和结缔组织之间，造成肿胀，疼痛明显。

11.肌肉痉挛

俗称抽筋，是神经肌肉异常兴奋引起肌肉不自主、无征兆的过度收缩，发作时表现为肌肉明显压榨样收缩，疼痛难忍，可持续数秒或数十秒，后逐渐缓解，可残留局部痛感。

(1)引起肌肉痉挛常见的原因

①疲劳：身体疲劳时，肌肉的正常生理功能会改变。此时肌肉会有大量的乳酸堆积，而乳酸会不断地刺激肌肉，造成痉挛。

②电解质不平衡：运动中大量出汗，特别在炎热的气候下，会有大量的电解质流失。汗的主要成分是水和盐，而盐和肌肉收缩有关，流失过多的盐会使肌肉兴奋造成抽筋。

③寒冷的刺激：在寒冷的气候中，例如游泳时受到冷水的刺激，特别是热身运动没有准备充分，肌肉容易发生痉挛，主要原因是肌肉会因寒冷而兴奋性增高。

(2)肌肉痉挛的临床表现

痉挛会使皮肤、筋膜、肌肉或关节囊缩短或收紧，阻碍该结构的正常活动。这种剧烈的肌肉收缩，在某种意义上讲，是一种保护性反射，即保护一个区域免于进一步的活动以让其有时间恢复。中枢神经系统的疾病、急性传染病、过度疲劳、张力障碍等，都会导致肌肉的痉挛现象，无论哪种情况，需要做的只是休息，避免进一步的损伤。

(3)腿部痉挛的处理方法

①在游泳时发生小腿抽筋时，一定不要慌张，先深吸一口气，把头潜入水中，使背部浮在水面，两手抓住脚尖，用力向自身方向拉。一次不行，可反复几次，肌肉就会慢慢松弛而恢复原状。如果强行上岸，往往会适得其反而溺死。

②在日常生活中，小腿抽筋时，可迅速掐压手上合谷穴和上嘴唇的人中穴。掐压 20～30s，其有效缓解率可达 90%。

③当腿抽筋时，脚背要用力往上翘至最大幅度，并固定在此位置上，一般在 30s 内即可解除痉挛。然后保持脚背上翘位置约 3min，以巩固疗效。

④用手掌根部按于小腿内外两侧，掌根相对用力并按揉腓肠肌部，约 2min 可解除小腿胀痛。

⑤用热水袋局部热敷，也可帮助消除抽筋现象。对身体缺钙而引起的腿抽筋，需求诊医生补充钙质，才能彻底治愈。

12. 血肿

血肿是由于种种外力作用，导致血管破裂、溢出的血液分离周围组织，形成充满血液的腔洞，局部有凝血积聚。

二、运动损伤的分类

运动损伤的分类方法有很多，本节总结了按照损伤的组织部位、运动损伤的严重程度、运动损伤后皮肤黏膜的完整性、运动损伤病程的差异性和运动技术与训练的关系等几个方面的分类方法，对运动损伤作具体的分析。

（一）根据运动损伤的组织部位分类

广义的运动损伤概念覆盖面非常广泛。体育运动不仅包括普通的大众健身项目，如慢跑、体适能运动，还包括各种竞技类项目，如田径、球类、体操类项目，而且还有各种军事体育项目，如摩托车、滑翔伞等，损伤所涉及的组织范围非常广泛。其分类方法自然也存在多种维度，最为常见的分类方法是按照受伤的不同组织部位来进行分类，如软组织损伤、关节软骨损伤、骨损伤、神经损伤、血管损伤等。很多有关运动损伤的概念，也是基于此分类方法。

（二）根据运动损伤的轻重程度分类

1. 轻度损伤

轻度损伤指的是在运动过程中遭受到较为微小的伤害，受伤后不损害工作能力，体育运动可以继续进行，例如我们常见的足球运动员在比赛中受伤，经过队医简单处理后立即回到赛场比赛。轻度损伤虽然不影响运动能力，但我们需要意识到损伤的实际存在，如不及时进行休息而继续进行锻炼，将产生进一步的损伤，甚至逐步过渡为过劳损伤，也就是我们日常生活中所说的老伤，其危害程度不可低估。现实生活中，很多健身人员在进行体适能训练时，对于轻度损伤不够重视，长此以往，慢慢形成了积累伤，往往很难治愈。

2. 中度损伤

中度损伤指的是运动中遭受较为严重的损伤，导致受伤者失去运动及工作能力达到24h以上。中度损伤与轻度损伤最本质的区别是轻度损伤可以通过休息慢慢自我恢复，中度损伤很难自我恢复，必须进行专业治疗。但很多时候，中度损伤的实际危害程度要小于轻度损伤。因为中度损伤必须进行门诊治疗，所以受伤运动员在第一时间被足够重视，经过足够的休养后才能继续训练。究其原因，也是因为体适能界对轻度损伤的不重视，对运动损伤预防意识的薄弱。

3. 重度损伤

重度损伤的危害很大，甚至威胁到运动员的运动生涯，需要长期住院治疗。一般情况下，重度损伤往往由于意外造成，正常的运动和竞赛，很难造成重度损伤。在体操项目中，有的运动员由于落地不慎，曾导致严重的运动损伤。而且也存在其他项目的运动员被标枪刺中的案例，这些都属于意外情况。

在日常体适能运动中，运动人员要有安全意识，形成进行器械检查的习惯，防止意外情况的发生。我们要时刻铭记，重度损伤不但后果严重，而且并非都能彻底治愈，同时，我们还要了解自己的健康状况，避免其在服用特殊药剂或者身体不适的情况下进行高强度的锻炼，以免意外发生造成重度损伤。

(三)根据运动损伤后皮肤黏膜的完整性分类

1. 开放性损伤

开放性损伤表现为受伤处皮肤或黏膜的完整性遭到破坏，有伤口与外界相通，如擦伤、刺伤、裂伤及开放性骨折等。开放性损伤最为明显的特征是血液会流出，严重的会导致过度失血。开放性损伤往往存在于一些剧烈的竞技类运动中，如拳击比赛、篮球比赛等。在日常体适能锻炼过程中很少发生开放性损伤。

2. 闭合性损伤

闭合性损伤表现为伤处皮肤或黏膜仍保持完整，无伤口与外界相通，如挫伤、肌肉拉伤、关节扭伤、闭合性骨折和关节脱位等。与开放性损伤相比，闭合性损伤虽然皮肤黏膜未遭到明显的破坏，但并不意味着闭合性损伤的危害程度低于开放性损伤，有的时候闭合性损伤反而更加严重，治疗难度更大。在日常体适能活动中，撞伤、拉伤都是典型的闭合性损伤，需要到医院处理。

(四)根据运动损伤的病程分类

在运动过程中，按照运动损伤的病程分类，肌肉、骨骼的损伤分为两个基本类别：急性损伤和慢性损伤。

1. 急性损伤

急性损伤是指瞬间遭受直接暴力或间接暴力所造成的损伤，其特点为发病急、病程短、症状骤起，如踝关节扭伤。急性损伤的症状如果没有得到处理，组织继续承受压力，可能会变成慢性损伤。例如，一个人脚踝扭伤，如果没有适当的康复，那么他的脚踝很可能会再受伤。

研发中心的研究人员跟踪了分布于中国全国各地数百名业余足球运动爱好者的脚踝伤，得到了惊人的数据结果，发现超过50%的运动爱好者曾经历过二次损伤。由此可见，关于运动损伤的研究需要深入，其知识的普及任重而道远。

2.慢性损伤

慢性损伤是指局部过度负荷、多次微细损伤积累而成的劳损，或因急性损伤处理不当转化成的陈旧性伤，其特点为发病缓慢、症状渐起、病程较长，如疲劳性骨膜炎。当身体的某一部位在较长时间里过度、反复受压，则受影响的组织可能会衰退，这种衰退将导致慢性损伤，经常被称为过度使用综合征（劳损）。这种情况下，不存在致病的一个特定事件，是微创伤反复发生累积导致了疾病。

劳损不是由急性损伤引起的长期或复发的骨骼、肌肉问题，痛苦的症状可能会持续数月而没有好转。对劳损比较直观的理解可以对照体力劳动者的职业病，因为长期从事固定的体力劳动，使得身体特定部位长期承受过度压力，进而产生劳损。

（五）根据运动技术与训练的关系分类

1.运动技术损伤

运动技术损伤与运动技术特点密切相关。此类损伤少数为急性伤，如投掷时肱骨骨折，体操、技巧运动中的跟腱断裂等；多数为过劳伤，如网球肘、投掷肘、跳跃膝等。技术动作的不规范、训练方法的不科学等，都是运动技术损伤的主要原因。

2.非运动技术损伤

此类损伤多数为意外受伤，如挫伤、骨折、韧带扭伤等。这些损伤与运动技术关系很小，大多是因为运动过程中的意外因素造成的。运动技术的不当，会大大提高非运动技术损伤的风险。

在以上分类方法中，后三种主要用于业余体校、体院和集训队。按一般的分类方法，虽然可以了解受伤的轻重程度，但在运动实践中不能应用。因为在运动训练中，有许多损伤不妨碍日常生活（不运动时没有症状）。按一般医生的分法是轻伤或者不算损伤，但却是运动技术伤，严重影响训练和成绩的提高，如早期的耻骨软骨病，只在加大运动量时才有膝痛，运动量小时不痛，这种损伤属于中度伤，应减小膝关节的运动量，如按一般的分类方法指导实践，必将得出完全可以正规训练的结论，但最后也必定会使伤情加重。后两种分类方法的另一优点是对教师、教练员有更强的实用性，便于估计损伤后果和提出预防及训练安排措施。

三、常见运动损伤的病理

为了让广大运动人员更好地理解运动损伤，提升运动损伤意识，我们按照软组织损伤、关节软骨损伤、肢体末端损伤、骨折损伤修复、周围神经损伤和血管损伤 6 个部分，分别分析其损伤的病理变化过程，让运动人员做到知其然也知其所以然。

（一）软组织损伤的病理变化过程

软组织是日常体适能运动中最容易受伤的组织。所谓软组织，指的是除骨骼以外的其他所有组织，包括皮肤、肌肉、肌腱、腱鞘、韧带、滑膜、滑囊、骨膜、软骨、骨器、脊髓、周围神经、周围血管等组织。我们将软组织损伤按照损伤局部的皮肤、黏膜是否完整分为闭合性软组织损伤和开放性软组织损伤。闭合性软组织损伤是指受伤部位的皮肤完整，皮内受损伤的组织与外界不相通，损伤引起的组织病理变化发生在皮内，其常见类型有挫伤、扭伤、拉伤、震荡伤等，闭合性软组织损伤按发病时间分为急性、慢性两种。开放性软组织损伤是指受伤部位皮肤、黏膜破裂，伤口与外界相通，常有组织液渗出或血液从创口流出，其常见类型有擦伤、撕裂伤、刺伤、切伤等。

1. 闭合性软组织损伤的病理变化过程

（1）急性闭合性软组织损伤的病理变化过程

急性闭合性软组织损伤是因致伤因素的一次性作用使软组织发生了病理改变，出现了临床症状。一般损伤时间不超过 3 周，医学上称为新伤，表现为局部疼痛、肿胀、肢体不同程度的功能受限，如挫伤、扭伤、拉伤等。这类伤病一般发病急、病程短，病理变化、临床症状及体征都较明显。

较大暴力作用于人体后，局部组织会遭到破坏，发生组织撕裂或断裂，进而组织内的小血管破裂、出血，组织内出现血肿；出血停止后出现反应性炎症，坏死组织被蛋白水解酶分解，其分解产物使局部小血管扩张、充血，血管壁的通透性增高，血管内的液体、蛋白质、白细胞等透过血管壁形成渗出液；同时伤后淋巴管发生损伤，出现损伤性阻塞，淋巴循环发生障碍，渗出液不能由淋巴管运走，形成水肿，使组织进一步肿胀，压迫和牵涉性刺激神经，使局部疼痛加剧。由于组织损害、疼痛及因此发生的肌肉保护性痉挛等，导致局部出现功能障碍。表现为损伤早期的红、肿、热、痛及功能障碍等一系列急性炎症的症状，局部红、热是由于炎症部位的微血管扩张所致，肿胀是血管扩张和血液中的一些成分渗出造成的，疼痛是组织内压增高，缓激肽释放等所引起，局部疼痛、肿胀可引起功能障碍。

伤后 4～6h，血肿和渗出液开始凝结，受伤后 24h 左右，创口周围形成肉芽组织（主要由新生的毛细血管和成纤维细胞组成），肉芽组织逐渐伸入到凝块中开始将其吸收，同时渗出的白细胞逐渐将坏死组织清除。邻近的健康组织发生分裂产生新的细胞和组织，以代替那些缺损的细胞和组织，使受损组织得以逐渐恢复，这个过程称为再生。再生的组织在结构与功能上与原来的组织完全相同，称为完全再生；若缺损组织不能完全由结构和功能相同的组织代替，而是由肉芽组织代替，最终形成瘢痕，则称为不完全再生或瘢痕修复。

损伤组织能否完全再生，有诸多因素影响，其中组织本身再生能力的强弱和损伤的严重程度最为重要。此外组织再生能力还与伤者的全身或局部状况有关，若年龄小，营养良好，健康和功能状况及局部血液供应较好，则组织再生能力较强，反之则再生能力较差。

(2)慢性闭合性软组织损伤的病理变化过程

慢性闭合性软组织损伤是由于急性损伤未得到及时恰当的治疗，或由于致伤因素反复多次的作用，致使软组织逐渐发生病理改变而形成的伤病。一般受伤时间超过 3 周，医学上称为陈伤或旧伤，表现为局部疼痛、活动受限等如腰背肌肉筋膜炎、末端病、髓骨软化症等。这类伤病发病缓慢，症状逐渐加重。

其病理变化过程大体可分为 3 个阶段。

①早期阶段：由于局部长期负荷过度，神经调节功能发生障碍，细胞中合成代谢和分解代谢失衡，组织中糖、类脂、蛋白质的化学结构发生改变，但组织形态上无明显变化。伤者尚无不良感觉，或仅有局部酸胀感，常被忽视。若能得到及时有效的处理，损伤可很快康复。

②中期阶段：组织中糖、脂肪、蛋白质的化学结构长时间遭到破坏，组织细胞营养失调，发生变性和增生。此期间伤者的局部酸胀、疼痛感出现，但准备活动后常可消失，运动结束后症状又出现，检查时可发现伤部组织弹性较差，有硬结或条索状物。

③晚期阶段：此期局部小血管发生类脂样变，管腔变窄，造成血液循环障碍，使局部缺血。若血管损害较重，或产生血栓，血流被阻断，可引起局部组织坏死，此期间伤者的疼痛加重，局部温度下降，有发凉的感觉。

2. 开放性软组织创伤皮肤创面愈合的基本病理变化过程

开放性软组织损伤最典型的特征是皮肤黏膜的完整性遭到破坏，也就是我们日常所说的形成了伤口，医学上称为“创面”。针对开放性软组织损伤，如果受伤时能够即时处理伤口，将有助于伤口的早日愈合。

(1)伤口愈合的过程

伤口愈合是由结缔组织修复、伤口收缩和上皮生长来完成的，以下分别就这 3 个方面进行讲述。

①结缔组织修复：结缔组织是人和高等动物的基本组织之一，由细胞、纤维组织和细胞外间质组成，细胞有巨噬细胞、成纤维细胞、浆细胞、肥大细胞等。纤维组织包括胶原纤维、弹性纤维和网状纤维，主要有连接各组织和器官的作用。基质是略带胶黏性的液质，填充于细胞和纤维组织之间，为物质交换代谢的媒介，纤维和基质又合称“间质”，是结缔组织中最多的成分。结缔组织具有很强的再生能力，创伤的愈合多通过它的增生而完成。

结缔组织分为疏松结缔组织（如皮下组织）、致密结缔组织（如肌腱）、脂肪组织等。结缔组织均起源于胚胎时期的间充质。间充质由间充质细胞和大量稀薄的无定形基质构成。间充质细胞呈星状，细胞间以突起相互连接成网，核大，核仁明显，胞质呈弱嗜碱性。间充质细胞分化程度低，在胚胎时期能分化成各种结缔细胞、内皮细胞、平滑肌细胞等。成体结缔组织内仍保留少量未分化的间质细胞。

结缔组织的修复过程又可以细分为渗出期、纤维组织形成期和瘢痕形成期 3 个阶段，但各个阶段之间不能截然分开，而是一个连续的过程。

1）渗出期：损伤引起组织的基本病理变化是炎症反应，是机体对各种致炎刺激物引起的损害所产生的一种非特殊防御反应，其目的在于控制、消灭或排斥外来的致病因子或因伤致死的细胞。

机体受到刺激的瞬间，局部小动脉收缩，组织出现一过性缺血，随着机体对刺激的适应，小动脉、小静脉和微血管相继扩张，使局部血管充血，血流加速，导致皮肤潮红和局部组织水肿。长时间的充血、缺氧和一些代谢产物对血管内皮细胞的损坏，以及静脉回流负荷过大等，导致小动脉、小静脉和微血管的通透性增高，使血浆内的一些成分渗出血管外，引起组织水肿。渗出物与伤口内血液凝集成血凝块并可使两侧创缘黏合渗出的白细胞、吞噬细胞、抗体等有吞噬、移除和吸收作用的因子，以清除坏死组织和杀灭细菌。细胞和体液渗出于伤后 72h 达到高峰。

2）纤维组织形成期：渗出期开始不久，伤口组织中的间质细胞开始分化为成纤维细胞，并不断增殖。与此同时，创缘组织中的毛细血管内皮细胞也逐渐增殖，并向血凝块内伸展而形成新生的毛细血管。成纤维细胞和新生的毛细血管一同逐渐形成肉芽组织。成纤维细胞能合成一种不溶性蛋白质，即胶原，它是修复损伤的重要材料，胶原分子经过聚合形成胶原纤维。此时伤口的张力强度显著增加。胶原纤维在伤后 6～7d 显著增加，2 周达到高峰。

3）瘢痕形成期：随着胶原纤维的增长，肉芽组织被胶原纤维所取代，变成坚硬的瘢痕组织，以后通过再成形，多余的纤维组织被分解吸收，瘢痕逐渐软化 0 少数患者可能因胶原纤维过度增生而形成瘢痕疙瘩。

①伤口收缩：伤后 1～2d，伤口的全层组织自伤口边缘向中心移动，直至伤口缩小为止。伤口最大的收缩方向与伤口长轴成直角。伤口收缩可减少伤口的容积，缩短愈合时间。

②上皮生长：伤口充满肉芽组织时，上皮细胞则自伤口边缘向中心生长，直至创面被完全覆盖为止。因上皮细胞生长的速度有限，若肉芽创面过大，日久尚未覆盖上皮的肉芽组织，会由于其毛细血管减少，血液供应不足，影响上皮生长，甚至使其处于停滞状态

而导致经久不愈的溃疡。

(2)伤口愈合的类型

伤口愈合分一期愈合和二期愈合。

①一期愈合:一期愈合仅限于无菌手术和经过清创缝合的伤口,一期愈合需具备的条件是创缘整齐,组织有活力,缝合后创缘对合好并无张力,伤口内腔很小,少量肉芽组织即可充满。手术后5~7d即可初步愈合,仅留有一线形瘢痕,不影响功能。

②二期愈合:二期愈合的伤口多形状不规则、创缘分离远而难以对合,或已有感染而不能进行缝合的伤口,需待大量肉芽组织生长和大片上皮覆盖才能愈合,愈合后瘢痕组织多,并会影响功能。

(3)影响伤口愈合的因素

全身营养状况不良、维生素缺乏等可影响伤口愈合。伤口内的血肿、异物、坏死组织和无效腔过大等易诱发感染,感染产生的细菌毒素能溶解蛋白质和胶原纤维,引起出血和血栓形成,直接影响伤口愈合。当异物合并感染时,若不及时清除异物,往往引起伤口反复感染并形成经久不愈的窦道。

运动员的关节软骨损伤因一次暴力急性损伤或逐渐劳损受伤引起,其病理变化是不一样的。一次急性暴力致伤可导致软骨剥脱,甚至软骨骨折;挤压暴力可导致软骨的胶原纤维损伤,软骨细胞坏死,进而引起软骨的一系列病变;慢性劳损则是软骨经常受到微细损伤积累的病理变化。

(二)关节软骨损伤的病理变化过程

运动员的关节软骨损伤可发生于各个关节,最易罹患的是膝关节、踝关节以及肘关节。损伤的病变多不一致,同一关节面上一部分可能是严重病变,其他处可能很轻或正常。另外,一个关节面软骨损伤后,往往相对应的关节面软骨也会产生或继发病变。

1.关节软骨损伤的病理变化

关节软骨损伤后,其损伤范围和程度不一,可由软骨失泽、变黄、不透明到软骨软化、龟裂、剥离翘起、缺损、溃疡、软骨纤维变等。镜下可见病变处软骨细胞排列紊乱,细胞减少、簇聚、核缩、坏死;基质退行性变,红染或淡染,出现裂隙空泡等;胶原纤维排列紊乱;软骨纤维化、钙化,软骨内出现骨岛,软骨层变薄。

2.关节软骨损伤后累及其他组织的病理变化

关节软骨损伤可累及多个组织,导致关节软骨、软骨下骨、周围滑膜组织、腱止装置等的一系列综合病变。

(1)软骨下骨病变

局部超常压力直接传递至软骨下骨,引起软骨下骨病变,会出现一系列病理改变:骨髓纤维化，长入软骨层或脑组织，髓腔开放；髓腔内形成黏液囊肿；骨增生，骨小梁增粗，髓腔变窄；骨内出现软骨岛；增生骨突入软骨和腱组织内等。

(2)滑膜组织病变

损伤软骨脱落的细胞形成抗原，以及骨的病理反应刺激滑膜，使滑膜发生炎症反应。肉眼可见软骨周围正常的滑膜隐窝消失，滑膜增生充填软骨边缘隐窝或覆盖软骨，滑膜充血肥厚，绒毛增生，镜下可见血管增生、管壁肥厚、管腔狭窄。

(3)腱止装置病变

滑膜的病变及血液循环的改变等又引起周围腱及腱止装置的病理变化，表现为腱组织肥厚变硬，类似软骨样和瘢痕样组织。镜下可见腱组织肥厚、纤维化、玻璃样变，腱内软骨化、骨化等一系列的病理改变。

关节软骨损伤后的这些病变相互作用，互为因果，使病变进一步加重，临床上不同病例各组织的病变过程并非一致，症状也并非单纯因软骨病变引起，各组织的病变皆能引起症状。由于关节软骨是没有血管神经的组织，单纯软骨病变早期往往没有明显症状。其症状主要由继发其他组织病变引起，这就可以解释为什么临床症状与关节软骨损伤的程度不一致。

(三)末端病的病理变化过程

末端病是指肌腱或韧带止点部因劳损引起的组织变性改变。末端病在运动员中非常多见，如跳跃膝、网球肘、牵拉骨骺炎等皆属此类。虽然病情不重，但却严重影响运动训练及成绩提高。研究证实，局部血运障碍、牵拉、关节的外伤等都可引起肌腱或韧带止点部的劳损，从而形成末端病。末端病损伤多为运动技术伤，治疗与康复比较困难，因而是运动医学的研究重点。

伤部腱及腱围组织变黄失泽，有血管侵入。镜下显示：轻者，正常腱的波浪状纤维排列消失；重者则出现玻璃样变、纤维变，有血管及脂肪组织侵入腱内。个别病例腱中出现软骨岛或骨岛，或血管周围有小圆细胞浸润。腱周围组织中有怒张的血管，或毛细血管动脉化及硬化。腱周围组织水肿并与腱紧密粘连在一起。纤维软骨带有血管侵入，可有软骨团出现。钙化软骨层潮线增厚不规则，个别在镜下见撕脱骨折。骨组织有髓腔纤维变，有的有腱腔开放，开口进入钙化软骨层等多种病理改变。

腱内出现软骨岛及骨岛，脂肪组织出现异位骨化，可能与外伤引起局部细胞因子或生长因子的作用有关。目前已经证实其形成可能与 BMP 有关。因此其预防及治疗除考虑运动量及强度的合理安排之外，局部各种细胞因子及生长因子的出现也应予以考虑。

(四)骨折修复的病理变化过程

骨折的修复过程，一般可分为血肿机化期、原始骨痂期和骨痂改造期。这 3 个时期不能截然分开，而是交织演进的。

1. 血肿机化期

骨折后，骨及周围软组织的血管破裂出血，在断端之间及其周围形成血肿。血肿于伤后4～6h即开始结成血凝块，局部出现炎症反应，随着红细胞的破坏，纤维蛋白的渗出，毛细血管的增生，成纤维细胞、吞噬细胞、巨噬细胞的侵入，血肿逐渐机化，肉芽组织再演变成纤维结缔组织，使骨折断端初步连接起来，成为纤维化骨痂，此期在骨折后2～3周内完成。

2. 原始骨痂期

骨折1～2d后，在血肿分解产物的刺激下，骨折断端处的外骨膜开始增生、肥厚，外骨膜内层成骨细胞增生，产生骨化组织，形成新骨，称为膜内化骨。新骨不断增多，紧贴于骨皮质的表面，填充在骨断端之间，称为外骨痂。同时，骨折断端髓腔内的骨膜也以同样的方式产生新骨，填充在骨折断端内，称为内骨痂。在骨折两断端之间还有中间骨痂，它是通过软骨内化产生新骨的。

因此，骨性骨痂主要是通过膜内化形成(外骨痂多，内骨痂次之)，其次是软骨内化骨。它们的主要成分是来自外骨膜的内层和内骨膜的成骨细胞。软骨细胞内、外骨痂沿着骨皮质的腔侧和骨膜侧向骨折线生长，彼此会合，此期需4～8周。

3. 骨痂改造期

根据功能的需要，梭形膨大的骨性骨痂可进一步改造，多余的骨痂逐渐被吸收，不足的部分长出新的骨痂，骨小梁的排列方向逐渐恢复正常，骨髓腔重新开放，经过一定时间后，可以完全恢复骨的正常结构和功能。

骨折的治疗过程中，正确的复位与固定是十分重要的，另外还要重视全身和患部肌肉、关节的适当活动，以便更好地促进骨折的愈合和功能恢复。

(五)周围神经损伤的病理变化过程

1. 周围神经损伤的原因和类型

(1)周围神经损伤的原因

①牵拉：如臂丛神经损伤，可为轴索断裂。

②切断：如开放性损伤中的刺伤、切伤，有时可导致周围神经被切断。

③缺血：如前臂或小腿的间隔综合征等。

④压迫：如射击运动员桡尺神经麻痹，止血带麻痹等。

(2)周围神经损伤的类型

周围神经损伤依病理不同一般分为3类。

①神经功能传导障碍：无明显病理改变，运动障碍明显，感觉迟钝。多于伤后4～6

周恢复。

②神经轴索中断：损伤的部位是在神经轴索，损伤远端有退行性变，而神经本身未断，神经仍保持连续性运动，痛觉、营养均受累，此类损伤有自行恢复的可能，但常常需要手术松解或修补。

③神经断裂：神经完全断裂时须手术修补。

2. 周围神经损伤病理

可出现组织结构的退行性改变、假性神经瘤和神经再生几种改变。

（1）组织结构的退行性改变

运动神经细胞位于脊髓的前角，感觉细胞位于两旁的神经节。神经干无细胞，而有神经纤维束。轴索是内含神经元的纤维。髓鞘包绕在周围，外有雪旺鞘。

神经断裂后，细胞与其纤维分离，神经近端离断伤位于最近的一节，其轴索及雪旺细胞呈截断变，分裂成许多节段。神经的远端也出现截断改变，波及整条神经，且逐渐被吞噬消失。如果损伤在根部，神经细胞也常有变化，染色质溶解甚至完全毁灭。

（2）假性神经瘤

神经离断后，近端再生的神经纤维乱穿，如未穿向远端，则被雪旺细胞包围成结。远端只有雪旺细胞增殖，也成结。二者均为假性神经瘤。

（3）神经再生

神经伤断后修复时，髓鞘首先接合，然后神经纤维长入远端髓鞘，多少不等，但通常只有一条长入远端，并最后变粗。生长速度每日约 2mm。

（六）血管损伤的病理变化过程

单纯的血管损伤以锐利物切割、穿刺伤为主，更多的是与四肢的严重开放性损伤、关节脱位或骨折等损伤合并发生。肢体挤压伤多不直接损伤血管，但由于肿胀等原因，常可造成伤肢缺血或继发血管栓塞等，其机制与血管损伤相似。

血管损伤的诊断与处理是否及时、得当，关系伤肢能否保留、功能好坏以及生命安危。单纯血管损伤如能及时诊断，治疗较容易，如与其他损伤合并发生，要警惕对血管损伤的情况判别不清而贻误治疗时机，造成严重后果。

1. 血管损伤机制

直接或间接外力均可引起血管损伤。

直接损伤多由锐利的致伤物所伤，如刀、剪、钉子等切割或穿透，血管可部分或完全破裂，为开放性损伤。血管部分断裂，由于管壁有部分相连，靠血管收缩不容易闭合裂口，故出血较多，导致皮下及较大的肌间隙血肿，常发生休克。

有时血凝块堵塞管壁破口而血管腔仍通血，故肢体远端不一定有缺血表现，应仔细检查,防止漏诊。

冲撞、挤压、牵拉等钝性暴力也可伤及血管,多为闭合性损伤。不同程度的钝性外力可致不同程度的血管壁损伤。轻者可使血管内膜挫伤,继而引起血栓形成,重者可致内膜撕裂,管壁夹层血肿,以致内膜、中层断裂,形成血栓、堵塞血管等,造成肢体缺血,诊断较困难,容易漏诊、误诊,贻误治疗时机。

2.血管损伤的病理变化过程

血管损伤后,血管本身以及由该血管供血的组织会发生一系列变化。

(1)血管痉挛

血管受到外力刺激后,会产生防御性反应,发生不同程度、不同范围的血管痉挛,管壁肌层呈环形收缩。如管壁组织没有损伤,外力刺激去除后数分钟至数小时,血管痉挛多可自行恢复。若肢体远端缺血现象长时间不缓解,可能会导致血管内膜损伤、血栓形成。

(2)血栓形成

当外力使血管内膜挫伤或撕裂时,由于机体的反应性保护,血小板黏附在粗糙的内膜处,继而使红细胞、纤维素聚集形成血栓。血栓栓塞血管的远端血流减慢,易使血栓扩展蔓延,堵塞血管的分支,从而加重肢体缺血。损伤6h内血栓多局限在管壁损伤处,6～24h血栓向远端延伸。血栓形成早期,手术时容易取出,数日后血栓机化与血管壁粘连则不易分离。

(3)侧支循环建立

肢体重要血管损伤,血液供应中断后,缺血组织引起机体反应,使原有侧支开放并重新建立侧支循环,以改善肢体缺血状况。侧支循环建立的快慢以及肢体耐受缺血的能力因人而异,与血管损伤的部位、损伤程度、血管床的良好与否关系密切。锐器损伤,血管损伤局限,周围组织破坏少,则侧支循环建立快;肢体挤压伤,血管损伤范围大,血管床亦遭破坏,加之受伤肢体肿胀加重缺血,则不利于侧支循环的建立。

四、运动损伤的内在风险因素

(一)肌肉失衡

肌肉的功能是通过改变细胞形状而产生"力",最终导致"运动"。也就是说人类所有的运动都是通过肌肉来完成的,如心搏、呼吸、消化、跑动等。肌肉有3种:骨骼肌(肌腱固定在骨骼上,四肢移动或维持躯体平衡)、平滑肌(主要分布在内脏,不受意识控制)、心肌(维持心脏心搏)。

所谓的肌肉平衡,主要是主动肌(群)与拮抗肌(群)之间的均衡。主动肌和拮抗肌是相对于某一动作而言，有时可互相转换变化。肌肉运动源自神经的控制，也就是我们的意识支配肌肉产生运动。这个过程中主动肌收缩，拮抗肌拉伸，二者互相协调完成动作。

我们身体保持一个姿势过久或者锻炼设计不合理等，都可能会导致某一肌肉或者肌群的过度收缩，造成拮抗肌过度拉伸，久而久之就变成了各种不均衡。肌肉的不均衡对身体功能的影响包括如下几个方面。

1. 影响关节活动范围（ROM）

假设一根木棍一端固定，另一端左右两侧分别用两根皮筋拴住，通过拉伸皮筋可以令木棍倒向左右两边。假设皮筋的蜂力原本可以让木棍左右各摆动 50°，但当一根皮筋过紧无法拉伸至正常的长度，另一侧皮筋太松没办法归位，木棍的摆动范围自然就受到影响了。肌肉一旦失衡，将直接影响关节的活动范围，这一点是很容易理解的，也是日常体适能运动中十分常见的。

2. 影响体态姿势

最常见的问题是很多人经常伏案工作，一坐就是一天。胸大肌、背阔肌、大圆肌、三角肌（前）过度收缩，三角肌（后）、冈下肌、小圆肌等不得不过度拉伸。久而久之，就产生了影响体态姿势的不良后果，体适能锻炼的重要目标之一就是优化身体姿态，还可以修复坐式生活造成的损害。

3. 影响心理状态

所谓身心合一，我们可以通过肢体来表达我们的思想，例如肢体语言。反过来当我们某个姿势待久了，也会影响到心理。提升锻炼者的精神状态，是体适能运动的重要价值之一，经常锻炼的人，整体状态会显得很好。

4. 影响运动习惯

人体是一个极为平衡的系统，肌肉最开始损伤的时候会以疼痛来警示。若听之任之，久而久之，身体便自行建立新的平衡，例如肌肉的一小部分聚集无法拉伸，周围的纤维会拉伸来补充这部分的损失，乃至周围的肌群也会共同承担，最后建立新的平衡。试想如果你左脚痛，走路的时候会不会不自主地用右脚着力，也就是说当你带着整个不平衡的身体实现各种动作时，有时候会加重损伤，因为一部分肌肉承担的太多。人体也很聪明，总会寻找“最省力”的方式，以“一方有难、八方支援”的方式完成锻炼。

（二）骨位异常

我们所说的骨位异常，一般包括风湿性关节炎、类风湿关节炎、退行性关节炎、强直性脊柱炎、颈椎病、腰椎病、肩周炎、骨质增生、股骨头坏死。

1. 风湿性关节炎

风湿性关节炎是一种常见的急性或慢性结缔组织炎症，可反复发作并累及心脏。临床主要以关节和肌肉游走性酸楚、疼痛为特征。风湿性关节炎属于变态反应性疾病，是风湿热的主要表现之一，很多情况下是以急性发热及关节疼痛起病。

2. 类风湿关节炎

类风湿关节炎是一种以关节滑膜炎为特征的慢性全身性自身免疫性疾病。滑膜炎持久反复发作，可导致关节内软骨和骨的破坏、关节功能障碍甚至残废。血管炎病变累及全身各个器官，故本病又称为类风湿病。

3. 退行性关节炎

退行性关节炎又称肥大性关节炎，是指一些老年人常常会有腰痛、腿痛、关节痛，由于它多见于老年人，因而也称为老年性关节炎。

老年性退化是引起退行性关节炎的主要原因。中老年人一些组织器官会发生退行性变化，骨和关节组织也不例外。退行性变化尤其好发于承重的关节和多活动的关节。过度的负重或过度的使用某些关节，可促进退行性变化的发生。此外，如关节内骨折、糖尿病、长期不恰当地使用肾上腺皮质激素等因素，均可促进退行性变化的形成和加速已存在的退行性变化的发展。

4. 强直性样柱炎

强直性脊柱炎属风湿病范畴，血清阴性脊柱关节病的一种，该病因尚不明确。它是以脊柱病变为主要病变的慢性病，累及骶髂关节，引起脊柱强直和纤维化，造成不同程度眼、肺、肌肉、骨骼病变，属自身免疫性疾病。近些年中医药治疗在临床上取得进展性突破，中医四联修复再生疗法——通过补气血、活肾、化瘀、修复四效合一，从内及外整体调理治疗，调节功能紊乱等，无论病史长短，患病年龄大小，一般可在15～30d见效，症状逐渐消失，治愈后不易复发。

5. 颈椎病

颈椎病又称颈椎综合征，是颈椎骨关节炎、增生性颈椎炎、颈神经根综合征、颈椎间盘脱出症的总称，是一种以退行性病理改变为基础的疾病。颈椎病主要是由于颈椎长期劳损、骨质增生或椎间盘脱出、韧带增厚，致使颈椎脊髓、神经根或椎动脉受压，导致一系列功能障碍的临床综合征。颈椎病表现为颈椎间盘退变本身及其继发性的一系列病理改变，如椎节失稳或松动、髓核突出或脱出、骨刺形成、韧带肥厚和继发的椎管狭窄等，刺激或压迫了邻近的神经根、脊髓、椎动脉及颈部交感神经等组织，并引起各种各样症状和体征。

6. 腰椎病

腰椎病是指因肯柱及肯柱周围软组织急慢性损伤或腰椎间盘退变、腰椎骨质增生等原因引起，在临床上表现为以腰痛、腰部活动受限和腰腿痛为主要症状的疾病。医学上所讲的腰椎病，涵盖了腰椎间盘突出、腰椎骨质增生、腰肌劳损、腰扭伤、腰椎退行性病变、风湿或类风湿性腰痛、腰椎结核、风寒湿性腰痛、淤血性腰痛、湿热性腰痛、肾虚性腰痛、颈椎病等疾患。

7. 肩周炎

肩周炎是以肩关节疼痛和活动不便为主要症状的常见病症。本病的好发年龄在50岁左右，女性患病率略高于男性，多见于体力劳动者。如得不到有效的治疗，有可能严重影响肩关节的功能活动。本病早期肩关节呈阵发性疼痛，常因天气变化及劳累而诱发，以后逐渐发展为持续性疼痛，并逐渐加重，昼轻夜重，肩关节向各个方向的主动和被动活动均受限。肩部受到牵拉时，可引起剧烈疼痛。肩关节可有广泛压痛，并向颈部及肘部放射，还可出现不同程度的三角肌萎缩。

8. 骨质增生

骨质增生又称为增生性骨关节炎、骨性关节炎（OA）、退变性关节病、老年性关节炎、肥大性关节炎，是由于构成关节的软骨、椎间盘、韧带等软组织变性、退化，关节边缘形成骨刺，滑膜肥厚等变化而出现骨破坏，引起继发性的骨质增生，导致关节变形，当受到异常载荷时，引起关节疼痛，活动受限等症状的一种疾病。骨质增生分原发性和继发性两种。

9. 股骨头坏死

股骨头坏死，又称股骨头缺血性坏死，为常见的骨关节病之一，大多由风湿病、血液病、潜水病、烧伤等疾患引起。坏死源于邻近关节面组织的血液供应被破坏。其主要症状是从间断性疼痛逐渐发展到持续性疼痛，再由疼痛引发肌肉痉挛、关节活动受到限制，最后造成严重致残而跛行。激素的应用亦会导致本病的发生。

（三）损伤史

影响运动损伤的一个重要因素是损伤史。大多数运动员或者部分健身爱好者，都曾经因为各种原因受过伤。对损伤的认识不足，造成损伤后的治疗和恢复不充分，是导致再次受伤的重要原因。同时，有些重度损伤是不可能完全恢复到损伤前状态，会成为再次运动损伤的潜在因素。

健身活动在大多数人观念里并非危险性很高的运动，事实也是如此。所以，大家对于预防运动损伤的意识并不是很强，健身教练应该在这方面体现出专业水准，应提前做好运动损伤预防的相关工作。

（四）肥胖

肥胖问题是当今社会的主要健康问题之一，很大一部分人锻炼的目的就是为了控制肥胖。从医学角度而言，肥胖是一种由多种因素引起的慢性代谢性疾病，以体内脂肪细胞的体积和细胞数目增加导致体脂占体重的百分比异常增高并在某些局部过多沉积脂肪为特点。单纯性肥胖患者全身脂肪分布比较均匀，没有内分泌紊乱现象，也无代谢障碍性疾病，其家族往往有肥胖病史。

肥胖将产生一系列导致运动损伤的因素，如关节承压的失衡、心肺压力增大等。在健康管理学科里，学者们也认为，肥胖是除吸烟之外，对身体健康危害最为严重的因素之一。

（五）关节松弛

关节松弛，又称为关节过度活动综合征，是四肢关节疼痛的主要原因之一。目前，关于关节松弛的研究相对较少，欧洲有统计数据表明儿童关节松弛的发病率在12%左右。关节过度活动综合征是一种家族性、遗传性疾病，患病多见于儿童，影响患儿肢体活动和功能。

关节松弛将使运动损伤的风险大大提升。肌肉力量与关节承受力的不平衡，使得人们在运动时常常以强大的肌肉力量作为衡量运动力量上限的标准，这很容易导致严重的运动损伤或者过劳伤。

（六）诱发性运动障碍

发作性运动诱发性运动障碍（PKD）又称发作性运动诱发性舞蹈手足徐动症，由Kertesz（1967）首先报道并命名，是发作性运动障碍中最多见的一种类型，以静止状态下突然随意运动诱发短暂、多变的运动异常为特征。诱发性运动障碍具有遗传性和散发性特征。在全部病例中，有遗传家族史的病例约占60%，遗传方式大多为常染色体显性遗传，有外显不全现象。诱发性运动障碍起病于儿童和青少年期，发病年龄从4个月至57岁，多在6～16岁，以男性多见。发作前少数患者可有感觉先兆，如受累部位肢体发麻、发凉、发紧等。发作常由突然的动作触发，如起立、转身、迈步、举手等，也可由惊吓、恐惧、精神紧张、过度换气等诱发，发作时患者表现为肢体和躯干的肌张力不全、舞蹈、手足徐动、投掷样动作等多种锥体外系症状。

人们尝试通过日常的体适能运动，来改善诱发性运动障碍的症状，但健身教练应该深刻理解诱发性运动障碍本身是运动损伤的重要影响因素，针对特殊群体，我们需要更为专业的知识来确保其体适能运动的安全性。

（七）长短腿

长短腿就是人体下肢长短不齐，是相当常见而且恼人的问题。长短腿形成原因有很多种，如外伤性骨折（车祸或意外）、神经受损导致肌肉张力不协调（如脑性麻痹、中风）、感染性疾病（小儿麻痹），但也有很多是平常忽略的双足压力不均，而造成双腿不等长的长短腿。

长短腿容易导致骨盆倾斜进而出现脊椎侧弯。虽然脊椎侧弯还由很多因素造成(原发性、神经性、脊椎关节退化等),但临床上对脊椎侧弯患者作足底压力检测时,会发现很多人双脚掌的结构是高低不均的。

(八)颈部僵硬/活动范围受限/头痛

颈部僵硬是指肌肉紧张,发胀、发硬、痉挛(抽筋)、运动不灵活,常见于疲劳,颈椎病肌肉做硬为持续性的肌肉收缩过度,不但使肌肉血液供应减少,也造成代谢物等聚积,引起肌肉缺血性疼痛。后脑疼痛及头顶痛,则可能是头部或颈椎病变引起的张力头痛。各型颈椎病症状基本缓解或呈慢性状态时,可开始医疗保健操以促进症状的进一步消除及巩固疗效,日常生活中应当注意劳逸结合,端正姿势正确,避免久站久坐。

(九)核心稳定不足

核心力量训练是针对人体躯干两侧肌肉群的练习而研发的,主要包括前部肌群、后部肌群和侧部肌群。实践证明,由于躯干两侧的肌群多属于小肌肉群,运动人员在实际训练中很难把握,尤其是对动作技术具有关键意义的小肌肉群,更需要通过多种方法进行练习。核心力量的训练直接影响核心稳定性,而核心稳定性是保障运动训练的重要前提条件。核心稳定性不足,将大大增加运动过程中的损伤概率。

五、运动损伤的外在风险因素

(一)热身不充分

热身运动是指在运动之前,用短时间低强度的动作,让即将运动时将要使用的肌肉群先行收缩活动,以提升局部或者全身温度,促进血液循环,并且使体内的各种系统(包括心血管系统、呼吸系统、神经肌肉系统及骨关节系统等)能逐渐适应即将面临的较激烈活动的准备运动,能减少运动损伤的发生。

缺乏足够的热身运动是引起各种运动损伤最主要的原因之一。许多爱好运动的朋友常常进行的“拉筋”动作,其实并不能达到热身的效果。这些伸展拉筋的柔软操是用各种伸展关节的动作,将肌肉、肌腱、韧带等软组织拉松,以增加关节活动的灵活度,有预防运动损伤的作用。不过,如果针对还没有“活动开来”的“冷”肌肉强行加以拉扯,不但达不到增加柔软度的效果,反而更容易造成肌肉的伤害。最安全、最有效的方法,是在拉筋伸展动作之前进行几分钟的热身运动,使稍后将要频繁使用的肌肉先行活动开来,肌肉温度稍微提高以后,再依照正确的要领来“拉筋”,达到“热身”及“增加柔软度”的效果。

(二)不适当的难度晋级

在中国,体适能运动的研究和普及还处于初级阶段,健身教练的整体水平还需要提升,普通会员的健康知识更是缺乏。出于对健身视觉效果的过度追求,而忽略健康和运动安全因素，在中国是十分普遍的现象，如何在全民健身、中华民族身体素质整体提升的大背景下，不断地加强相关领域的研究工作，提升大众的运动损伤知识水平，是亟待解决的问题。

（三）混淆肌肉酸痛与关节痛

肌肉酸痛在很多时候被运动者理解为锻炼效果的一种体现，在不过度锻炼的情况下，正常的肌肉酸痛是可以接受的，但关节疼痛，一定是运动损伤的表现。将两者混淆，会产生非常严重的后果，即关节损伤会进一步加剧，进而导致慢性的、不可逆的损伤。

正常的肌肉酸痛一般在 24～48h 之内就会消失，还可以忍耐，但关节疼痛则很难忍受。

如果一项运动或训练引起“啊”的尖锐疼痛，就应该立即停止，不应该强行忍痛进行，应调整或更换一个不会疼痛的动作。如果是从损伤中恢复，那么这点就尤为重要。尖锐的剧痛常导致更多炎症，并延退损伤的痊愈，而且说明身体的某个部位出现了问题。

（四）肌肉疲劳

正如疲劳驾驶容易导致交通事故，过度疲劳的体适能训练也会急剧增加运动损伤发生的可能性。肌肉在反复工作的情况下会导致做功能力下降，这种现象就是肌肉疲劳。肌肉疲劳会在以下几个方面增加运动损伤的风险。

1.动作变形

过度的疲劳，会导致体适能运动动作的变形，动作变形是引起损伤的重要因素之一。

2.肌肉力量下降

疲劳导致肌肉力量的下降，容易产生肌肉损伤或者其他意外损伤，如平板卧推和重力深蹲过程中，由于疲劳，即使采用日常重量配置也会发生意外的损伤。

（五）大量的重复运动

在体适能训练过程中，往往会涉及大量的重复运动，一组一组的运动设计方案，其科学性要求非常高，过度的大量重复运动，对关节和肌肉的损伤都是十分严重的。

（六）中心线不当或技术差

体适能运动训练过程中的技术动作错误，也是导致运动损伤的重要因素。其中，中心线不直是主要的原因。中心线是力量的主要承载区域，直立的中心线使得运动力量在躯干部分的承重不产生过度摩擦和弯折，所以不容易受到伤害，一旦中心线偏离，力量的承载则落到关节处，是十分容易造成创伤的。

与此同时，运动训练技术的不足，动作不标准，也是导致运动损伤的重要原因。无论在竞技类运动还是在大众健身运动中，这一点都是至关重要的。

(七)不适合的鞋

脚部是运动训练中力量的重要支点,体重是人们在进行体适能运动中的力量组成部分。不可否认,例如平板卧推等形式的运动,重量承载在脚部的比例极低,甚至没有。但大多数运动,脚部的力量承载都比较大,因此不适合的鞋将会导致运动损伤的概率大大提升。例如对于女性而言,穿高跟鞋进行体适能锻炼,就很容易崴脚,长此以往,即使不造成急性运动损伤,也会造成运动系统慢性损伤。

寻找一双适合自己的运动鞋十分重要,目前在欧洲有些厂商提供运动鞋的定制业务,在条件允许的情况下,定制运动鞋是个不错的选择。

(八)环境因素

运动训练的环境因素也逐渐成为运动损伤的影响因素之一。近年来,跑步成为一项大众热衷的运动形式。因为其简单,易行,且因马拉松运动的促进作用,跑步得到了大众广泛的青睐。但由于近年来空气污染比较严重,长时间在 PM2.5 过高的环境下进行有氧慢跑,对身体的伤害是不言而喻的。也正是如此,我们需要注重锻炼环境的塑造,例如对跑步的空间进行空气净化处理。

六、运动损伤的预防原则

(一)加强安全教育

平时要注意加强防伤观念的教育,无论是健身运动还是在体育教学、训练或比赛中都要认真贯彻以预防为主的方针。在社会体育指导员、体育教师、教练员和运动参与者中,要普及运动损伤的预防知识,经常进行安全教育,克服麻痹思想,养成良好的体育道德风尚。

少年儿童由于运动经验不足,缺少防伤意识,运动中好胜心强,盲目从事力所不能及的运动,极易导致运动损伤的发生。女生在体育运动中,有胆小、害羞、畏难等情绪,做动作时表现为恐惧、犹豫或紧张等,也容易导致运动损伤。上述这些情况都应在预防工作中引起重视。

(二)认真做好准备活动和整理活动

在正式运动或比赛之前,运动员应充分做好准备活动。准备活动的目的是提高中枢神经系统的兴奋性和克服自主神经的惰性。通过全身各关节、肌肉的活动加速全身的血液循环,使肌肉组织得到充分的血液供应,增强肌肉的力量和弹性,并恢复技术动作的条件反射,为正式活动做好充分的准备。准备活动应注意以下要求:

第一,一般准备活动要做充分,使身体明显发热,并微微出汗。

第二,专项准备活动一定要有针对性,与后面的正式活动建立有机的联系。

第三，准备活动的内容与负荷应依据正式活动的内容、个人身体机能状况、当时的气象条件等因素而定。

第四，加强易伤部位的准备活动，一般需要加大局部活动的比重。

第五，在损伤康复期，损伤部位的准备活动要慎重，动作要和缓，幅度、力度、速度要循序渐进。

第六，在运动中，间歇时间较长时，应在运动前再次做好准备活动。

第七，准备活动结束与正式活动的间隔时间，一般以 1～4min 为宜。

第八，在准备活动中进行适当的肌肉力量练习（针对易伤的肌肉），对提高肌肉温度和改善肌肉功能很有益处。此外，在准备活动中加入一些肌肉伸展练习，对预防肌肉拉伤有积极的效果。除了要做好准备活动外，还要注意运动后的放松练习。其中，肌肉的拉伸练习对放松局部肌肉，防止肌肉僵硬和肌肉劳损都有良好的作用。对负荷较大的关节，运动后可适当采用冷疗的方法，使局部组织尽快降温，对防止某些慢性损伤有一定的作用。

（三）合理安排运动负荷

运动负荷安排不足，不能出现生理性的“超量恢复”，达不到促进人体运动能力提高的目的。运动负荷安排过大，超出了人体所能承受的能力，不仅会使运动系统的局部负荷过重，还会导致中枢神经系统疲劳，致使全身机能下降，协调能力降低，注意力、警觉反应都减弱，从而容易发生损伤。如果局部的运动负荷长期过大，则会导致一些慢性损伤。为了减少因此发生的损伤，体育运动指导者和参与者都应严格遵守体育运动的基本原则，根据年龄、性别、健康状况、训练水平和运动项目的特点，个别对待，循序渐进，合理安排运动负荷。

少年运动员和女性运动员的运动负荷更应注意合理安排。少年儿童不宜过早地进行专项训练，不宜参加过多的比赛和过早地追求出成绩。合理地安排运动负荷，预防运动损伤发生，对提高运动成绩有着重要的意义。

（四）正确掌握技术动作

技术动作错误，可以直接造成运动损伤。反复进行错误动作的练习，不仅运动成绩不会提高，相反会造成局部过度负荷，引起损伤不断发生。因此，应注意在动作形成阶段，不断调整动作的节奏和结构，使之合理化，避免运动损伤的发生。

（五）加强易伤部位的练习

根据运动项目的技术、战术特点，加强对易伤部位和相对薄弱部位的练习，提高其功能，是预防运动损伤的积极措施。例如为了预防膝部损伤，就要注意加强股四头肌力量的练习，以稳定膝关节，为了预防腰部损伤，除应加强腰部肌肉力量练习外，还应加强腹肌的练习，因为腰部受伤，从某种意义上讲也与其拮抗的腹肌有关，腹肌力最不足，易使脊柱过度后伸而致腰部损伤；为预防股后肌群拉伤，在锻炼其肌肉力量的同时，还应注意加强肌肉的伸展性练习。

另外，对陈旧性的损伤部位也应加强功能练习，使之能够维持应有的生理功能，以防止重复性损伤。

（六）合理安排教学、训练和比赛

教师要认真钻研教材，充分备课，应对教学、训练中的重难点，以及对容易发生损伤的动作做到心中有数，事先要采取相应的预防措施，遵守循序渐进和个别对待的原则。学习技术动作应从易到难、由简单到复杂、从分解动作到整体动作来进行。

（七）加强运动中的保护和帮助，合理使用运动护具

在进行某些容易造成损伤的运动项目时，要根据运动的内容和运动者的具体情况，采取合理的保护和帮助，尤其在学习新技术动作时更应注意。教师应将正确的保护与自我保护方法传授给学生。例如，摔倒时，要立即低头、团身、屈肘，以肩背着地，就势滚翻，不可直臂撑地；从高处跳下时，应双膝并拢，先以前脚掌着地，然后过渡到全脚掌以增加人体的缓冲作用。

合理使用运动护具和保护带可以有效地减少运动损伤的发生。特别是在对抗性较强的运动项目中显得尤为重要，如足球、曲棍球等，都需要专业护具的保护。护具的选择一定要符合专项特点，并及时淘汰和更新，以达到最佳的防护效果。

（八）加强医务监督

对体育运动参与者，应定期进行体格检查。参加重大比赛的前后，要进行身体补充检查，以观察体育锻炼、比赛前后的身体机能变化。对体检不合格者，则不允许参加比赛。伤病初愈者参加体育活动或训练时，应取得医生的同意，并做好自我监督。医务监督一般包括以下内容：

1. 一般内容

每天记录晨脉、自我感觉，每周测一次体重。如果晨脉逐日增加，自我感觉不良，运动成绩下降，机能试验时脉搏恢复时间延长，说明身体机能不良，应及时到医院查明原因。女性要遵守月经期的体育卫生要求，做好监护工作。

2. 重点内容

根据不同项目特点和运动创伤的发生规律，应特别注意观察运动系统的局部反应，如局部有无肿胀和发热、肌肉有无酸痛、关节有无肿痛等。如果有不良反应应及时请医生诊治，此时不宜加大运动负荷，更不宜练习高难度动作。另外，还应经常认真地对运动场地、器械、设备以及个人运动服装、鞋、袜及防护用具等进行安全检查。

七、运动损伤的治疗原则

(一)运动损伤的现场急救原则

运动损伤的急救,是在运动现场对伤员采取迅速合理的急救方法。它不仅能挽救伤员的生命,减轻痛苦和预防并发症,而且还可以为进一步治疗及康复创造良好的条件。

1. 保证生命安全

当运动员发生损伤之后,保证生命安全是第一位的。仔细迅速地评价运动员的伤害情况,不仅可以及时挽救其生命,而且可以防止进一步的损伤。如果伤员出现意识障碍,在迅速呼叫急救人员的同时,随即进行重要生命体征检查。检查包括气道、呼吸、循环、功能障碍和暴露,即 ABCDE 五个方面。

(1)A＝气道(airway)

气道通畅是保证呼吸功能正常的基本条件,应首先检查气道是否通畅。

(2)B＝呼吸(breathing)

通过倾听有无呼吸声音,感觉有无气流通过伤员口鼻和观察有无胸部起伏可以做出判断,如果呼吸停止应立即进行人工呼吸。

(3)C＝循环(circulation)

判断血液循环是否正常,通常采用检查脉搏的方法。一般检查腕部或颈部动脉搏动情况。如果伤员的呼吸和心搏都正常,便可以进行下一步的损伤情况检查。

(4)D＝功能障碍(disability)

主要进行神经系统检查,评价神志水平、瞳孔大小和反应、眼睛运动反应。应该记录最初的检查结果,以便与后来的检查进行对比。

(5)E＝暴露(exposure)

应该暴露身体受伤部位,以便观察出血、骨折和挫伤等病变。另外,要及时暴露上肢,便于测量血压。

2. 控制大出血

完成生命体征检查后,要检查有无大出血,在进行心肺复苏的同时要及时处理大出血。当组织被切伤、刺伤、撕裂、挫伤或擦伤时都可能会引起出血,常表现为外出血。肌肉拉伤、内脏破裂、肾脏挫伤等可以发生内出血。任何动脉或无法控制的静脉出血都会危及生命,如果伤员发生严重出血,立即采用下列步骤进行处理:

第一,寻求急救人员的帮助。

第二,用消毒纱布或洁净的棉布覆盖伤口。

第三,用手直接按在伤口的纱布上。

第四，抬高患肢。

第五，必要时还要处理休克。经过以上步骤处理后，出血应该停止，如果没有停止可以试着通过按压供血动脉来减少出血。

3. 控制可能加重全身状况恶化的情况

在止血的过程中，要注意控制可能导致全身状况恶化的情况。在发生骨折、脊柱损伤、大出血时，除了损伤等本身带来的影响之外，还可能导致机体发生更加严重的问题。如骨折不进行临时固定可能导致骨折断端损伤周围的血管和神经，脊柱损伤后不进行合理的固定和搬运导致脊箭损伤，出血无法制止导致失血性休克等。

当身体某部位受伤时，在保护好受伤部位的同时，还要注意减少周围组织损伤的可能，特别是发生了严重的骨折、受伤时，因为这类损伤可能同时导致周围组织的损伤。如骨折断端刺伤周围的神经或血管；踝关节扭伤时不仅伤及韧带，出血和肿胀还会影响周围组织的正常功能，如踝关节扭伤会使周围的皮肤颜色改变和发生肿胀。另外，当机体发生损伤、疾病或脱水时，身体为了保证血液、水和氧气对大脑、心脏、肺等生命重要器官的供应而进行血液的重新分配，这时可能会导致身体的一些器官发生损害，从而导致全身性的组织损伤。如除了呼吸、心搏停止以外，休克、中暑和体温过低也会对机体产生严重影响，因此要及时处理。

4. 固定受伤肢体

骨折、关节脱位和半脱位、二度和三度的韧带撕裂必须用夹板进行固定，以防止组织进一步损伤。

5. 处理慢性出血

固定损伤部位后，应及时处理刺伤、裂伤或切伤后的局部出血。

（二）运动损伤的一般处理原则

1. 开放性软组织损伤的处理原则

治疗开放性软组织损伤的目的是修复损伤的组织器官和恢复其（正常的）生理功能。处理复杂的伤情时，首先应解决危及生命的问题和其他紧急问题。对一般开放性软组织损伤可以局部治疗为主，基本处理包括止血、清创、修复组织器官和制动。开放性损伤一般均有不同程度的污染，需要进行清洗和消毒，尽量除去伤口中的细菌和其他污染物，然后根据不同损伤类型、部位进行处理。

2. 急性闭合性软组织损伤的处理原则

急性损伤指的是由于一次暴力导致的损伤。其特点是伤者可以清楚地描述损伤的时间、地点及损伤动作。急性闭合性软组织损伤多由钝力或突发性过度负荷所致，如肌肉拉伤、关节扭伤、急性腰扭伤等。急性闭合性软组织损伤的病理过程可分为 4 个阶段：

①组织损伤出血。②急性炎症反应。③组织再生。④瘢痕形成。

急性闭合性软组织损伤的治疗原则，按不同的病理过程可分为早、中、后3个时期。

(1)早期处理原则和方法

急性闭合性软组织损伤在24～48h内为早期阶段。此时的损伤导致局部组织的撕裂或断裂，血管损伤出血、渗出，出现明显的炎症反应，产生明显疼痛和功能障碍。局部肿胀和炎症反应引起的血液循环障碍可压迫邻近组织，造成组织缺氧，引起进一步组织损伤。适宜的处理方法可以将这个过程对人体的影响降低到最低限度。早期处理的主要目的是尽快止血，防止或减轻局部炎症反应和肿胀，减轻疼痛。处理原则是适当制动、止血、防肿、镇痛、减轻炎症反应。处理方案的描述可采用PRICE加以记忆。

①P＝保护：可通过夹板固定骨折部位，关节脱位、拉伤可采用其他措施加以保护，目的是减轻痛苦，促进创伤的愈合和防止再损伤。保护的另一层含义是不要轻易移动伤员，从而减少加重损伤的危险。

②R＝休息：运动员受伤后要立即退出比赛，未经医生检查允许，伤者不能恢复比赛。继续运动会加重损伤。如详情不明，出现下列任何一种情况，运动员在恢复运动或训练前必须经过医生的检查和同意。

1)功能性障碍，如不能行走、跑、冲刺、跳跃、单腿跳或运动时出现疼痛，或者不能投掷、抓球、击球或控制球。

2)发热。

3)由于头部损伤导致头痛、记忆力下降、头晕、耳鸣、意识丧失。

4)发生中暑或体温过低。

5)运动时疼痛加重。

①I＝冷疗：研究证明，及时降低受伤组织的温度有许多益处。损伤后的24～72h内，冷疗可以使局部血管收缩从而减少出血和渗出，减弱炎症反应，减轻由于充血、出血和渗出引起的疼痛和肿胀，降低组织的代谢率，减少对营养物质和氧气的需求最。可采用局部冷(冰)水浴、冰按摩、冰袋和局部喷射冷冻剂的方法。冰袋的效果最好，可以直接放在伤处。每次冷疗时间为15～20min，伤后24～48h内，每隔1～2h可重复进行一次，24～48h内不要在肿胀局部进行热疗，热疗会使血管扩张和增加局部血流量，从而加重充血和肿胀。

②C＝加压包扎：加压包扎可以使组织间隙压力升高，从而减少出血和肿胀，加压包扎可以在冷疗过程中或之后进行，从损伤部位的远端向近端牢固包扎，每层绷带有部分重叠，开始部分包扎得紧一些，向上到达伤口部位时稍微松一些。冰袋可以放在加压包扎的绷带上面。另外，要经常检查皮肤的颜色、温度和损伤部位的感觉，保证绷带没有压

迫神经或阻断血流。24h 后可以拆除加压包扎。

③E＝抬高伤肢：在损伤后的 24～48h 内，尽量使伤肢的位置抬高至心脏水平，这有助于加速静脉血液和淋巴液的回流，减轻肿胀和局部淤血。另外，如果有严重疼痛者可以使用镇痛药加以控制，受伤局部轻微的主动或被动活动，可以促进静脉血液和淋巴液回流，减轻肿胀。

(2)中期处理原则和方法

损伤 24～48h 后进入中期阶段，这时受伤部位的出血停止，急性炎症逐渐消退，但仍有淤血和肿胀，肉芽组织开始生成和长入，形成瘢痕组织。中期处理的主要目的是促进损伤部位的修复。处理原则是改善伤部的血液和淋巴循环，减轻淤血；促进组织代谢和渗出液的吸收，加速再生修复。

常用的处理方法有热疗、按摩、针灸、拔火罐等，同时这个阶段要根据受伤情况进行适当的功能锻炼，适当使用保护支持带，使受伤组织在保护下进行主动或被动的运动，以避免肌肉、关节和韧带的再损伤。

(3)后期处理原则和方法

运动损伤后期的主要表现是损伤部位已经基本修复，临床表现已基本消失，但功能尚未完全恢复，运动时仍感疼痛、酸软无力。有些严重病例可因粘连或瘢痕收缩出现伤部僵硬、活动受限等情况。

这一阶段的主要目的是功能恢复。处理原则是增强和恢复肌肉、关节的功能。如有瘢痕，应设法使之软化、松解。治疗方面可采取热敷、按摩、拔罐、药物治疗（如外敷活血生新剂）、中药外敷或熏洗。同时应根据伤情进行适当的康复功能锻炼，以保持机体神经、肌肉的良好功能状态，维持已经建立起来的条件反射以及各器官与系统间的联系。

3. 慢性闭合性软组织损伤的处理原则

慢性损伤指的是由于反复微细损伤的积累，或者是由于急性损伤后处理不当，过早恢复训练导致局部发生以变性和增生为主的损伤性病变。这类患者常无法说明损伤发生的确切时间及损伤动作。其处理原则是改善伤部血液循环，促进组织新陈代谢；注意合理安排局部负担量。因为损伤部位对运动负荷的承受能力会明显下降，如果不控制好运动量有可能导致损伤重复发生。

处理方法与急性闭合性软组织损伤后期基本相同，治疗方法以按摩、理疗、针灸、封闭和功能锻炼为主，适当配以药物治疗，如用旧伤药外敷或海桐熏洗药熏洗等。

第二节　蹴球运动常见损伤与处理

一、支撑腿股四头肌拉伤

（一）原因与症状

造成运动员支撑腿股四头肌拉伤的主要原因与蹴球的基本技术动作有关。预备姿势时，运动员一腿（支撑腿）支撑，处于屈曲状态，身体重心落在支撑腿上，另一腿（蹴球腿）必须以脚跟先着地，由脚掌部触及球面，稳定后用力蹬伸抬腿将球蹴出，在蹴出的同时，身体重心下移，支撑腿下蹲，支撑腿在下蹲过程中大腿股四头肌做离心收缩运动。大量研究表明，肌肉离心收缩后细胞内离子代谢异常，诱导细胞骨架破坏，出现肌间蛋白纤维丝断裂，肌原纤维的固定丧失，引起 Z 线流和 A 带紊乱，造成肌小节损伤和坏死，由此中间纤维体系的破坏是离心运动导致骨骼肌损伤的原因，所以支撑腿股四头肌容易发生肌肉拉伤。其症状表现为肌肉酸痛、力量减弱、触压痛等。

（二）处理

受伤的早期可以采用冷敷疗法；48 小时后可以进行热敷和按摩；严重者可进行封闭治疗，但次数不宜过多。

二、支撑腿髌骨劳损

（一）原因与症状

造成运动员支撑腿髌骨劳损的主要原因是，在蹴球过程中，支撑腿始终保持半蹲位，而且在股四头肌离心收缩运动的牵拉下，髌骨周缘腱止部和髌韧带承受牵张力及髌骨、股骨相应关节面所产生的压力较大，如果在半蹲位再扭转发力，髌骨周缘腱止部和族韧带附着部所承受的牵拉张力更大，髌股之间必然会发生“不合槽”运动，出现撞击挤压和捻错摩擦。并且，在蹴球训练和比赛中，往往蹴球时间比较长，这种负荷过多和集中，从而影响局部组织细胞的新陈代谢，导致细胞损伤和破坏，所以这种长期负荷过度造成反复细微的损伤积累而导致支撑腿髌骨劳损伤。其症状表现为膝盖触压痛、力量减弱，严重时关节内积液肿胀。

（二）处理

患处加以热敷，按摩肌肉和韧带；加强股四头肌和股二头肌等大腿肌肉的力量，如静力半蹲；口服一些抗炎药，如氨糖美辛；针灸疗法。

三、蹴球腿踝关节伸肌腱鞘炎

(一)原因与症状

运动员发生踝关节伸肌腱鞘炎的主要原因是,由于在踝关节前面胫骨前肌、跑长、趾长伸肌肌腱通过由小腿横韧带、小腿十字韧带与骨面形成的狭窄通道,在蹴击球时,蹴球腿在蹬伸的同时,踝关节做背伸运动,同时将球蹴出。如果踝关节长时间做背伸运动,胫骨前肌、跑长、趾於伸肌肌腱与小腿横韧带、小腿十字韧带与骨面形成的狭窄通道之间发生摩擦,从而导致踝关节伸肌腱鞘炎的发生。其症状主要表现为脚跟疼痛、压痛。

(二)处理

患处可用热疗;按摩;严重者可进行封闭治疗,但次数不宜过多。

四、蹴球腿股后群肌拉伤

(一)原因与症状

造成运动员蹴球腿股后群肌拉伤的主要原因是,蹴球时,特别是击远距离球时,要求蹴球腿迅速向上踢起,脚尖上钩,球从脚跟处蹴出。这时突然用力过猛,可使大腿后群肌肉过度被动拉长而发生损伤。其症状主要表现为后群肌局部疼痛、压痛;肿胀、肌肉紧张、发硬、痉挛;功能障碍。

(二)处理

受伤的早,期可以采用冷敷疗法;48 小时后可以进行热敷和按摩;严重者可进行封闭治疗,但次数不宜过多。

五、支撑腿胫骨疲劳性骨膜炎

(一)原因与症状

运动员的支撑腿小腿部位发生胫骨疲劳性骨膜炎的主要原因是,在训练过程中,支撑腿承受全身的重力作用,而且始终处于半蹲位,肌肉就会牵扯肌肉的附着处的骨膜,且胫骨由于重力作用产生弯曲导致骨膜的应力性损伤,导致胫骨疲劳性骨膜炎的发生。附着胫骨表面的肌腱发炎,小腿胫骨疼痛、发红肿胀。

(二)处理

休息;冷敷;中药外敷;口服消炎药)

第三节 蹴球运动损伤预防措施

一、加强思想教育，提高运动员预防损伤意识

随着教学与训练工作的不断深入，教师或教练员要引导学生或运动员充分认识损伤的危害性和预防损伤的重要性，掌握规范的技术动作，认真学习掌握科学学习和训练的方法，还要特别加强学生或运动员对运动损伤的预防和处置方法的理论知识的学习，提高自我保护和医疗监督的能力。

二、认真做好准备活动，重视放松活动

教学和训练时准备活动不充分，方法不得当，忽视放松是造成运动损伤的原因之一。运动员未做准备活动或准备活动不充分就开始训练，肌肉伸缩能力欠佳，力量不能很好发挥，动作不协调，很容易受伤。运动员准备活动量过大容易产生疲劳，当进入专项训练时，身体机能不是处于良好状态而有所下降，容易产生动作失误而致伤。准备活动内容不当，与专项的基本内容结合不好，或缺乏专项准备活动，运动中负担较重部位的机能发挥得不好，这种情况也容易受伤，因此要从思想上重视训练前的准备活动环节。特别要结合蹴球运动特点，设计专门性准备活动，用来提高机体的兴奋性和各器官系统的功能。另外，在训练结束后不能忽视放松活动，由于没有足够和正确的放松活动，由训练而产生的肌肉僵硬和酸痛得不到及时消除，逐渐积累就会发展成肌肉损伤。

三、科学合理地安排运动负荷，加强运动员关键身体素质训练

蹴球运动员的局部运动负荷过度是运动损伤发生的另一原因。分析发现，在蹴球过程中，支撑腿始终保持屈曲状态，容易造成支撑腿大腿股四头肌和股后群肌负荷过度，同时容易导致膝部、小腿部和踝部等部位局部过度疲劳，发生运动损伤，因此要科学合理地安排运动负荷。另外，要改善训练方法，特别加强蹴球运动员关键身体素质训练，比如，加强支撑腿的力量素质练习，以及蹴球腿的柔韧素质练习。

四、加强医务监督工作

加强医务监督，建立和健全自我监督制度。教练员除了传授正确的技术动作和合理

地安排运动负荷外，在训练过程中应讲授预防运动损伤的理论知识，并安排预防肌肉酸痛、消除疲劳、放松肌肉、减缓学生身体局部负担过重的放松练习，使蹴球运动员能有效地防止运动损伤。

第六章　蹴球运动竞赛规则与裁判法

第一节　蹴球竞赛规则

一、定义

蹴球比赛是按照竞赛规则，双方运动员用脚掌“蹴”球，使球通过脚底向前滚动，依据所“蹴”之球碰击对方或本方球的情况计算得分，以决定胜负的体育竞赛项目。

二、比赛：场地与器材

（一）场地

①场地为 10 米×10 米的正方形平坦地面。

②场地线宽要控制在 5 厘米以内，边线及各线段均为场内和各区内的一部分。

③停球区在场地正中心，为一个半径 0.2 米的圆圈。

④在场地中央设有中心圆，为一个半径 2.4 米的圆圈。

⑤发球区在场地四角，每角一个，为半径 0.5 米的扇面，按逆时针方向编号为 1、2、3、4 区。

（二）比赛用球

第一，在进行比赛时，所使用的是硬塑实心球，直径 10±0.2 厘米，重量 1 000±10 克。

第二，比赛用球分别以 1、2、3、4 号作为标记，有鲜明的颜色，并根据不同的颜色可以将其分为两类。1、3 号球为同一颜色，2、4 号球为同一颜色。

三、运动员和教练员

（一）运动员

①运动员须按比赛规程或赛会要求统一进入赛场。

②除非在出现了一些不可抗拒的原因的情况下，可以由本队教练员或领队代替挑号外，否则，队员必须按时到达赛场进行挑号。

③队员必须接受裁判员对其进行的装备检查，凡不符合规定者，应立即更换。

④运动员必须穿平底运动鞋，并不得对鞋底进行特别加工。

⑤上场队员，须穿佩大会统一号衣或号码布。号码按 1、2、3、4 排列，单、双号分别同色。号码宽 15 厘米，高 25 厘米。

⑥每局交换发球顺序后，同时交换号码。

⑦参赛队的所有人员必须遵守竞赛规则、规程，并对自己的行为负责，不得做出妨碍比赛、干扰对方、破坏比赛气氛的任何行为。

⑧在临场比赛的任何时间，队员均不得擅自退到挡板外接受指导、饮水。

⑨运动员有权提示裁判员及时更正计分错误。

（二）教练员

①教练员应按赛会要求在指定地点进行观赛或指挥，除非裁判员允许，否则，不得进入挡板或限制线内。

②教练员在观赛或指挥时，不得对对方造成干扰，也不许对任何人使用粗言秽语或辱骂性语言。

③在本队比赛时，教练员有权提示裁判员及时更正计分错误。

四、计胜方法与名次判定

（一）计胜方法

①每场比赛当一方达到 100 分或 100 分以上时，比赛结束。

②在每场比赛中当一方或双方达到 50 分或 50 分以上时，比赛停止，休息三分钟，然后双方交换首发权，接休息前的比分继续比赛。

③在一方或双方达到 50 分或 50 分以上时，如一方有连蹴机会，比赛也不再进行。

④在一方或双方达到 50 分或 50 分以上时，以球的止点判定比赛得分。

⑤当一方或双方达到 100 分或 100 分以上有分差出现，在球停止时比赛即为结束。如果已达 100 分或 100 分以上但无分差出现，则比赛继续，以先得分者为胜（突然死亡法）。当最后一击出现同时得分且得分相等时，待球停止后计算得分，以得分高者为胜，循此直至分出比赛胜负。

⑥胜一场积 2 分，负一场积 1 分，弃权为 0 分。

⑦如遇一方弃权,以对方 100∶0 计胜。

⑧比赛中罢赛超过 5 分钟,由裁判长宣布取消该选手(队)该赛项全部比赛成绩。

(二)循环赛赛制名次判定

①按全部比赛结束时积分多少排列名次,积分多者名次列前。

②如遇两队或两队以上积分相等,则按积分相等队相互间得失分率确定名次,得失分率高者名次列前。

③如再相等,按积分相等队在同一循环比赛的得失分率确定名次,得失分率高者名次列前。

④如仍相等,以抽签确定名次。

五、比赛通则

(一)发球

①在裁判员主持下,由双方队长抽签确定开赛发球顺序,先抽到者可选择任何一种颜色球,即决定是否先发球。50 或 50 分双方交换顺序和颜色,交换发球权前后的首发球为 1、3 号(红色)球。

②上场队员编为 1、2、3、4 号,队员编号与发球区号相同,开赛按 1、2、3、4 号顺序发球。单蹴比赛,队员仅分 1、2 号。

③发球前,每名队员均应在裁判员的口令下将球放在自己的同号区内,待令蹴出。球一经放置,不得再移动。

④发球时球一经蹴动,应触及中心圆线。

⑤发出的球不得触及场内任何球。

⑥发球时,球一经被触及即为进入比赛状态,可以进攻它球和被任何当己方有蹴球权时,可以用已发出的球进攻它球或被任何球攻击,并按规则得失分。

⑦发球同时出现两种或两种以上不同情况的犯规时,以此球结束时最高被动得分给对方加分,其他不再累计加分。

⑧发球出界,应重新发球。

⑨在有连蹴权的情况下,发本方出界的目标球时,如果发球出界,则视为失去一次蹴球机会。

(二)本球、目标球与复位球

第一,本球:是指蹴动的球,或攻方蹴出的主动球。

第二,目标球:是指被本球蹴击的球。

第三,复位球:是指不该被攻击或触及而受到攻击或触及的球。比赛中如遇下列情况,移位的目标球须由裁判员复位,本球不再复位:

①发球击中任何一球。

②半活球出停球区击中任何一球。

③击中停球区内的死球及由此引起发生位置变化的其他任何一球。

④犯规在先的或有不正当行为而触到的任何一球及由此引起发生位置变化的其他任何一球。

(三)死球、半活球与活球

①凡被它球击出界而应放置于停球区内的球为死球。对停球区内的死球若进攻方仍有连蹴权时,当次不得向其攻击,它包括连蹴两次时,将被攻击的球击出场外成死球这个人次轮过后,此死球就成为半活球,半活球不能攻击它球,但可以被任何球攻击。死球被当次进攻方队员蹴动或触及,半活球被对方队员蹴动或触及,或者被任一活球正常击中即为活球。停球区内的死球若被击活,在裁判员将其复位后,可以用此球攻击任何一球。

②死球一经放置不得再次移动位置,放置时不得触及场内任何球。

③半活球可以在任何时间向任何方向、任何距离前进,无攻击权。

④死球或半活球可以被发球击活,但被击活球要复位。此后若正当发球方蹴球,只能用发出的球蹴球。

⑤比赛中凡用身体触及或本球直接或间接触及死球,连蹴权立即取消。

⑥如遇本球先直接触到死球,只按所触到的死球给对方加分,以后的情况不再计分;如遇本球间接触到死球或先击到活球,而活球又触到死球,则先计本球主动得分后计死球得分;当死球和其他球同时被击中,则视为先击中死球。

⑦当一队在停球区内有一个半活球时,如果另一球又被击出界,此时这个出界球应发球。

⑧半活球出区时,如果球出界,在给对方加分后,重新出区。

⑨在停球区内的死球,被对方人为触活后,此球可以出区,也可以进攻他球。

(四)蹴击球与连蹴

1.蹴击球

蹴击球时以脚跟先着地,由脚掌触及球面,稳定后将球向前蹴出或挤压出。挤压后再触球则犯规,不再连蹴。

2.连蹴

第一,连蹴一次:蹴击球击中任何一球,可以用本方任何一球连蹴一次。

第二,连蹴两次:

①一蹴击中两球,可以用本方任何一球连蹴两次。

②如遇规则情况出现在连蹴两次的第一次蹴球中,则视为队员已失去一次蹴球机会,允许队员连蹴第二次。

第三,将对方两球蹴击出界,先出界球由队员将球放置停球区,另一球则由队员在同号发球区发球。

第四,蹴击球或连蹴球必须攻向目标球。在蹴击球或连蹴时,若本球距目标球超过2米,蹴击球必须向目标球前进至少1米方视为进攻球。

第五,蹴击球移动距离以起点到止点为准。

第六,连蹴权仅指第一次蹴击球时。在连蹴的第二或第三蹴中又击中任何球,不再加连蹴权。

第七,裁判员下达口令后,运动员应在15秒以内完成蹴球动作。

(五)出界球

①球体着地点脱离场地滚出边线并停止在边线外即为出界。

②判断球是否出界以球自然滚动的最后停止点为判定点,凡触到任何人为设置的物体而弹回场内均属出界球。

③本球出界或球被本方球击出界,应由队员在15秒之内用手将出界球放在与球同号的发球区,然后按发球的规则将球发出。

④球被对方球击出界,应由队员在15秒之内将出界球放置于中心圆停球区内。如果两个球同时被蹴击出界,则按规则执行。

⑤本球击中对方球而双方球均出界,则守方先处置球。

⑥本球出界无连蹴权。

⑦若受到外界自然干扰,将场内的静止球改变位置或将场内的活动球挡在界内、外,均以最后止点来判定结果。

(六)回避球

①回避球是指由队员申请,经裁判员同意,可以不向对方球进攻而蹴向任何方向、任何距离的球。

②每场比赛只允许每名队员在赛中休息前后各享有一次回避球申请权，若休息前未用，不得补加用于休息后的比赛中。

③回避球如出现其他情况，则判本球犯规由对方得分。

④在连蹴两次时，可以用任何一球回避。

⑤发球不得回避。

（七）主动得分

①本球击中对方一球得 1 分。

②本球将对方一球击出界得 4 分。

③除发球外，蹴球中如遇多种情况同时出现，按事实，相应累计得分。

（八）被动得分

1. 对方得 1 分

(1)当进行第一次蹴球时出现下列情况，攻方队员不再重蹴：

①发球失误，球已经被触动。

②半活球出停球区时，触及任何一球。

③蹴球或连蹴时，攻击死球。

④进攻方向或距离不符合规则要求。

⑤蹴击球后又连续以脚触球或球触脚。

⑥蹴击球动作不符合规定，如滑球、拨球、拉球、捅球等。

⑦有意击本方球。

⑧蹴击球前使球滚动。

⑨比赛中，裁判员认为非故意使身体或其他物体触及场内任何一球。

(2)队员蹴球前发生下列情况，判对方得 1 分后允许队员继续比赛：

①未经裁判员允许队员擅自进入场内。

②未经裁判员允许而擅自蹴击球。

③未按时完成蹴击球。

④用声音或其他方式间接影响对方蹴击球。

⑤擅自更换人次，如：双蹴时同方队员顺序错误。

⑥擅自更换比赛用球，如：用错号或用对方球等。

⑦未按规则蹴击球，如：处置球的先后顺序错误；放错发球区等。

⑧不满裁判员的判决而影响比赛正常进行。

⑨放定球后又触及球。

⑩放置死球时触及任何一球。若与其他球相连时，应由本人重新放置。

⑪选号已确定先后发球权，裁判员发出放球口令，运动员未按时完成放球。⑫发球未触及中心圆。

2. 对方得2分

(1)将本方球蹴出界。

(2)发球出界。

(3)发球直接或间接触及任何一球。

(4)发球直接或间接将本方球蹴出界。

(5)半活球出停球区时，无论在区内或区外将本方球击出界。

3. 对方得4分

(1)发球直接或间接将对方球蹴出界。

(2)半活球出停球区时，无论在区内或区外直接或间接将对方球击出界。

(3)直接或间接将死球击出界。

4. 对方得累加分

(1)发球或蹴击球时出现蹴球动作犯规在先而随之触或击到任何一球，只对犯规例进行判罚，给对方加分，其后情况不再累计。

(2)比赛中若故意用身体或借助外力破坏对方球的正常运行，或故意触及对方球以减少对方得分而取得利益，按当时可能出现的最高得分，给对方加分。

(3)除发球外，比赛中如遇两种或两种以上受罚情况同时出现，按事实，累计给对方加分。

(九)比赛暂停

①比赛中，若参赛队需要暂停比赛，须由教练员或队员在本方取得蹴球权时向裁判员提出请求，经裁判员允许后方可行使暂停。

②每场比赛允许每队在赛中休息前后各请求暂停1次，每次时间为1分钟。暂停时，可以进行技术指导。

③在暂停时间内，队员不能出场(如有挡板则以挡板为界)接受指导，教练员不能进场指导。

④若场上队员发生意外，该队可以要求暂停比赛，但时间不得超过5分钟。

⑤因场上意外情况需要做处理，裁判员可令比赛暂停，待处理完毕立即恢复比赛。

第二节　蹴球竞赛裁判法

一、弃权与申诉

(一)弃权

比赛过程中凡出现下列任何一种情况均为弃权：

①运动员超过规定开赛时间5分钟未到场。

②因场上队员发生意外，暂停比赛时间超过5分钟。

③拒绝上场比赛超过5分钟。

(二)申诉

第一，比赛中如运动员对裁判员的判罚有异议，应及时向裁判员提出，但态度要平和而有礼貌。

第二，参赛运动员若对比赛结果有异议，可在比赛结束后两小时内，向仲裁委员会提出书面申诉意见，并同时交纳申诉费。仲裁委员会依据仲裁条例进行裁决。

二、裁判人员及职责

(一)裁判人员

①比赛设裁判长1人、副裁判长1～2人，裁判员、助理人员若干人。

②每场比赛设裁判员1人，记录员1人，记分员1人。

③裁判员对场上出现的异议情况，应及时征询记录台人员意见，按事实做出最后判决。

④比赛中裁判员对运动员、教练员及随队人员可行使处罚权力，如果被处罚人员仍坚持其不正当行为，并影响比赛正常进行，则可将其罚出场外。若因被罚出场导致比赛不能继续，则判该队罢赛。

(二)裁判长职责

①主持整个比赛过程，全面组织和领导裁判的各项工作。

②负责检查场地器材，安排竞赛日程和裁判员及助理人员的分工。

③根据规则的精神解决比赛中出现的各种问题。

④对比赛中出现的弃权、罢赛做出最终判定。

(三)副裁判长职责

①协助裁判长工作，完成裁判长分配的工作。在裁判长缺席时代理裁判长职责。

②组织安排发放裁判员用品、检查记录台的准备工作。

③协助裁判长检查场地、器材，做好比赛裁判工作的后勤工作。

④组织运动员入场。

⑤根据比赛场地的分布，负责其中一些场地的比赛监督工作，对相关技术问题予以解决。

(四)裁判员职责

①检查运动员佩戴号码、服装、鞋子等必要装备。

②组织双方队员抽签，确定双方发球顺序和队员用球。

③宣布比赛开始和结束。

④判断是否犯规，宣布得分。

⑤宣布回避、暂停、中断比赛、比赛结果。

⑥判断球体是否出界。

⑦确认球的原始位置。

⑧判断进攻方向与距离是否符合规则。

⑨在本场比赛记录表上签字。

(五)记录员职责

①赛前登记双方队员的姓名、号码，并进行核对。

②记录双方队员所得分数。

③记录暂停、换人和回避球。

④比赛结束，核对比赛记录内容无误后交裁判员签字，并交裁判长签字。

⑤负责记录运动员完成动作的时间。

⑥协助裁判员执行工作。

(六)记分员职责

①翻记分牌。

②随时报比分。

③协助记录员工作。

④管理场地周边环境，确保比赛顺利进行。

⑤管理场地器材。

⑥协助裁判员执行工作。

三、裁判员的工作方法

(一)裁判员的站位方法

①裁判员应选位于蹴球队员平行处的侧面，以既能观察到队员蹴球动作、球的原始位置和目标球，又不干扰攻守双方的原则为宜。

②裁判员的位置不是固定的，应随着蹴球队员的动作和球的滚动方向而随时相应变化位置。其原则是尽可能面向记录台，使队员及球处于裁判员与记录员、记分员之间，且

宣判时应面向记录台，站稳后再进行。

（二）裁判员的技术处理

1. 放球

热身练习完毕，队员将球交到记录台后，裁判员正式进入临场执法阶段，从他发出的第一个口令“放球”开始，双方已进入正式比赛。如果队员不按口令要求放球，将会被判由对方被动得分。此时的裁判员应根据场上具体情况，适时发出放球的信号。

比赛进行中如比赛用球出现自然破裂或其他损坏，裁判员应立刻停止比赛，迅速更换用球，将原球、目标球和一切被触及的球放回原处，之后立即恢复比赛。在触到目标球前的损坏，此球导致的任何得分均视为无效。比赛用球是否符合规定以及是否需要更换，以裁判员审定为主。

2. 发球

(1)发球时，如遇下列情况应重新发球：

①裁判员认为由于外界干扰使队员不能正常发球时。

②由于场地器材原因而使队员不能正常发球时。

③由于裁判员的失误而影响了队员发球时，如：击中裁判员或误判等。

(2)无论单蹴或双蹴时，裁判员在运动员到发球处放好球后，再发出发球信号。

(3)记录员也应在裁判员发出发球信号后开始计时。

(4)比赛开始的首轮发球应由裁判员先叫号。如：1号、2号、3号、4号。

(5)开球或发球，以球是否已动为准。

3. 蹴击球

(1)裁判员对蹴出的球向前移动是否超过1米距离有疑问时，应按规则规定的方法进行实地丈量确定。

(2)由裁判员认定球前进方向是否具有进攻性。

(3)裁判员对自己的误判应予纠正。

(4)裁判员有权在外界人员进场干扰比赛时暂停、中止或推迟比赛。

(5)裁判员应在每次球运行完全停止后再进行宣判。

(6)连蹴时，裁判员应报出“×方得×分，连蹴×次”。

(7)队员用错球主要有三种情况：①用对方球；②用错本方球；③未按规则蹴球，如人次顺序错误，处置球先后的顺序错误，放错发球区等。均应在判罚得分后，将所有相关球回位，允许队员重新按规则蹴球。

(8)连蹴两次时，第一蹴犯规，如：前进不足1米、方向不正等，须对第一次连蹴的犯规进行判罚，第二次连蹴机会仍然有效。

(9)队员可以将己方球击出界，只要本球不出界，他可以利用发目标球，达到接近对方球来更好地发挥连蹴效果。

(10)得分或被动得分的判罚只用于场上参赛队员。

(11)遇外界干扰蹴击球时,裁判员有权决定是否让队员重新蹴球。

(12)前进方向不包括停球区免受攻击的死球。

(13)裁判员复位球的四种情况:

①发球犯规。

②出停球区犯规。

③击中停球区内的死球。

④犯规在前的蹴击球。

4.死球、半活球与活球

(1)当遇到发球、球出停球区、击中停球区内的死球、蹴球前或蹴球一刹那犯规后被击中的任何目标球,应由裁判员将被击中的球复位。

(2)死球只有被球击中后才被视为活球,人为触动不为活球。

(3)裁判员要特别注意由死球变成半活球的球。

(4)裁判员要提醒被击活球,如:"x号球已成活球"。

(5)裁判员要准确计算出击中死球前后的得失分。

5.回避球与出界球

(1)回避球必须由队员先提出申请,经裁判员同意,并由裁判员报出"同意回避"后才能触球进行。

(2)发球不得申请回避球。

(3)回避球没有方向、距离的限制,它可以任意进行,但蹴击球动作必须符合规则规定。

(4)回避球出现下列情况时,可按规则判给守方被动得分:

①蹴击球犯规。

②击中对方球。

③击中本方球。

④本球出界。

⑤目标球被击出界。

⑥本球与目标球同时出界。

⑦击中停球区内的死球。

(5)回避球只有一蹴机会,出现任何情况只进行判分,不允许连蹴球。

(6)出现连蹴时,队员可以用本方任何一球回避。

(7)队员可以提出或撤消自己回避球的申请,但撤消提出后,裁判员应报出"同意撤消回避"的口令。如裁判员认为其故意用这种方法想在时间等方面钻规则空子,应做出相应处罚。

6. 出界球

(1)判断球是否出界，应以球的着地点为准，球的着地点压到边线任何一点均为界内球，否则视为界外球。

(2)裁判员认为由于地形、风力、自然震动等自然因素而影响到球滚出界或重新滚回到界内，应视为一次性蹴击球的正常结果，须在球完全停止后再做判罚。做出判罚后，再出现上述情况，则将球复位到判罚前的原始位置。

(3)当目标球被击出界后，裁判员须先报得分，然后再报"×号球放入停球区"或"×号发球"。

(4)凡触及场外挡板、人员或任何其他物体而弹回界内的球，应视为界外球。

7. 主动得分与被动得分

(1)裁判员报得分时应同时使用手势和口令两种信号，皆应清晰明确。

(2)遇双方得分的情况，裁判员应先报攻方得分、后报守方得分。其口令为"×方得×分，×方得×分"。

(3)出现下列情况时亦应给对方加 4 分：

①将停球区内死球击出界。

②发球直接或间接将对方球击出界。

③出停球区时直接或间接将对方球击出界。

④本方两球均滚出界。

(4)如遇队员在比赛中故意用身体或借助外力破坏对方正在行进的球，或故意触及球而取得得分利益者，裁判员有权根据当时场上实际情况，如所有目标球的位置、区域、方向等，判断可能出现的最高得分，做出判罚，由对方被动得分。此条的目的是为避免队员出现不正当竞争，而对于队员无意识的失误不应列入此条的得分中。

(5)两种犯规同时出现时，对较高的被动得分进行处罚，不再累计较低的被动得分，如果两种或两种以上被动得分数相等时，也只处罚其中一种。

(6)两种犯规先后出现时，只对第一个犯规进行判罚被动得分，以后的得分不再计算。

(三)比赛中常见问题的处理办法

第一，混双比赛时，同队男、女运动员服装颜色不一致，但号衣颜色一致，应允许比赛。

第二，按规则规定不允许人为对鞋底进行加工，违者不能参加比赛。装备是否符合规定以裁判员认定为准。

第三，双蹴比赛时，只要不影响对方，并遵守规则中的时间规定，队员之间可以相互商量。

第四，"突然死亡"法中，可能出现的分差有下列几种：

①同时击中对方两球，本方得 2 分。

②击中对方一球，本方得 1 分。

③击中本方球，对方得 1 分。

④发球击中场内任何一球，对方得 2 分。

⑤击球未中，出界，对方得 2 分。

⑥发球同时击中两球，对方得 4 分。

⑦发球同时击中三个球，对方得 6 分。

⑧同时击中双方各一球，各得 1 分。

⑨同时击中三球，本方得 2 分，对方得 1 分。

⑩同时击中对方两球，其中一球为死球，对方得 1 分。

⑪同时击中双方三球，其中一球为死球，对方得 1 分。

⑫发球同时击中三个球，其中一球为死球，对方得 1 分。

当最后一击出现同时得分且得分相等时，应等球停止后再判定胜负。除此以外，比赛应立刻结束，不再看球的止点。

第五，判定全场胜负的方法是：

①交换发球前的比赛以球的止点判定胜负，当一蹴球停止后，一方比分达到 50 分或超过 50 分，比赛结束。如有连蹴权则不再进行，交换发球，赛中休息。

②交换发球后的比赛仍以球的止点判定，当球停止后，比分达到 100 分或 100 分以上，全场比赛即结束。但如果全场比分仍相等，则比赛继续进行，此时的比赛则以先得分者为胜（突然死亡法），除出现一击同时得分且得分相等时，应等球停止后再判定胜负外，不再看球的止点。

③如果交换发球后的比赛结束时，得分已出现一方多于另一方时，则全场比赛结束。

第六，待发球被己方球挡在发球区内时，不允许用手将球拿开，只能采取“失分发球”的方法发球。

第七，按规则规定可以利用挤踩方法进行发球，以达到该球触到中心圆线后，又滚回来的目的，因为发球触线是看过程不看止点。此种判罚仅适于发球。

第八，当一方发球击中停球区内的本方半活球，给对方加 2 分，并将目标球复位，只能用所发的本球蹴球，被击中的半活球已成为活球。

第九，将球进行复位球时应注意：目标球必须回原位，本球位置由裁判员放定，但无论何时，两球不能有粘连。

第十，当出现队员用身体将本方半活球触动时，应将被触动的球复位，此球仍为半活球。

第十一，在对方没有完成连蹴权的情况下，若自己发球将本方刚放入的停球区内死球（相对于攻击方）击中，此时停球区内的球已被本方“击活”，在裁判员给对方加 2 分后，将目标球复位，攻方可以攻击场上任何一球。第十二，队员蹴球，若身体触动了对方的死球，应给对方加 1 分，死球变活球，将触动球复位，该队员失去连蹴权。

第十三，如队员一蹴将对方一球击成死球，再将对方第二球击出界后，球回旋同时，又击到区内死球，此时，第二球应放进停球区内，因为此时第一球已被击活。

第十四，队员放球时，触到对方的半活球，被触动的半活球要复位，它已为活球，此球可以攻击任何一球，也可以按半活球出停球区。

第十五，如果队员发球，击中停球区内或场内任何球，此后他利用所发球又获得连蹴两次的机会，不允许换球连蹴，前提是发球时他触到任何一球，只能将这次机会视为“用发出的球”。

第十六，一方一蹴，将双方各一球击出界，对方球放置停球区，而本方出界球发球，在发球时，若触到死球，此时进攻方虽然有连蹴两次机会，但他在连蹴机会内，发球触到死球，他已丧失了所有的连蹴权。因为这不属于发球击活球的规定（该规定特指本方发球触到半活球），此事件属于比赛中触到死球。

第十七，出停球区时，只要触到任何一球，应给对方加 1 分，并将被触到的目标球复位。该球无论有几次连蹴，都将立即失去连蹴权。

第十八，若队员一蹴先击中对方一活球，目标球滚动中又触到死球，目标球又出界，应视为先触到有效球，即攻方得 4 分，防守方得 1 分。

第十九，规则对于蹴球动作的规定包括：

①脚跟先着地，脚掌触及球面，至少要暂短地停顿再出球。

②晃动只限于向两侧的，不能向前滑动，晃动后应回到原点。

③不能有连续两次击球动作。

④不允许有蹴球—踩球动作，即使球未离开脚底也属犯规。

以上动作是否犯规，以当场裁判员判罚为准。

第二十，“蹴击球与连蹴”中规定，获得连蹴两次机会，攻方队员可以选择本方任何一球连蹴两次，这包括连续换球连蹴。但在连蹴完成之前，出现下列情况，将立即丧失连蹴权：

①直接或间接攻击到死球（包括用身体触到）。

②本球出界。

③半活球出停球区时触到任何一球。

④蹴球后，脚又触到球或球触脚。

第二十一，发球未出发球区，应判对方得 1 分，比赛继续，不再重发球，此球可以攻击他球或被他球攻击。

第二十二，在连蹴两次时，不可以用第一次连蹴机会将半活球击出停球区，或用回避半活球的方法，再将球进行第二蹴。如果将上述两种打法用于连蹴中的第二蹴是可以的，否则视为擅自更换用球或用错球。

第二十三，对于进攻球在距离上的规定是：若两球之间距离超过 2 米，则按规则 11.4 规定执行，若少于 2 米时，进攻球前距离可不受 1 米的限制。但起止点方向必须向目标球前进。

第二十四，球出界后，处置球的方法是：

①将己方球蹴出界，由蹴球队员自己拣球、放球、发球。

②被对方蹴出界的球、由与球同号队员拣球、放球、发球。

第二十五，当雨天球上粘有砂粒、胶粒或其他异物时，如果球出界，在拣球、放球的过程中允许擦球，但是必须符合规则中对时间的规定。其他情况下不允许擦球。

第二十六，当两球相连，队员蹴球的一刹那，已经产生了得失分，如果随后发生其他情况，按规则规定得失分。

第二十七，甲方进攻人次轮过后，乙方可以立即提出暂停，他无须先处置球。

第二十八，队员回避球中击到球，将按下列情况进行处理：

①击中对方球，对方得 1 分。

②将对方球击出界，对方得 4 分。

③击中本方球，对方得 1 分。

④击中死球，对方得 1 分，目标球要复位。

⑤将死球击出界，对方得 4 分，目标球要复位。

⑥本球出界，对方得 2 分。

⑦将本方球击出界，对方得 2 分。

⑧击中若干球，按相应情况给对方加分。

第二十九，当两球相碰后，在同时向前滚动中又数次相撞，只记第一次撞击的分数。

第三十，一蹴同时击中对方两球，其中一球被击出界，应判攻方得 5 分。

第三十一，当队员瞄准双方各一球，欲想获得击中两球，连蹴两次机会，但未击中任何一球时，裁判员应以本球行进路线是远离哪方球为准。如果球行进的路线近于本方球而远离对方球，则视为击本方球未中。

第三十二，队员击自己的球未中，而本球出界，应判对方得 2 分。

第三十三，放置死球时，没有放进区，应给对方加 1 分，重新放好。但当攻方比分达到差 1 分停止或结束比赛(如 49 分或 99 分)时，如果裁判员认为被攻方故意以此剥夺攻方进攻权，以达到结束比赛的目的，此时攻方虽已达到或超过 50 分或 100 分，但有权选择行使或放弃继续蹴击球的权利，实际比分按选择后的行动结果计算。

第三十四，当对方有蹴球权并仅差 1 分就停止或结束比赛(如 49 或 99 分)时，出现故意用身体任何部位(脚蹴球出界除外)、言语或行动进行犯规，以主动为对方加 1 分让比赛结束，使攻方因失去应有进攻机会而少得分的故意犯规情况，将被视为违规，由裁判员根据当时的场上情况按“可能出现的最高得分给攻方加分”。此时攻方虽已达到或超过50分或100分，但有权选择行使或放弃继续蹴击球的权利，实际比分按选择后的行动结果和裁判员的加分累加计算。但此条不适用于在己方获得蹴球权时。

第三十五，队员用挤压蹴球方法，将两球击中后，本球在回旋时又触到脚时，应对球触脚的动作进行判断，给对方加1分，他已失去连蹴权。

第三十六，发球击中场内两球，是属于同时出现同一种情况的犯规，给对方加4分。不属于“同时出现两种不同情况的犯规”。

第三十七，当比赛出现裁判员未看到，而记录员与记分员看到的犯规情况时，裁判员在征询记录员、记分员提示，相互商量后再进行判决。

（四）裁判员的口令及手势

1.裁判员常用口令

(1)“各队放球”用于开球前运动员已就位于各发球区时，单蹴比赛运动员使用1、2号区后。

(2)“比赛开始，×方，×号发球”。

(3)“发球犯规，×方得×分”。

(4)“发球出界，×方得×分，×号重新发球

(5)“×方蹴球得×分，×方得×分，连蹴×次”。

(6)“×号球放停球区，×号球发球”。常用于两球或两个以上球出界时。

(7)“蹴球犯规，×方得×分”。

(8)“×方球出界，×方得×分”。

(9)“同意×方回避”或“同意×方撤消回避”。

(10)“×方超时，×方得×分”。

(11)“×方犯规，×方得×分”。

(12)“×方请求暂停，……暂停时间到”。

(13)“×方罢赛超过5分钟，比赛结束”。

(14)“×××要求暂停”。用于裁判员、记录员、记分员需要暂停。

(15)“停止比赛，×方×分，×方×分，比赛结果，×方暂时领先，休息三分钟。

(16)“全场比赛结束，×方×分，×方×分，比赛结果，×队胜”。

2.裁判员常用手势

(1)两臂侧平伸，掌心向前，同时报出“比赛开始”。

(2)单臂侧平伸、指向某一个号区，同时报出“×号发球”。

(3)报比分，面向记录台，单臂上举，按先报攻方后报守方的顺序报出得分。

(4)单臂前平伸，手掌上翘，同时报出“同意×方回避”。

(5)左臂在胸前弯屈，手平伸，掌心向下，右手伸出一手指，指向掌心同时报出“×方

请示暂停”。

(6)单臂上举，手握拳，同时报出“停止比赛”或“全场比赛结束”。

参考文献

[1]罗帅呈,吕健力,肖进勇.蹴球运动[M].北京:经济科学出版社,2022.06.

[2]赵日萍.传统蹴球运动研究[M].沈阳:沈阳出版社,2019.10.

[3]林秋菊,章翔.足球文化导读[M].合肥:中国科学技术大学出版社,2019.01.

[4]刘志成.浅析蹴球比赛的战术应用[J].灌篮,2021,(第4期):83.

[5]薛续友.蹴鞠纹青铜镜[J].理财(收藏版),2021,(第4期):102.

[6]王亚立.民族体育蹴球校本课程的开发与实践[J].南阳师范学院学报,2020,(第4期):48—50.

[7]吴京彦.高校蹴球训练教学之我见[J].拳击与格斗,2020,(第10期):66.

[8]叶安凤.蹴球教学训练法的相关探索与分析[J].东西南北(教育),2020,(第11期):10.

[9]马超.影响蹴球运动在高校开展的因素及解决途径[J].新西部(中旬刊),2019,(第6期):160—161.

[10]黑生林.蹴球瞄准点技术的运动力学分析与研究[J].当代体育科技,2019,(第8期):35—36,38.

[11]杨振兴.蹴鞠训练中落球点轨迹跟踪方法研究[J].太原师范学院学报(自然科学版),2019,(第1期):93—99.

[12]孙铭霞,游晓鹏.蹴鞠的历史演变[J].读书文摘,2019,(第1期).

[13]张宇坤.蹴球运动推广的策略研究[J].体育风尚,2017,(第10期):4—5.

[14]刘壮.蹴球运动的现状与推广[J].拳击与格斗,2017,(第4期):66.

[15]张来成.校园蹴球运动可持续发展路径研究[J].当代体育科技,2017,(第24期):116,118.

[16]田余.足球运动的雏形——蹴鞠[J].初中生之友(快乐号)(上),2017,(第1期):75—77.

[17]孙锐.蹴鞠——沟通世界的桥梁[J].走向世界,2017,(第9期):50—55.

[18]黄瑞玉.民族项目蹴球技术与战术训练方式研究[J].中学课程辅导(教师教育),2017,(第8期).

[20]黄光伟,方桢;和少英丛书总主编.蹴球运动[M].昆明:云南大学出版社,2013.11.

[21]邓万里，李晓．民族体育珍珠球．蹴球运动教学与训练研究[M]．长春：吉林大学出版社，2014.08.

[22]张丽丽，郭锐．蹴球运动[M]．北京：北京体育大学出版社，2015.01.

[23]宋兆麟．蹴鞠中国古代的足球[M]．北京：商务印书馆，2017.02.

[24]田祖国，郭世彬．民族传统体育[M]．长沙：湖南大学出版社，2018.02.

[25]王赛时．中国古代体育文明上[M]．济南：山东大学出版社，2018.08.